FONTES CHRISTIANI

ABAELARD
RÖMERBRIEFKOMMENTAR
I

Fontes Christiani

Zweisprachige Neuausgabe christlicher Quellentexte
aus Altertum und Mittelalter

Im Auftrag der Görres-Gesellschaft
herausgegeben von
Norbert Brox, Siegmar Döpp, Wilhelm Geerlings,
Gisbert Greshake, Rainer Ilgner, Rudolf Schieffer

Band 26/1

ABAELARD
RÖMERBRIEFKOMMENTAR
I

LATEINISCH
DEUTSCH

HERDER

FREIBURG · BASEL · WIEN
BARCELONA · ROM · NEW YORK

ABAELARD

EXPOSITIO IN EPISTOLAM AD ROMANOS

RÖMERBRIEFKOMMENTAR

ERSTER TEILBAND

ÜBERSETZT UND EINGELEITET
VON
ROLF PEPPERMÜLLER

HERDER

FREIBURG · BASEL · WIEN
BARCELONA · ROM · NEW YORK

Fontes-Redaktion:
Katharina Götte, Sabine Harwardt, Maren Saiko,
Horst Schneider

Die Deutsche Bibliothek – CIP-Einheitsaufnahme

Abaelardus, Petrus
Expositio in epistulam ad Romanos : Römerbrief-
kommentar / Abaelard.: Rolf Peppermüller.
- Freiburg (Breisgau) : Herder
(Fontes Christiani ; Bd. 26)
Einheitssacht.: Expositio in epistulam Pauli ad Romanos
Teilbd. 1 . – (2000)
ISBN 3-451-23808-X kart.
ISBN 3-451-23908-6 geb.

Umschlagbild: Marmorplatte eines Lesepults,
Ravenna, S. Apollinare Nuovo, 6. Jh.

Satz: Arbeitsstelle Fontes Christiani, Bochum
Herstellung: Freiburger Graphische Betriebe 2000
ISBN 3-451-23808-X kartoniert
ISBN 3-451-23908-6 gebunden

INHALTSVERZEICHNIS

ERSTER TEILBAND

Einleitung

Text und Übersetzung

ZWEITER TEILBAND

DRITTER TEILBAND

Anhang

EINLEITUNG

I. Leben und Werk[1]

Petrus Abaelardus[2] wurde 1079 in Le Pallet in der Bretagne (südöstlich von Nantes) geboren. Er war der älteste Sohn des Ritters Berengar, der im Dienste des Herzogs der Bretagne stand, und dessen Frau Lucia. Aus Liebe zur Wissenschaft verzichtete Abaelard jedoch auf sein Erstgeburtsrecht[3] und begab sich als Student der *artes liberales*[4] auf Wanderschaft.[5] Dabei studierte er wahrscheinlich in Loches

---

[1] Neueste Darstellungen mit ausführlicher Berücksichtigung des historischen, sozialen und kulturellen Hintergrundes bei CLANCHY, *Abaelard;* PODLECH, *Abaelard und Heloisa*. In deutscher Sprache ferner aus neuerer Zeit: FUMAGALLI, *Heloise und Abaelard;* GILSON, *Heloise und Abaelard;* GRANE, *Peter Abaelard;* PERNOUD, *Heloise und Abaelard;* Zeittafeln bei CLANCHY, *Abaelard* 266; MEWS, *On dating* 130–132; NIGGLI, *Theologia „Summi Boni"* XI–XV; HICKS, *La vie et les épîtres* XI–XV; PODLECH, *Abaelard und Heloisa* 426–430.

[2] Der Name „Abaelardus" wurde wohl fünfsilbig ausgesprochen (A-ba-e-lar-dus), vgl. GEYER, *Philosophische Schriften* V; dies ergibt sich aus dem Metrum (Hexameter) der Grabinschrift (PL 178,103D) und des Gedichtes von PETRUS VENERABILIS (PL 178,103C); zu beiden Texten vgl. auch LUSCOMBE, *School* 9; ebd. 315 die verschiedenen überlieferten Namensformen.

[3] Seinem Bruder DAGOBERT widmete er später seine *Dialectica* (vgl. *dial.* 13 [146 DE RIJK]).

[4] Die sieben freien Künste (maßgeblich für das Mittelalter das Werk des MARTIANUS CAPELLA, *De nuptiis Philologiae et Mercurii [Die Vermählung von Philologie und Mercur]*), aufgeteilt in das *Trivium* (Grammatik, Rhetorik, Dialektik) und das *Quadrivium* (Arithmetik, Geometrie, Astronomie, Musik), bildeten das Grundstudium, auf das dann ein spezielles Studium der Theologie, Medizin oder Jurisprudenz aufbauen konnte.

[5] *Hist. calam.* (63 f MONFRIN). Hier wie im folgenden wird davon ausgegangen, daß Abaelards Autobiographie, die *Historia calamitatum* (= *epist.* 1), authentisch ist; zur Diskussion vgl. zuletzt PODLECH, *Abaelard und Heloisa* 245–255; ACKLIN-ZIMMERMANN, *Atque utinam* 44 f mit Anm. 5–7; MARENBON, *The Philosophy of Peter Abelard* 82–94. Zu Abaelards Schulbildung vgl. CHÂTILLON, *Abélard et les écoles* 133–146.

(im Anjou) als Hörer Roscelins von Compiègne, eines Vertreters des Nominalismus[6], Logik (Dialektik). In Paris[7] war er ca. 1100 Hörer bei Wilhelm von Champeaux, damals Archidiakon an Notre-Dame, der in der Lehre von den Allgemeinbegriffen (Universalien) den Realismus vertrat. Abaelard geriet mit ihm in Streit[8] und lehrte dann selbst als Lehrer der Dialektik in Melun, später in Corbeil. Danach war er gezwungen, für einige Jahre (etwa 1105–1108) nach Le Pallet zurückzukehren – wie er schreibt, wegen einer schweren Krankheit[9], in Wirklichkeit jedoch wohl, weil sein Gönner, der königliche Kanzler und Archidiakon von Paris und spätere Seneschall Stephan von Garlande und dessen Anhänger beim König in Ungnade gefallen waren.[10]

1108 kehrte Abaelard nach Paris zurück und hörte nun bei Wilhelm von Champeaux, der inzwischen Regularkanoniker im neugegründeten Stift St. Viktor geworden war, Rhetorik. Abaelard brachte ihn dazu, seine Lehre von

---

[6] Vgl. CLANCHY, *Abaelard* 370–374. ROSCELINS Trinitätslehre wurde 1092 auf einem Konzil in Soissons als häretisch angegriffen. Im Universalienstreit ging es um die Frage, ob die Allgemeinbegriffe *(universalia)* nur bloße Begriffe *(nomina)* sind oder real existieren. Vgl. dazu BERGER, *Universalienstreit*. Nach MARENBON, *The Philosophy of Peter Abelard* (99–211), wäre weniger ROSCELIN ein Nominalist im eigentlichen Sinn als vielmehr Abaelard. Dieser erwähnt ROSCELIN in der *Historia calamitatum* nicht.

[7] BAUTIER, *Paris au temps d'Abélard* 21–53. Der Verfasser macht deutlich, wie sehr Abaelards Karriere vom Streit zwischen der Partei der „Reformer" um Bischof STEPHAN VON SENLIS sowie die Äbte von St. Viktor und St. Denis auf der einen und der der „Konservativen" um STEPHAN VON GARLANDE und die Kanoniker von Notre-Dame und Ste. Geneviève auf der anderen Seite bestimmt war.

[8] Zu Abaelards Position zum Problem der Universalien (Allgemeinbegriffe) zuletzt DE RIJK, *Peter Abälard* 132–136; ders., *Semantical Impact;* GOMBOCZ, *Abaelards Bedeutungslehre;* JOLIVET, *Non-réalisme et platonisme chez Abélard;* VERGER/JOLIVET, *Bernard – Abélard* 96–98; MARENBON, *The Philosophy of Peter Abelard* 99–211.

[9] *Hist. calam.* (64 f MONFRIN).

[10] So BAUTIER, *Paris au temps d'Abélard* 54.62; PODLECH, *Abaelard und Heloisa* 83–85.

den Universalien zu modifizieren.[11] Gilbert, Wilhelms Nachfolger als Schulleiter, bot Abaelard sogar seinen Lehrstuhl an, doch setzte Wilhelm durch, daß Abaelard Paris verlassen mußte. Dieser ging nach Melun, gründete jedoch schon bald darauf außerhalb der Stadt Paris auf dem Genovevaberg (Mont Ste. Geneviève) eine eigene Schule. Doch aus familiären Gründen wurde er nach Le Pallet zurückgerufen: Sein Vater war in ein Kloster eingetreten, und da die Mutter im Begriff war, dasselbe zu tun, reiste Abaelard zur Aufnahmefeier.

Aus der Bretagne zurückgekehrt, begann Abaelard nunmehr, Theologie zu studieren, und suchte den seinerzeit berühmtesten Magister auf: Anselm von Laon.[12] Doch befriedigte ihn dessen Unterricht nicht, der hauptsächlich in der Glossierung der Heiligen Schrift bestand. Abaelard verglich ihn mit einem Feuer, das nur Rauch, und mit einem Baum, der nur Blätter, aber keine Frucht hervorbringe.[13] Von Mitstudenten provoziert, begann er mit großem Erfolg eine eigene Auslegung des als besonders schwierig geltenden Propheten Ezechiel[14], doch untersagte ihm Anselm als Leiter der Schule eine weitere Tätigkeit.

Abaelard ging nun wieder nach Paris (wohl 1113; in diesem Jahr wurde Wilhelm von Champeaux Erzbischof von Châlons) und lehrte dort als Magister an der Domschule unter großem Zulauf der Studenten Philosophie und Theologie. Ein Kanoniker an Notre-Dame, Fulbert, bewog ihn, seine Nichte Heloise[15] zu unterrichten. Diese lebte im Hause ihres Onkels und war außergewöhnlich gebildet; sie hatte – für die damalige Zeit ganz außergewöhnlich –

---

11 Vgl. CROCCO, *Abelardo* 96–109.

12 CHÂTILLON, *Abélard et les écoles* 146–152.

13 *Hist. calam.* (68 MONFRIN).

14 Bislang nicht aufgefunden.

15 Von ihren Eltern ist nur der Name der Mutter (HERESINDIS) bekannt, doch dürfte sie aus einer vornehmen Familie gestammt haben (BAUTIER, *Paris au temps d'Abélard* 75 f).

sogar Kenntnisse der griechischen und hebräischen Sprache.[16] Abaelard und Heloise verliebten sich nun ineinander, so daß Abaelard sogar seine Unterrichtstätigkeit vernachlässigte und Liebeslieder verfaßte.[17] Als der Onkel das Verhältnis entdeckte, erwartete Heloise bereits ein Kind. Abaelard entführte sie zu seiner Schwester in die Bretagne; dort wurde sein Sohn Astralabius[18] geboren (ca. 1116) und wohl auch aufgezogen. Für ihn schrieb Abaelard später ein Lehrgedicht: das *Carmen ad Astralabium*. Trotz Heloises Einwendungen gegen eine Ehe heiratete Abaelard sie heimlich und brachte sie vorübergehend im Frauenkloster Argenteuil bei Paris unter. Ihr Onkel Fulbert fühlte sich jedoch betrogen und ließ aus Rache Abaelard eines Nachts überfallen und entmannen. Daraufhin wurde Heloise auf Abaelards Drängen hin Nonne in Argenteuil, und er selbst trat als Mönch in das angesehene Benediktinerkloster St. Denis ein (1117/18).[19]

Mit Zustimmung des Abtes durfte Abaelard in einer Einsiedelei des Klosters bei Provins seine Lehrtätigkeit wieder aufnehmen. Er verfaßte dort neben philosophischen Schriften aus dem Bereich der Logik auch die erste Fassung seiner *Theologia* (Abaelard spricht von einer Abhandlung über Einheit und Dreifaltigkeit Gottes; nach dem *Incipit* wird das Werk heute als *Theologia „Summi Boni“* bezeichnet). Ziel Abaelards war es, die Trinitätslehre mit Hilfe der Philosophie evident zu machen. Auf Betreiben seiner Gegner wurde das Werk jedoch ohne nähere Prüfung auf der Synode von Soissons 1121 als ketzerisch verurteilt. Abaelard wurde genötigt, es eigenhändig ins Feuer zu wer-

---

16 *Epist.* 9 an die Nonnen vom Paraklet (233.360–366 SMITS).

17 *Hist. calam.* (73f MONFRIN). DRONKE, *Medieval Latin* 1, 313–318, versucht nachzuweisen, daß „*Hebet sidus …*“ in den CARMINA BURANA von Abaelard stamme und auf HELOISE hinweise.

18 Nach der Vermutung von EAST ist der Name „Astralabius Puer Dei“ ein Anagramm von „Petrus Abaelardus II.“ (*Abelard's Anagram* 269).

19 *Hist. calam.* (81 MONFRIN).

fen, und – als besondere Demütigung – gezwungen, das Athanasianische Glaubensbekenntnis vorzulesen. Er selbst wurde zu Klosterhaft verurteilt und als Gefangener in das Kloster St. Médard gebracht, durfte jedoch schon bald nach St. Denis zurückkehren.

Dadurch, daß Abaelard bestritt, daß der Gründer des Klosters der in der Apostelgeschichte 17,34 erwähnte Dionysius Areopagita gewesen sei, kam es zum Streit mit seinen Klosterbrüdern[20]; der Abt drohte gar, die Angelegenheit als eine Majestätsbeleidigung vor den König zu bringen, und Abaelard mußte heimlich in das Gebiet des Grafen Tedbald von Blois fliehen. Nachdem Abt Adam von St. Denis abgelehnt hatte, Abaelard aus dem Kloster zu entlassen, intervenierte Stephan von Garlande nach Adams Tod bei dessen Nachfolger Suger und erreichte, daß Abaelard sich in eine Klause zurückziehen durfte.[21] Bedingung war, daß er sich verpflichtete, in kein anderes Kloster einzutreten.

Abaelard errichtete nun in Quincey bei Nogent-sur-Seine, in der Nähe von Troyes, ein einfaches Bethaus (1123) und weihte es der Trinität. Schüler kamen herbei, bauten sich Hütten und ließen sich vom einfachen Leben nicht abschrecken. Abaelard setzte seine Lehrtätigkeit, vor allem auf dem Gebiet der Logik (Dialektik), fort, auch um davon seinen Lebensunterhalt zu bestreiten, und arbeitete sein schon im Kloster St. Denis skizziertes Werk *Sic et Non* weiter aus.[22] In ihm stellt er scheinbar widersprüchliche

---

20 JEAUNEAU, *Pierre Abélard à Saint Denis* 161–173.

21 *Hist. calam.* (89–92 MONFRIN).

22 Nach Ansicht von MEWS, *On dating* 122–126 (vgl. *Opera 3*, Einleitung [CCM 13,21]), ist dort auch schon der *Dialogus inter Philosophum, Iudaeum et Christianum* entstanden, der bislang zumeist als (unvollendetes) Spätwerk galt; zustimmend ILGNER, *Anmerkungen* 66 Anm. 49; zur Chronologie der Werke Abaelards insgesamt vgl. MEWS, *On dating;* zur Diskussion um die Entstehungszeit des *Dialogus* vgl. ABULAFIA, *Christians and Jews* 23.

Zitate aus Bibel und kirchlichen Autoritäten zusammen und gibt zu Beginn in einer Methodenlehre Hinweise darauf, wie diese Widersprüche zu lösen seien. Auch seine *Theologia* überarbeitete er mit Rücksicht auf die Verurteilung in Soissons (diese Fassung wird als *Theologia Christiana* zitiert). Wegen des großen Schülerandrangs wurde das Bethaus bald zu klein und mußte erweitert werden; es wurde nunmehr dem Paraklet (Tröster)[23] geweiht.[24] Erneute Angriffe seiner Gegner beunruhigten Abaelard; er fühlte sich ständig verfolgt und bedroht, so daß er sogar daran dachte, bei den Heiden Zuflucht zu suchen. Hinzu kam die Absetzung seines Gönners Stephan von Garlande als Kanzler.[25]

Um dieser Situation zu entkommen, nahm Abaelard die Wahl zum Abt des Klosters St. Gildas de Rhuys in der Bretagne an (etwa 1125–1127). Als er dort versuchte, das zuchtlose Leben der Mönche zu reformieren, war er Nachstellungen ausgesetzt, die — wie er berichtet[26] — sogar bis zu Mordplänen führten. Abaelard empfand seine Lage als schlimmer denn je zuvor. Zu dieser Zeit (1129) machte Abt Suger von St. Denis aufgrund zweifelhafter Urkunden angebliche alte Ansprüche auf das Kloster Argenteuil geltend, und Heloise, die inzwischen Priorin geworden war, wurde mit ihren Nonnen vertrieben. Abaelard schenkte ihnen daraufhin sein Bethaus zum Paraklet[27] und wurde ihr geistlicher Berater. Er besuchte sie wiederholt, tauschte mit

---

[23] Name des Heiligen Geistes im Johannesevangelium: Joh 14,16.26; 15,26; 16,7. Man vergleiche auch den Vers 2 des anonymen Hymnus *Veni creator spiritus* (nach 850 entstanden [*The Oxford Book of Medieval Latin Verse* 116f]): *Qui Paraclitus diceris, donum Dei altissimi …*

[24] *Hist. calam.* (92–96 MONFRIN).

[25] MEWS, *On dating* 124; BAUTIER, *Paris au temps d'Abélard* 68f; DUFOUR, *Garlande* 1118.

[26] *Hist. calam.* (98f. 105f MONFRIN).

[27] Bestätigung durch König LUDWIG VI. und Papst HONORIUS II.; die Urkunden bei BAUTIER, *Paris au temps d'Abélard* 75.

Heloise Briefe aus, nachdem diese auf Abaelards „Brief an einen Freund“ (*Historia calamitatum* = *epist.* 1) hin an ihn geschrieben hatte, dichtete für den Gottesdienst Hymnen[28], verfaßte eine Ordensregel (*epist.* 8), schrieb Predigten, legte die Glaubensbekenntnisse aus — auch dies alles gab wieder Anlaß zu Verleumdungen.[29] Daneben führte er offenbar die Arbeit an *Sic et Non* zu Ende.

Nachdem Papst Innozenz II. 1130 die Schenkung endgültig bestätigt[30] und Stephan von Garlande 1132 sein Amt als Kanzler zurückerhalten hatte, kehrte Abaelard nach Paris zurück[31] und nahm dort seine Lehrtätigkeit auf dem Genovevaberg wieder auf. Johannes von Salisbury hörte ihn dort 1136. Während dieser Schaffensperiode bis 1137, als König Ludwig VI. starb und Abaelards Gönner Stephan von Garlande endgültig seinen Einfluß verlor und sich aus dem öffentlichen Leben in das Stift St. Viktor zurückzog, arbeitete Abaelard an seinen Theologien weiter, verfaßte Kommentare zum Römerbrief und zur Schöpfungsgeschichte (*Hexaemeron*, für die Nonnen des Paraklet-Klosters bestimmt), hielt Vorlesungen über die Paulinischen Briefe[32] und über Sentenzen[33] und begann seine Ethik[34].

---

28 WADDELL, *Petrus Abaelard;* SZÖVÉRFFY, *Annalen* 2,57–76.

29 Zu den Schriften Abaelards für HELOISE vgl. BOURGAIN, *Héloise,* vor allem 214 f. Zu den Kontakten zwischen Abaelard und HELOISE und deren Einfluß auf Abaelard vgl. ACKLIN-ZIMMERMANN, *Atque utinam ad hoc religio conscendere posset*, bes. 56. Auch DRONKE, *Women Writers* 112, spricht von einer Partnerschaft zwischen Abaelard und HELOISE, vgl. auch CLANCHY, *Abaelard* 224–228.

30 Vgl. BAUTIER, *Paris au temps d'Abélard* 75.

31 Die *hist. calam.* endet damit, daß Abaelard von der ständigen Bedrohung durch seine Mönche berichtet. Er will damit wahrscheinlich seine Rückkehr nach Paris plausibel machen.

32 Der COMMENTARIUS CANTABRIGIENSIS dürfte eine Vorlesungsmitschrift *(Reportatio)* sein, vgl. unten 23 f.

33 Auch sie existieren nur in Nachschriften, vgl. MEWS, *Sententie.*

34 Nach Abaelards eigenen Äußerungen (*dial.* [41 THOMAS]; *Th. Chr.* 2,39 [CCM 12,148]) ist die Ethik Ziel aller Disziplinen.

Kaum hatte Abaelard seinen Beschützer Stephan von Garlande verloren[35], da erfolgte schon ein neuer Angriff auf ihn, der von seinem ehemaligen Freund Wilhelm von St. Thierry ausging: Dieser hatte Schriften Abaelards gelesen und in einer Streitschrift 13 ihm häretisch scheinende Lehren zusammengestellt.[36] Nachdem er sie unter anderem an Bernhard von Clairvaux geschickt hatte[37], machte dieser Abaelard in Paris persönlich Vorhaltungen und griff ihn vor Studenten in einer Predigt an.[38] Danach wandte er sich brieflich an Papst Innozenz II. sowie zahlreiche Kardinäle und verfaßte einen *Tractatus contra quaedam capitula errorum Abaelardi* (= *epist.* 190), dem er eine Liste mit 19 „Irrtümern" beifügte.[39] Wie Bernhard selbst schreibt, kannte er ein Sentenzenbuch, das er für authentisch hielt (in Wirklichkeit handelte es sich um das Werk bzw. die Nachschrift eines Schülers), *die Theologia „Scholarium"*, *den Kommentar zum Römerbrief*[40] und die *Ethica.* In Abaelard und Bernhard trafen zwei völlig gegensätzliche

---

[35] Nachfolger STEPHANS VON GARLANDE als eigentlicher Machthaber in Frankreich wurde SUGER VON ST. DENIS, der mit BERNHARD VON CLAIRVAUX verbündet war. Zum Parteienstreit in der Kirche von Paris vgl. BAUTIER, *Paris au temps d'Abélard* 58–62.

[36] *Disputatio adversus Petrum Abaelardum;* kritische Edition bei LECLERCQ, *Lettres;* vgl. *Opera 3,* Einleitung (CCM 13,278–286).

[37] Der Begleitbrief in WILHELM VON ST. THIERRY, *Expositio altera super cantica canticorum* 2 (PL 180,531A–533A).

[38] *De conversione ad clericos.* Darstellungen des Konfliktes und seiner Hintergründe bei CROCCO, *Abelardo* 57–67; ZERBI, *Bernardo di Chiaravalle* 131–150; MEWS, *Lists;* STROTHMANN, *Das Konzil von Sens 1138 und die Folgeereignisse 1140;* ders., *Das Konzil von Sens und die endgültige Verurteilung Abaelards;* DINZELBACHER, *Bernhard von Clairvaux* 222 bis 248; CLANCHY, *Abaelard* 387–411.

[39] Kritische Ausgabe auch bei LECLERCQ, *Formes successives.*

[40] Darin werden Passagen aus dem Exkurs zur Versöhnungslehre (*comm.* 2, unten 278–290 zu Röm 3,26) beanstandet: *epist.* 190 (8,17–40 LECLERCQ/ROCHAIS, zum Teil nach WILHELM VON ST. THIERRY, *Disputatio adversus Petrum Abaelardum* 7 [PL 180,270AB]).

Denker aufeinander[41]: hier der Intellektuelle, der Vertreter der „scholastischen"[42], spekulativen Theologie, dessen Ziel es war, die überlieferten Glaubenswahrheiten mit Hilfe wissenschaftlicher Methoden, insbesondere der Logik, einsichtig zu machen. In seinem gegen Bernhard gerichteten Brief vor dem Konzil von Sens spricht er sogar davon, daß er seine *Theologia* auf die Eingebung Gottes hin *(ipso inspirante)* verfaßt habe.[43] Im Vorwort zu *Sic et Non* formuliert Abaelard sein Programm: „Dies wird ja als erster Schlüssel zur Wahrheit definiert: nämlich beständiges oder doch häufiges Fragen ... Durch Zweifeln ja gelangen wir zum Nachforschen; durch Nachforschen erlangen wir die Wahrheit."[44] Bernhard hingegen war Mystiker und Charismatiker, dem ein Vorgehen wie das Abaelards von vornherein verdächtig war; er betrachtete derartige Neuerungen als destruktiv und bekämpfte sie mit allen Mitteln. Durch seine Redegabe und sein Charisma gewann er seine Hörer und erreichte so größten Einfluß in der Kirche. Auf seine Angriffe antwortete Abaelard mit seiner *Confessio fidei ad Heloisam*, der *Apologia contra Bernardum*, die nur zum Teil erhalten ist[45], und der *Confessio Fidei „Universis"*.

---

41 Zur Charakterisierung der beiden Gegner vgl. DINZELBACHER, *Bernhard von Clairvaux* 238 f.

42 Zu den Begriffen „monastisch", „scholastisch", „kontemplativ", „pastoral", „spekulativ" vgl. LECLERCQ, *The Renewal of Theology;* ders., *Naming the Theologies;* STICKELBROECK, *Mysterium Venerandum* 16–20; EHLERS, *Monastische Theologie* 62–72.

43 *Epistula contra Bernardum abbatem* (104 f LECLERCQ = 7 KLIBANSKY). CROCCO, *Abelardo* 85 mit Anm. 25, vermutet, daß auch die *epist.* 13 *(Invectiva in quendam ignarum dialectices)* speziell gegen BERNHARD VON CLAIRVAUX gerichtet sei.

44 *Sic et Non*, prologus (103 BOYER/MCKEON): *Haec quippe prima sapientiae clavis definitur: assidua scilicet seu frequens interrogatio ... Dubitando quippe ad inquisitionem venimus; inquirendo veritatem percipimus.*

45 Gegen Abaelards *Apologia* verfaßte THOMAS VON MORIGNY seine *disputatio catholicorum patrum contra dogmata Petri Abaelardi.*

Für Pfingsten 1138[46] war in Sens, dem Sitz des zuständigen Erzbischofs, eine Synode geplant, und Abaelard wandte sich nun an Heinrich von Sens mit der Bitte, Bernhard vorzuladen, damit der Streit dort verhandelt werden könne.[47] Bei einer öffentlichen Disputation wäre Bernhard mit Sicherheit unterlegen gewesen. Daher ging er anders vor: Er versammelte am Vorabend der Synode die Bischöfe und brachte sie dazu, ohne Verhandlung und ohne Anhörung Abaelards 19 aus dessen Schriften zusammengestellte Sätze als häretisch zu verurteilen.[48] Am Morgen der offiziellen Verhandlung fragte Bernhard Abaelard lediglich, ob die verurteilten Sätze von ihm stammten. Da dieser keine Möglichkeit mehr sah, sich zu verteidigen, verweigerte er die Antwort, appellierte an den Papst und verließ die Kirche. Die Synode sandte an den Papst einen Bericht.[49] Bereits sechs Wochen nach der Synode erfolgte die Entscheidung des Papstes[50]: Abaelard wurde als Häretiker verurteilt. Da

---

[46] So die neue, plausible Datierung von STROTHMANN, *Das Konzil von Sens 1138 und die Folgeereignisse* 238 Anm. 2, während man bislang zumeist 1140 oder 1141 für das Jahr der Synode hielt. Weder DINZELBACHER, *Bernhard von Clairvaux* 236–248 „Das Konzil von Sens (1141)", noch CLANCHY, *Abaelard* 366.368f.373.377–379.389–404, gehen auf STROTHMANNS Neudatierung ein; zustimmend KOLMER, *Promittens intellectum* 312 mit Anm. 5. Die folgenden Ausführungen nach STROTHMANN, *Das Konzil von Sens 1138 und die Folgeereignisse;* ders., *Das Konzil von Sens 1138 und die endgültige Verurteilung.*

[47] Vgl. *Epistola contra Bernardum abbatem* (6f KLIBANSKY; 104f LECLERCQ). Zum Verfahren vgl. zuletzt KOLMER, *Abaelard und Bernhard von Clairvaux.*

[48] Eine satirische Schilderung dieser Vorgänge gibt Abaelards Schüler BERENGAR VON POITIERS in seinem *Apologeticus,* der auch Abaelards *Confessio fidei ad Heloisam* (= *epist.* 17 enthält) ; vgl. dazu LUSCOMBE, *School* 29–49. In gleicher Weise ging BERNHARD VON CLAIRVAUX später auch beim Konzil von Reims 1148 gegen GILBERT PORRETA vor, diesmal allerdings – in Anwesenheit von Papst EUGEN III. – ohne Erfolg.

[49] = *Epist.* 191 (8,41–43 LECLERCQ/ROCHAIS) und 337 (8,276 LECLERCQ/ROCHAIS) in BERNHARDS VON CLAIRVAUX Briefwechsel.

[50] BERNHARD VON CLAIRVAUX, *epist.* 194 (8,46–48 LECLERCQ/ROCHAIS; vgl. auch INNOZENZ II., *epistolae et privilegia* 448 [PL 179,517BC]).

der Streit jedoch weiterging und seinen Höhepunkt nach der Ankunft Arnolds von Brescia erreichte, schrieb Bernhard erneut an Innozenz II.[51], und es erfolgte eine erneute Verurteilung Abaelards, nunmehr zusammen mit der Arnolds, durch Innozenz II. am 16. Juli 1140.[52] Abaelard machte sich nun persönlich auf den Weg nach Rom, wo er zahlreiche Anhänger in der Kurie besaß.[53]

Auf dem Wege nach Rom fand Abaelard in Cluny Zuflucht und wurde von Abt Petrus Venerabilis freundlich aufgenommen. Dieser erreichte nun, daß Abaelard mit ihm und dem Abt von Cîteaux zusammen zu Bernhard nach Clairvaux reiste; dort kam es zu einer Versöhnung zwischen Abaelard und Bernhard.[54] Daraufhin schrieb Petrus Venerabilis an Papst Innozenz[55], und das päpstliche Urteil wurde aufgehoben. Abaelard durfte in Cluny bleiben, siedelte jedoch bald aus gesundheitlichen Gründen in das Priorat St. Marcel bei Chalon-sur-Saône über.[56] Dort starb er am 21. April 1142. Petrus Venerabilis würdigte Abaelard in einem einfühlsamen Brief an Heloise.[57] Der Leichnam wurde in das Kloster zum Paraklet überführt, Heloise nach ihrem Tod im Jahre 1164 neben ihm bestattet. Während der Französischen Revolution wurde das Grab zerstört;

---

51 *Epist.* 189 (8,12–16 LECLERCQ/ROCHAIS).

52 So STROTHMANN, *Das Konzil von Sens 1138 und die endgültige Verurteilung* 406 f; die neue Chronologie der Briefe im Streit um Abaelard ebd. 408 f.

53 Zu Abaelards Schülern zählten drei künftige Päpste: COELESTIN II., ALEXANDER III. (bei dem allerdings nicht nachzuweisen ist, daß er direkter Schüler Abaelards war; vgl. LUSCOMBE, *School* 15 f) und COELESTIN III.

54 Vgl. besonders *Opera 3,* Einleitung (CCM 13,285–292); MARENBON, *The Philosophy of Peter Abelard* 26–32; CLANCHY, *Abaelard* 404–411.

55 PETRUS VENERABILIS, *epist.* 98 (1,258 f CONSTABLE).

56 Lange Zeit nahm man an, daß Abaelard während seiner letzten Lebensjahre den *Dialogus* verfaßt habe, doch wird dieser von MEWS als Werk aus der Parakletzeit aufgefaßt, vgl. oben 11 Anm. 22.

57 PETRUS VENERABILIS, *epist.* 115 (1,303–308 CONSTABLE).

Abaelard und Heloise wurden 1817 auf dem Friedhof Père-Lachaise in Paris beigesetzt.

Abaelards Bedeutung für die Folgezeit besteht vor allem darin, daß er maßgeblich an der Entstehung der scholastischen Methode beteiligt war.[58] So wirkte er als Theologe und Philosoph indirekt weiter, auch wenn seine Werke nur selten mit der Nennung seines Namens zitiert wurden; eine direkte „Schule" hat Abaelard nicht begründet.[59] Seine logischen Schriften bildeten den Höhepunkt[60], aber auch zugleich den Abschluß der Epoche der Frühscholastik, in der nur die *ars vetus* beziehungsweise *logica vetus,* das heißt die Übersetzungen von Aristoteles' *Kategorien* und *Peri Hermeneias (De interpretatione)* und die *Isagoge* des Porphyrius sowie die Kommentare des Boethius zu diesen Schriften und dessen eigene Werke über die Logik zur Verfügung standen.[61] Abaelards philosophische Schriften gerieten nach dem Bekanntwerden der *ars nova,* das heißt der restlichen Schriften von Aristoteles' *Organon,* in Vergessenheit. Die Lebensgeschichte von Abaelard und Heloise hat Anlaß zu zahlreichen künstlerischen, vor allem literarischen Darstellungen gegeben.[62]

---

[58] Vgl. GRABMANN, *Geschichte der scholastischen Methode* 2,168–229; HÄRING, *Abelard Yesterday and Today* 348–352; PODLECH, *Abaelard und Heloisa* 324–327.

[59] Vgl. LUSCOMBE, *School;* VERGER/JOLIVET, *Bernard – Abélard* 222. Immerhin gehörte auch PETRUS LOMBARDUS zu seinen „Schülern". Nach ERNST, *Ethische Vernunft* 201–225, wäre PETRUS LOMBARDUS allerdings eher ein Gegenpol zu Abaelard.

[60] Vgl. KRETZMANN, *Culmination.*

[61] Zur Rolle dieser Schriften vgl. MARENBON, *The Philosophy of Peter Abelard* 99–211.

[62] In der Zusammenstellung bei CHARRIER, *Héloïse,* sind 527 literarische Darstellungen verzeichnet; vgl. auch DRONKE, *Abelard and Heloise in Medieval Testimonies.* Der Roman von HELEN WADDELL, *Petrus Abaelard* war in den USA und England ein Bestseller.

II. Der Kommentar zum Römerbrief

1. Entstehung

Abaelards Römerbriefkommentar setzt einerseits eine weit zurückreichende Tradition der Bibelauslegung fort[63] und ist zugleich zukunftsweisend dadurch, daß er systematisch-theologische Abhandlungen größeren Umfanges in Form von Quaestionen enthält und die Sprachlogik für die Exegese zu Hilfe nimmt.[64]

Die mittelalterliche Exegese knüpft an die der alten Kirche an. Dort gab es allerdings einen Streit um die rechte Auslegungsmethode: Die Schule von Antiochia[65], deren bekanntester Vertreter Theodor von Mopsuestia war, folgte dem Wortsinn des Bibeltextes und deutete ihn allenfalls typologisch, das heißt, man ging davon aus, daß auf Heilsereignisse und Personen des Neuen Testamentes bereits im Alten Testament durch Vor-Bilder *(typoi / figurae)* vorausgewiesen sei. Diese typologische Auslegung des Alten Testaments ist bereits von Paulus begründet worden (vgl. 1 Kor 10,11; Gal 4,21–31).[66] Auch die Ereignisse und Personen des Neuen Testaments konnten wiederum Typos für einen Antitypus der Folgezeit oder der eschatologischen Endzeit werden.[67] Anders die Schule von Alexandria: Sie entwickelte unter dem Einfluß des jüdischen Autors Philo

---

63 De Lubac, *Exégèse médiévale* 41/1,171–290; Smalley, *Study of the Bible* 1–26; Reventlow, *Epochen* 2,146–230; guter Überblick: Gribomont/Bernt/Hödl/Riedlinger/ Biedermann, *Bibel* BI[1] b–h; [2] a–g; BII[3].

64 Vgl. Peppermüller, *Auslegung* 8–14; ders., *Exegetische Traditionen.*

65 Viciano, *Das formale Verfahren.*

66 Goppelt, *Typos* 152–215; Seelbach, *Bemerkungen* 180–182; für das Mittelalter vor allem de Lubac, *Exégèse médiévale* 41/2,60–84: *Omnia in figura;* Ohly, *Schriften* 312–337.361–400; ders., *Typologie als Denkform* 22–63; Schrenk, *Typos und Antitypos.*

67 Ohly, *Schriften* 323; ders., *Halbbiblische und außerbiblische Typologie* 377; ders., *Typologie als Denkform* 32–34.

die Lehre vom mehrfachen Schriftsinn. Philo hatte versucht, an zahlreichen Stellen das Alte Testament *allegorisch* auszulegen[68]: Hinter dem historischen (Literal-)Sinn verbirgt sich ein tieferer, allegorischer Sinn, für Philo ein philosophischer. Die christlichen Alexandriner Gelehrten, vor allem Origenes, übernahmen diese Methode und deuteten die Bibel – in erster Linie das Alte Testament – in ihrem Sinne allegorisch: Neben dem Literalsinn gibt es noch einen moralischen und einen allegorischen (mystischen) Sinn, dazu kommt bei zahlreichen Autoren des Mittelalters noch ein anagogischer (eschatologischer) Sinn.

Die allegorische Auslegung (sie schließt die typologische mit ein[69]) beherrscht die Exegese des Mittelalters; noch Luther kannte diese Methode.[70] Während der Einfluß der Antiochener im Westen äußerst gering blieb[71], war das theologische Werk des Origenes trotz dessen Verurteilung als Häretiker allgemein präsent. Insbesondere durch Ambrosius von Mailand wurde seine Methode zum Allgemeingut.[72]

---

68 Zum Folgenden das monumentale Werk von DE LUBAC, *Exégèse médiévale*, mit dem bezeichnenden Untertitel *Les quatre sens de l'Écriture;* BRINKMANN, *Mittelalterliche Hermeneutik* 219–259; WHITMAN, *Allegory* 263–268.

69 Gegen den Gebrauch des Begriffes „Typologie" äußert daher DE LUBAC, *Exégèse médiévale* 41/1,352, Bedenken.

70 WA 57,95 zu Gal 4,31. Noch 1681 wurde die *Silva Allegoriarum* des HIERONYMUS LAURETUS (Barcelona 1570), ein Kompendium allegorischer Worterklärungen, in Köln in 10. Auflage gedruckt.

71 „The Antiochenes in fact were generally neglected": SMALLEY, *Study of the Bible* 19.

72 AUGUSTINUS bemerkt in seinen *Confessiones*, daß die allegorische Auslegung des Ambrosius in dessen Predigten ihn selbst der Kirche nähergebracht habe (*conf.* 6,4 [CCL 27,77]). Auch profane Texte konnten allegorisch ausgelegt werden; so verfaßte BERNHARD SILVESTRIS eine allegorische Auslegung von VERGILS *Aeneis*.

Als Textgrundlage diente allen Theologen des Mittelalters die lateinische Übersetzung des *Hieronymus*, die dieser 390–406 nach dem hebräischen und griechischen Originaltext anfertigte und die später als „Vulgata" („die allgemein verbreitete") bezeichnet wurde. Allerdings wurde in ihr schon bald die Psalmenübersetzung *(Psalterium iuxta Hebraeos)* durch eine ältere Fassung des *Hieronymus* nach der griechischen Septuaginta (das sogenannte *Psalterium Gallicanum*) verdrängt.[73] Die Folge ist, daß in der *Vulgata* — und somit bei den Autoren des Mittelalters — Psalmen nach der Zählung der Septuaginta zitiert werden, die häufig von der heute gebräuchlichen des hebräischen Alten Testaments abweicht.

Das Corpus der paulinischen Briefe — alle 14 unter dem Namen des Paulus überlieferten Briefe (Röm–Hebr) galten als authentisch — ist im Mittelalter — neben den Psalmen — der meistkommentierte Teil der Bibel. Zunächst beschränkte man sich darauf, für den Unterricht aus den Schriften der Kirchenväter Zitate zusammenzustellen (so z.B. Beda, Florus von Lyon, Hrabanus Maurus). Vollständige Kommentare des Ambrosiaster (unter dem Namen des Ambrosius), des Pelagius (in Bearbeitung unter dem Namen des Hieronymus) und Haimos von Auxerre spielten eine wichtige Rolle in der mittelalterlichen Paulusexegese. Von Pelagius übernahm man in der Folgezeit speziell die Prologe zu den einzelnen Briefen; auch Abaelard hat sie benutzt.[74] Der Römerbriefkommentar des Origenes lag den mittelalterlichen Autoren in einer verkürzenden lateinischen Bearbeitung des Rufin vor.[75]

---

[73] Vgl. BRUNHÖLZL, *Bibelübersetzungen* 91 f; REICHMANN, *Bibelübersetzung* 178–181; PEPPERMÜLLER, *Psalmen* 296 f.

[74] Vgl. unten 28.

[75] Lateinischer Text mit deutscher Übersetzung: T. HEITHER, *Commentarii in epistulam ad Romanos / Römerbriefkommentar* (FC 2/1–6).

Zum Standardwerk wurde dann auch für die Paulusexegese die *Glossa ordinaria.*[76] Sie entstand im 12. Jahrhundert, also zur Zeit Abaelards, in der Schule von Laon; die Kommentierung der paulinischen Briefe übernahm der Leiter der Schule, Anselm von Laon, selbst. Er benutzte dabei ältere Vorarbeiten *(apparatus).* Ob Abaelard bereits die *Glossa ordinaria* gekannt hat, erscheint fraglich; Anklänge in seinem Kommentar lassen sich auch durch gemeinsame Originalquellen oder Benutzung von Florilegien erklären. Mit Sicherheit benutzt ist die *Glossa* aber bereits von Abaelards Schüler und Nachfolger Robert von Melun in dessen *Questiones de epistolis Pauli.*

Noch im 12. Jahrhundert wurde die *Glossa* selbst — in der Frühscholastik als *Parva glosatura* bezeichnet — kommentiert, der Paulinenteil von Gilbert Porreta zur sogenannten *Media glosatura* und von Petrus Lombardus zur *Maior* oder *Magna glosatura* erweitert. Petrus Lombardus folgte dabei, ebenso wie Robert von Melun in seinen exegetischen Werken, methodisch Abaelard, der in seinem Kommentar zum Römerbrief in langen Exkursen (Quaestionen) Probleme aus den Gebieten der Theologie und Moral behandelte, die sich unmittelbar bei der Behandlung der betreffenden Bibelstellen ergaben. Sich widersprechende Autoritäten werden dabei diskutiert und eine Lösung gesucht. Abaelard hat dies exemplarisch vorgeführt und auch bereits Regeln aufgestellt.[77] Solche Quaestionen konnten dann auch ohne den zugehörigen fortlaufenden Kom-

---

[76] Völlig unzureichende Edition PL 114; besser die — im folgenden benutzte — Ausgabe von ADOLPH RUSCH, Straßburg 1480/1481 (4 Bde., Nachdruck Turnholt 1992). Die Glossen zum Römerbrief finden sich in Bd. 4. Zur Erforschung der Glossa vgl. SMALLEY, *Glossa Ordinaria.*

[77] *Sic et Non,* prologus (89–104 BOYER/MCKEON).

mentar tradiert werden[78] oder vom Verfasser selbst später in ein systematisch-theologisches Werk übernommen werden (so von Robert von Melun und Petrus Lombardus jeweils in die *Sententiae*, von Thomas von Aquin in die *Summa Theologiae*). Schon Abaelard verweist in seinem Kommentar auf die Behandlung solcher Fragen in seinen bereits vorliegenden oder noch geplanten Werken. Hier wird deutlich, wie zur Zeit der Frühscholastik aus der Exegese allmählich die systematische Theologie hervorging.

Abaelards Kommentar zum Römerbrief dürfte in der Zeit zwischen 1133 und 1137 entstanden sein. Das legen Hinweise des Autors auf bereits bestehende *(Theologia Scholarium)* oder geplante Werke (*Theologia, Ethica,* Kommentar zum Galaterbrief)[79] sowie der Vergleich mit den *sermones* 3.24.31 und der *epistula* 7[80] nahe. In der Folgezeit hat Abaelard wiederholt Ergänzungen vorgenommen, so daß man von drei oder vier „Redaktionen" gesprochen hat.[81]

Der Kommentar zum Römerbrief ist kein Vorlesungsmanuskript; zahlreiche Rückverweise mit „supra" — in einem Falle sogar mit Angabe der Seitenzahl im Manuskript[82] — zeigen, daß Abaelard sich an Leser wendet. Unmittelbar aus seiner Vorlesungstätigkeit — der *lectio* — ist jedoch ein anderes Werk hervorgegangen: der von Landgraf

---

78 So ROBERTS VON MELUN *Questiones de epistolis Pauli,* die unter HUGOS VON ST. VIKTOR Namen überlieferten *Quaestiones et decisiones in epistolas D. Pauli* und *Allegoriae in Novum Testamentum,* Bücher 6–8, deren — von der *Glossa ordinaria,* den Viktorinern, Abaelard, ROBERT VON MELUN und PETRUS LOMBARDUS beeinflußte — Vorlage als durchgehender Kommentar erhalten ist (vgl. PEPPERMÜLLER, *Zum Fortwirken* 565f).

79 Vgl. *Opera 1,* Einleitung (CCM 11,27–37); MEWS, *On dating* 112f; *Opera 3,* Einleitung (CCM 13,229f); MEWS, *Sententiae* 162f.

80 Vgl. *Opera 1,* Einleitung (CCM 11,33–37).

81 Zu Abaelards Arbeitsweise vgl. *Opera 3,* Einleitung (CCM 13,53.217).

82 *Comm.* 4, unten 820,3f. Es könnte sich hier allerdings auch um eine Anweisung Abaelards an den Schreiber handeln.

entdeckte und von ihm nach dem Aufbewahrungsort benannte *Commentarius Cantabrigiensis.* Er ist die Nachschrift eines Schülers und spiegelt die Unterrichtstätigkeit Abaelards – des *„philosophus"*, wie der Schüler schreibt – wider. Der Gedankengang entspricht bei der Exegese des Römerbriefes weitgehend dem des ausführlicheren Römerbrief-Kommentars. Zusätzlich sind auch die übrigen Paulusbriefe (1 Kor–Hebr) behandelt. Anzumerken ist schließlich noch, daß Landgraf eine *Abbreviatio* des Abaelardschen Römerbriefkommentars fand, die bei der Exegese von Röm 6,13 abbricht, und Stegmüller in einem Sankt Gallener Manuskript den ersten Teil des Prologs zu Abaelards Römerbriefkommentar entdeckte.[83]

2. *Abaelards exegetische Methode*[84]

Auch wenn Abaelard in der *Historia calamitatum* seinen Lehrer Anselm von Laon scharf kritisiert[85], so benutzt nichtsdestoweniger auch er in seinem Kommentar die Methode der *Glossierung*. Dabei folgt er dem lateinischen Text[86] des Römerbriefes und versieht erläuterungsbedürftige Stellen mit kurzen Erklärungen. Am häufigsten handelt es sich dabei um Begriffserklärungen, die mit einem „das heißt" *(id est, hoc est)* angefügt werden; so werden auch hebräische Namen (zumeist nach Hieronymus) erklärt[87]; wie der *Commentarius Cantabrigiensis* erwähnt, befragte

---

83 Edition: PEPPERMÜLLER, *Abaelards Römerbrief-Prooemium* (1988).

84 Vgl. PEPPERMÜLLER, *Exegetische Traditionen;* CROCCO, *Abelardo* 38–41.

85 *Hist. calam.* (68f MONFRIN).

86 Abaelards Bibeltext weicht an zahlreichen Stellen von dem der heute gebräuchlichen Vulgata ab, vgl. PEPPERMÜLLER, *Auslegung* 4–7.

87 Z.B. *comm.* 2, unten 362,6–9: Abraham = *pater multarum; comm.* 3, unten 480,23: Johannes = *gratia dei;* unten 594,3–6: Israel = *vir videns deum; comm.* 4, unten 652,18f: Zebaoth = *exercituum;* unten 656,19: Zion = *specula.* Vgl. dazu DE LUBAC, *Exégèse médiévale* 41/2,32–35.

Abaelard auch häufig Juden.[88] An zahlreichen Stellen findet sich ein *scilicet* oder *videlicet*.[89] Ersteres dient vor allem zur Ergänzung des Wortlautes oder des Sinnes des Textes, zumeist in einer kurzen Glosse. Dagegen wird mit *videlicet* eine Erklärung oder Ergänzung des Gedankenganges in ausführlicherer Form markiert. Allerdings wird *scilicet* mehrfach auch wie *videlicet* und *videlicet* wie *scilicet* gebraucht, so daß beide Wörter von Abaelard[90] nahezu synonym verwendet werden; beide werden daher mit „nämlich" übersetzt. Dem Textverständnis sollen auch Bemerkungen zur Satzkonstruktion (*Sic construe* [Konstruiere so]; *sic lege* [Lies so]; *sic expone* [Leg so aus]) dienen. Ergänzungen des Sinnes sind mit *subaudis* (Ergänze), meistens mit *scilicet* oder *videlicet* (nämlich) eingeführt. Zum Textverständnis sollen auch Bemerkungen zu Sprache und Stil des Paulus, Paraphrasen des Textes sowie Hinweise auf die Gliederung und den Gedankengang beitragen (*continuatio* [Fortsetzung]; *ita continua* [Fahre so fort]). All dies ist zur Zeit Abaelards üblich und bleibt es auch in der Folgezeit. Was für Abaelard indessen charakteristisch ist, sind die zahlreichen in den Text eingestreuten *Exkurse*.[91] Kein Autor vor ihm hat Quaestionen in solcher Zahl und vor allem von solchem Umfang innerhalb eines Kommentars behandelt.[92]

An zahlreichen Stellen wendet Abaelard Erkenntnisse aus der Logik zur Klärung theologischer Probleme an, so

---

88 COMMENTARIUS CANTABRIGIENSIS: *Judei vero a philosopho sepe requisiti …* (zu Röm 4,24 [1,65 LANDGRAF]).

89 338- bzw. 361mal.

90 *Scilicet* und *videlicet* finden sich so auch in der *Expositio in Hexaemeron* sowie im COMMENTARIUS CANTABRIGIENSIS.

91 Zusammenstellung in *Opera 1*, Einleitung (CCM 11,17–20); PEPPERMÜLLER, *Auslegung* 12–14.

92 Abaelards Gegner WILHELM VON ST. THIERRY spricht von den „*quaestionum molestiae*" (*Expositio in epistolam ad Romanos*, praefatio [PL 180,547A]).

vor allem – nach Aristoteles bzw. Boethius[93] –, ob ein Begriff *simpliciter* (einfach) oder *cum determinatione* (mit näherer Bestimmung) gebraucht ist. Nach Abaelards Meinung[94] wird auch ein künftiges kontingentes Geschehen durch Gottes Vorhersehen determiniert. Damit bleibt sowohl die Lehre von der Prädestination als auch die Willensfreiheit des Menschen gewahrt, und der einzelne Mensch ist persönlich für sein Tun und sein Schicksal verantwortlich.[95]

Wie für einen im 12. Jahrhundert schreibenden Autor zu erwarten, vertritt auch Abaelard die Lehre vom mehrfachen Schriftsinn: Neben der historischen kennt er noch eine moralische und eine mystische Auslegung[96], wobei er unter der letztgenannten versteht, daß etwas, was zur Zeit des Neuen Testaments erfüllt werden sollte, bereits im Alten Testament als *figura (typos)* vorgebildet war.[97] Trotzdem tritt im Kommentar zum Römerbrief die mystische und moralische Auslegung hinter der historischen zurück.[98]

---

[93] BOETHIUS, *in herm. comm.*, dort speziell die Ausführungen *De futuris contingentibus* 5,2 (2,441–444 MEISER); vgl. auch *cons.* 5 (95–98 BIELER).

[94] Vorbild dürfte die Schule von Laon gewesen sein, vgl. PEPPERMÜLLER, *Auslegung* 65 f.

[95] Vgl. dazu unten 43 f sowie die Auslegungen zu Röm 8,28–30 (*comm.* 3, unten 576,15 – 582,7) und zu 9,20 f (*comm.* 4, unten 632,3 – 642,22). Zur Problematik vgl. MARENBON, *The Philosophy of Peter Abelard* 226–232.

[96] PEPPERMÜLLER, *Auslegung* 23–27.

[97] Benjamin ist *figura* des Paulus (*comm.* 1, unten 96,10 f zu Röm 1,1); das Rote Meer bezeichnet die Taufe (*comm.* 2, unten 320,14–19 zu Röm 4,11); der materielle und vorbildhafte Tempel weist auf den geistlichen und wahren Tempel hin, nämlich den Leib des Herrn (*comm.* 1, unten 212, 1–6 zu Röm 2,22 f). Den Juden wird vorgeworfen, daß sie das Alte Testament nicht mystisch verstehen, sondern alles nach dem Buchstaben, der tötet, auslegen (*comm.* 4, unten 684,12 f zu Röm 11,9; ebenso *comm.* 1, unten 220,4–9 zu Röm 2,27; *comm.* 4, unten 654,21–24 zu Röm 9,32; unten 832,25–28 zu Röm 15,4).

[98] Vgl. PEPPERMÜLLER, *Auslegung* 24.

Eine Auslegung von Bibeltexten (vor allem alttestamentlichen) nach dem mehrfachen Schriftsinn setzt voraus, daß der zugrundeliegende Text inspiriert ist. Dies war für einen Autor der Frühscholastik so selbstverständlich, daß sich nirgends ausführliche Bemerkungen zu einer Lehre von der Inspiration finden.[99] Die ausführlichste Äußerung im Römerbriefkommentar steht in der Auslegung von Röm 16,22: „Tertius. Dies ist der Eigenname dessen, der auf Diktat des Paulus hin diesen Brief schrieb, sozusagen als der Notar des Apostels, so wie es jetzt den Kanzler des Papstes gibt. Dies ist vielleicht aufgrund einer gewissen göttlichen Prophezeiung geschehen, daß nämlich jener mit Namen Tertius hieß, der bei der Ausführung der dritte war: Der Heilige Geist gab ja ein, was der Apostel diktierte oder vortrug. Dies schrieb der, der Tertius heißt, wie gesagt, eigenhändig auf."[100] Aus diesen Wörtern[101] haben ältere Autoren schließen wollen, Abaelard habe keine Verbalinspiration gelehrt.[102] Das könnte auch Abaelards Äußerung im Prolog zu *Sic et Non*[103] nahelegen, die Propheten und Apostel seien nicht ständig inspiriert gewesen und hätten auch irren können. Andererseits finden sich im Römerbriefkommentar auch Stellen, die ganz im Sinne einer Verbalinspiration gedeutet werden könnten: So heißt es zu Röm 1,2[104], die heiligen Schriften seien auf Diktat des Heiligen Geistes hin verfaßt worden, und zu Röm 7,14[105], das Gesetz sei gewissermaßen mit dem Finger Gottes geschrieben, das heißt durch Diktat des Heiligen Geistes verfaßt und gegeben, nicht von Menschen erfunden.

---

[99] Vgl. WEINGART, *Logic* 8–12; PEPPERMÜLLER, *Auslegung* 27–31.

[100] *Comm.* 4, unten 882,10–17.

[101] Und aus *sermo* 19 (PL 178,513B–514C).

[102] DEUTSCH, *Peter Abälard* 125–143; HAUSRATH, *Peter Abälard* 190–193; SIKES, *Peter Abailard* 41 f.

[103] *Sic et Non,* prologus (97 BOYER/MCKEON).

[104] *Comm.* 1, unten 112,24 f.

[105] *Comm.* 3, unten 526,22–24.

Schließlich sagt Abaelard in einem gegen Bernhard von Clairvaux gerichteten Brief von seiner eigenen *Theologia*, er habe sie „*ipso (= domino) inspirante*“ verfaßt.[106]

3. *Inhalt*

Eine Inhaltsangabe von Abaelards Römerbriefkommentar muß sich in erster Linie an den großen Exkursen orientieren, in denen der Autor seine theologischen Ansichten darlegt.[107] Für die folgende Übersicht wird eine Einteilung des Werkes in fünf Bücher zugrunde gelegt.[108]

a) Der Prolog

Wie üblich, schickt auch Abaelard seinem Kommentar einen Prolog voraus. Dieser besteht selbst wiederum aus zwei Teilen: dem *prologus generalis* zur Heiligen Schrift insgesamt[109] und dem *prologus specialis* zum Brief an die Römer. Zugrunde liegt – wie bei zahlreichen anderen Autoren – Pelagius, dessen Prologe (ebenso wie die Kommentare zu den paulinischen Briefen) im Mittelalter unter dem Namen des Hieronymus überliefert wurden.

Schon Pelagius hatte gefragt, weshalb der Apostel es noch für nötig gehalten habe, Briefe an einzelne Gemeinden zu schicken, wo doch die Evangelien alles Heilsnotwendige enthielten.[110] Abaelards Antwort ist, daß es – wie bei weltlichen Reden – auch in der Bibel verschiedene

---

106 *Epistula contra Bernardum abbatem* (7 KLIBANSKY; 104 f LECLERCQ); vgl. oben 15 mit Anm. 43.

107 Vgl. PEPPERMÜLLER, *Auslegung* 11–14.

108 Vgl. RBMA Nr. 6378. Die ersten vier Bücher sind in allen Handschriften bezeichnet, das fünfte Buch nur bei m und O. Vielleicht hat ein späterer Schreiber wegen der übergroßen Länge Buch vier in zwei Bücher geteilt, so BUYTAERTS Vermutung (*Opera 1*, Einleitung [CCM 11,6 Anm. 7]).

109 *Comm.*, prologus, unten 62,3 – 68,25.

110 PELAGIUS, *in Rom.*, Einleitung (1,3 SOUTER); *in Rom.*, argumentum omnium epistularum (2,2–5 SOUTER).

Arten von Schriften gebe: Sie wollen entweder belehren *(docere)* oder ermahnen (*monere*[111]). Zur ersten Gattung gehören aus dem Alten Testament der Pentateuch, aus dem Neuen Testament die Evangelien, zur zweiten die Schriften der Propheten sowie die Episteln und die Apokalypse. Eine dritte Gruppe bilden die übrigen Schriften des Alten Testaments – die Hagiographen – sowie die Apostelgeschichte und die Erzählungen des Neuen Testaments: Sie stellen Beispiele für den Lohn der Gehorsamen und die Bestrafung der Ungehorsamen vor Augen und mahnen so ebenfalls die Leser. Daß sich in den Briefen neben Ermahnungen auch Vorschriften finden, die die Lehre des Evangeliums ergänzen[112], dient der Ausformung und dem Heil der Kirche. Paulus will ja gerade deshalb nach Rom kommen, um derartige Vorschriften zu geben.[113]

Bei den einzelnen Paulusbriefen muß nach Abaelard jeweils noch nach deren speziellem Anliegen gefragt werden. Er benutzt hier den aus der Erklärung profaner Literatur stammenden sogenannten *accessus ad auctores*[114] und unterscheidet *intentio* (Absicht), *materia* (Gegenstand) und *modus tractandi* (Vorgehensweise). Im vorliegenden Fall ist die Absicht, Juden- und Heidenchristen zu Demut und Eintracht zu rufen.[115] Gegenstand sind menschliche Werke und göttliche Gnade. Die Art des Vorgehens besteht darin, daß Paulus durch wechselnde Angriffe auf beide Parteien unsere Werke herabsetzt und die Gnade Gottes

---

111 Zur Lesart *monere* statt *movere* vgl. PEPPERMÜLLER, *Zur kritischen Ausgabe* 85f.

112 Abaelard rechnet zu solchen Vorschriften auch Canones, Dekrete oder Mönchsregeln.

113 *Comm.* 4, unten 802,10–16.

114 Vgl. dazu BRINKMANN, *Mittelalterliche Hermeneutik* 4–10; GLAUCHE, *Schullektüre* 52f. 114f; ders., *Accessus ad auctores* 71f; HÄRING, *Commentary and Hermeneutics* 185–188; MINNIS/SCOTT, *Medieval Literary Theory* 12–15.69.

115 *Comm.*, prologus, unten 68,16–18; vgl. *comm.* 1, unten 166,22f; 4, unten 862,7–11.

hervorhebt; beide, sowohl Heiden- als auch Judenchristen, sind in ihrem Verhalten unentschuldbar; beide können die Rechtfertigung vor Gott nur durch die Gnade Gottes erlangen, der sie beruft.[116]

Abaelard wendet sich dann noch „Einleitungsfragen" zu, die ihm bereits von seinen Vorgängern vorgegeben waren: Wer hat die Römer bekehrt?[117] Weshalb steht der Römerbrief an erster Stelle im Corpus der Paulusbriefe?[118] Schließlich bemerkt er noch, der Römerbrief sei durch Paulus von Korinth aus nach Rom gesandt worden.[119] Später[120] führt Abaelard dazu noch aus, der Römerbrief sei in Korinth auf Lateinisch abgefaßt und erst später ins Griechische übersetzt worden. Auch auf die geplante Spanienreise des Apostels geht Abaelard ein.[121] Dabei läßt er offen, ob diese Reise ausgeführt worden sei.

b) Buch 1 (Röm 1,1 – 3,18)

Dem Text folgend, zeigt Abaelard in der Exegese von Röm 1[122], daß Heiden und Juden vor Gott unentschuldbar waren: Beide haben Gott nicht so verehrt, wie es nötig und für sie möglich gewesen wäre.

Nach Bemerkungen zum Namen und zur Bedeutung des Paulus geht er der Frage nach, wieso der Apostel sich trotz des Jesuswortes Joh 15,15 als Knecht *(servus)* bezeichne.[123] Während Abaelards Vorgänger[124] zwischen Knechten aus

---

[116] *Comm.*, prologus, unten 70,17f.

[117] *Comm.*, prologus, unten 70,11 – 74,21; erste *Quaestio* des Römerbriefkommentars.

[118] *Comm.*, prologus, unten 74,22 – 76,10.

[119] *Comm.*, prologus, unten 76,11–20, nach ORIGENES.

[120] *Comm.* 1, unten 196,3–19, zu Röm 2,15.

[121] *Comm.* 4, unten 850,19 – 852,10, zu Röm 15,24; unten 858,17 – 860,12, zu Röm 15,28.

[122] Abaelard kannte noch nicht die heute gebräuchliche Kapiteleinteilung, die auf STEPHAN LANGTON († 1228) zurückgeht.

[123] *Comm.* 1, unten 104,24 – 108,12.

[124] Vgl. PS.-HAYMO VON HALBERSTADT, *Expositio* 1 (PL 117,364CD).

Furcht und solchen aus Liebe unterschieden, versucht Abaelard, das Problem mit Hilfe der Sprachlogik zu lösen: Der Begriff ist hier *generaliter (= simpliciter)* gebraucht[125] und bezeichnet daher lediglich die Unterwerfung unter die Macht des Herrn. Jesus dagegen hat den Begriff durch den Gegenbegriff *amici* determiniert, so daß die Joh 15,15 gemeinten Knechte solche sind, die nicht zugleich auch Freunde sein können.

Ähnlich interpretiert Abaelard auch den Eigennamen *Christus Jesus: Christus* ist eine allgemeine Bezeichnung für alle Gesalbten; durch den Zusatz des Eigennamens *Jesus* wird sie determiniert und kommt nur noch dem Erlöser zu.[126]

Da Röm 1,4 von Christus ausgesagt ist, er sei prädestiniert, ergab sich auch für Abaelard[127] die Notwendigkeit, hierzu Stellung zu nehmen.[128] Er unterscheidet zunächst die Verwendung des Begriffes „Sohn": Da der Mensch in Christus nicht aus der Substanz Gottes hervorgeht, kann er nicht Sohn Gottes von Natur aus *(per naturam)* sein. Doch auch der Begriff der Adoption ist in diesem Falle nicht anwendbar, da das, was adoptiert wird, nach Abaelards Meinung schon zuvor existiert haben muß. Die Lösung ist nun, daß der Mensch in Christus weder von Natur aus noch durch Adoption, sondern durch Gnade *(per gratiam)* Sohn Gottes sei.[129]

---

125 Vgl. oben 25 f.

126 *Comm.* 1, unten 108,13–19.

127 Vgl. LANDGRAF, *Dogmengeschichte* 2/2,7–43: Die Stellungnahme zum Adoptianismus; WEINGART, *Logic* 97–119; PEPPERMÜLLER, *Auslegung* 37–45.

128 *Comm.* 1, unten 116,25 – 120,12.

129 Man hat Abaelard später zum Begründer der sogenannten Habitus-Lehre machen wollen (so vor allem JOHANNES VON CORNWALL, *Eulogium ad Alexandrum papam* 3 [263–265 HÄRING]), doch gibt es keine eindeutigen Äußerungen Abaelards in dieser Richtung.

Die Exegese von Röm 1,19f bot Anlaß, sich zum Problem der Möglichkeit einer natürlichen Gotteserkenntnis zu äußern[130]: Auch den Heiden war die Existenz Gottes – auch ohne geschriebenes Gesetz – durch die Vernunft und durch sichtbare Werke bekannt. So finden sich zahlreiche Zeugnisse – sogar von der Trinität – in den Schriften heidnischer Philosophen.[131] In der Lenkung der Welt zeigen sich Macht, Weisheit und Güte Gottes[132], die als Besonderheiten (Appropriationen) Gott Vater, Sohn und Heiligem Geist zukommen. Die menschliche Vernunft kann sich nach Abaelard sogar so weit erheben, daß sie Einheit und Dreifaltigkeit Gottes durch passende Analogien verdeutlichen kann.[133] Dies wird am Beispiel einer Erzstatue[134] gezeigt. Abaelard verweist für Näheres auf das zweite Buch seiner *Theologia*[135] und beendet den Exkurs mit den Worten: „Jetzt wollen wir zum Text zurückkehren." Überraschenderweise folgt dann jedoch in den Handschriften eine kurze Neufassung des Abschnittes[136], die eine Reaktion auf Angriffe von Gegnern sein dürfte.

Zu Röm 1,32 bemerkt Abaelard zunächst, daß Gott auch das Leben von einigen heidnischen Philosophen akzeptiert habe, die nur das Naturgesetz hatten, aber trotz-

---

130 *Comm.* 1, unten 144,11 – 154,13; vgl. PEPPERMÜLLER, *Auslegung* 75 bis 78.

131 *Comm.* 1, unten 146,6–11. Abaelard verweist darauf, daß er diese Zeugnisse in seiner *Theologia* gesammelt habe (*Th. Sch.* 1,94–126 [CCM 13, 356–369]; *th. sch.* 101–123 [CCM 12,442–451]; *Th. Chr.* 1,54–136 [CCM 12,94–131]).

132 *Comm.* 1, unten 146,11 – 148,10.

133 *Comm.* 1, unten 152,12–21.

134 Der COMMENTARIUS CANTABRIGIENSIS (1,22f LANDGRAF) und ROBERT VON MELUN (*Quaestiones de epistolis Pauli* zu Röm 1,20 [27,8–20 MARTIN]) haben stattdessen das Beispiel eines Erzsiegels.

135 *Th. Sch.* 2,112–116 (CCM 13,462–466).

136 *Comm.* 1, unten 154,14–17; vgl. dazu PEPPERMÜLLER, *Zur kritischen Ausgabe* 83.

dem gerecht handelten.[137] Daran knüpft er die Behandlung dreier Fragen an[138]:

1. Was bedeutet „Götzendienst" (Röm 1,25)?
2. Wieso heißt es, Gott strafe Sünden durch Sünden (Röm 1,28.32)?
3. Wieso ist es gerecht, daß Gott dem Gottlosen die Gnade entzieht? Die Lösung wird für die *Theologia* in Aussicht gestellt, findet sich dort aber nicht.[139]

Die Auslegung von Kapitel 2[140] des Römerbriefes handelt zu Beginn von der Strafe Gottes. Diese richtet sich gegen die Seele, nicht den Körper: Allein diese verdient Lohn oder Strafe, und sie allein kann Freude oder Schmerz empfinden und an der Glückseligkeit teilhaben. Mit Vers 13: „Denn nicht die Hörer" beginnt dann nach Abaelard der Angriff auf die Juden: Sie erfüllen das Gesetz zwar äußerlich, haben es aber nicht im Herzen. Entscheidend ist nicht das ausgeführte Werk, sondern die Absicht, die *intentio*. So können Heiden, die nur das natürliche Gesetz besitzen, ebenso gerechtfertigt werden wie Juden. Der Inhalt des natürlichen Gesetzes besteht für Abaelard hier wie auch an anderen Stellen in der „goldenen Regel", die Tob 4,15 negativ und Mt 7,12 positiv formuliert ist: „Was du nicht willst, das man dir tu, das füg auch keinem andern zu"; „Was ihr wollt, das euch die Leute tun sollen, das tut ihnen auch!"[141]

Dies führt nun aber zu der Frage, wieso auch nach dem Erlaß des Beschneidungsgebotes noch Heiden gerettet

---

137 Ähnlich *sermo* 3 (PL 178,398B–409A).

138 *Comm.* 1, unten 168,3 – 170,5.

139 Vgl. *Th. Sch.* 3,117 (CCM 13,549).

140 Vgl. oben 30 Anm. 122.

141 Vgl. dazu MARENBON, *Abelard's concept of Natural Law* 613f, der zeigt, daß Abaelard — im Unterschied zur Schule von Laon — die Goldene Regel insofern einschränkt bzw. präzisiert, daß die negative Form nur bei der Vermeidung von Verletzungen, die positive beim Erweis von Wohltaten gilt.

werden konnten.[142] Mit Origenes-Zitaten wird gezeigt, daß dieses Gebot ausschließlich für die Israeliten galt, die Heiden jedoch unabhängig davon zum Glauben kommen konnten. Was die Beschneidung, geistlich verstanden, bedeutet, ist die Trennung von den Lastern. Geistlich beschnitten können Heiden also ebenso wie Juden sein, wenn sie die Gebote der Liebe erfüllen.[143]

Die Aussage des Paulus „Jeder Mensch ist Lügner“ (Röm 3,4) führt Abaelard zu der Frage, ob dann auch der Mensch Jesus habe lügen oder sündigen können.[144] Die Lösung erfolgt auch hier mit Hilfe der Logik: Der mit Gott vereinte Mensch ist durch die *unio* determiniert und kann keinesfalls sündigen. Doch *simpliciter*, also ohne diese nähere Bestimmung, kommt auch dem Menschen Jesus die Fähigkeit zu sündigen zu, da ja der Begriff „Mensch“ sie impliziert.

In einem Exkurs nach Röm 3,12[145] bemerkt Abaelard noch, daß die Verse 10–18 sich nach Hieronymus nicht in dieser Form im Psalm 13 finden.

c) Buch 2 (Röm 3,19 – 6,18)

Der Apostel kehrt zum Angriff auf die Juden zurück, um ihnen jeden Anlaß zu nehmen, sich aufgrund des ihnen gegebenen Gesetzes zu rühmen. Durch die Befolgung von Riten des Gesetzes wird niemand vor Gott gerechtfertigt. Jetzt jedoch, zur Zeit der Gnade, wird durch das Evangelium die wahre Gerechtigkeit, die vor Gott gilt, nämlich die in der *caritas* bestehende, offenbart. Juden und Heiden werden nicht wegen vorausgehender Werke, sondern aus Gnade durch Jesus Christus gerechtfertigt. Damit erhebt sich die Frage, was diese Erlösung durch Christus ist und

---

[142] *Comm.* 1, unten 198,28 – 206,8 zu Röm 2,16; vgl. dazu PEPPERMÜLLER, *Auslegung* 149f.

[143] *Comm.* 1, unten 214,1 – 222,9 zu Röm 2,25–28f.

[144] *Comm.* 1, unten 226,15 – 230,21; vgl. PEPPERMÜLLER, *Auslegung* 41f.

[145] *Comm.* 1, unten 246,20 – 250,18.

wie sie stattfindet. Abaelard geht ihr im längsten Exkurs seines Kommentars nach.[146] Dies ist zugleich die einzige ausführliche Darstellung der Versöhnungslehre Abaelards. Er will dabei auf vier Fragen eingehen[147]:

1. aufgrund welcher Notwendigkeit Gott den Menschen Jesus angenommen hat, um uns zu erlösen;
2. von wem er uns erlöst hat;
3. mit welchem Recht er uns aus dessen Gewalt befreit hat;
4. welchen Preis er gezahlt hat.

Zunächst setzt Abaelard sich mit der zu seiner Zeit verbreiteten „Redemptionstheorie" auseinander; nach ihr mußte der Mensch aus der Macht des Teufels durch das Opfer Christi „losgekauft"[148] werden. Nach Abaelards Ansicht jedoch hatte der Teufel kein Recht über die Menschen; er ist lediglich von Gott als Folterknecht oder Kerkermeister eingesetzt, und Gott hätte die Menschen auch allein durch seinen Befehl aus der Macht des Teufels befreien können. Wozu also mußte Christus sterben, um die Menschen zu erlösen?

In seiner *Solutio*[149] sagt Abaelard, Christus sei deswegen am Kreuze gestorben, um durch das Beispiel seiner unendlichen Liebe (Joh 15,13; Lk 12,49) auch in den Menschen die Liebe zu erwecken, die dann vor Gott rechtfertigt. Die Versöhnung wird also in der Seele des einzelnen Menschen gewirkt. Auch die Väter, die vor der Zeit Christi lebten,

---

[146] *Comm.* 2, unten 280,4 – 290,26 zu Röm 3,26; vgl. WEINGART, *Logic* 160–211; PEPPERMÜLLER, *Auslegung* 86–104; CLANCHY, *Abaelard* 360 bis 365.

[147] *Comm.* 2, unten 280,4–15.

[148] *Redimere* = „loskaufen, erlösen". Hinweise darauf, daß Abaelard die Satisfaktionslehre ANSELMS VON CANTERBURY gekannt hat, gibt es nicht; er nimmt zu ihr nicht Stellung; vgl. PEPPERMÜLLER, *Auslegung* 91 f. Gegen Abaelard vertritt BERNHARD VON CLAIRVAUX die traditionelle Redemptionslehre: *epist.* 190,13 f (8,27 f LECLERCQ/ROCHAIS).

[149] *Comm.* 2, unten 288,18 – 290,22.

können diese Liebe besessen haben, da sie ja im Glauben erwarteten, was durch Jesus erfüllt wurde. Weiteres soll bei der Exegese von Röm 5,5–8 gesagt[150], das Thema ausführlich in der *Tropologia* behandelt werden.[151]

Wenn somit der Mensch allein aufgrund der Liebe gerechtfertigt wird, stellt sich die Frage, warum er dann noch beschnitten oder getauft werden muß. Dem geht Abaelard in seiner Auslegung von Röm 3,27 nach.[152] Als Begründung kann er lediglich nach Joh 3,5 die Anweisung des Herrn anführen. Unmündige Kinder, die nach der Taufe sterben, können noch nicht gerecht sein, da ihnen der Gebrauch der Vernunft fehlt und sie noch keine Liebe und Gerechtigkeit besitzen können. Doch entsteht ihnen dies nach Abaelards Meinung im Augenblick des Todes. Grundsätzlich hält Abaelard aber daran fest, daß die Rechtfertigung nicht durch die Sakramente geschieht, sondern daß diese in der Liebe besteht und somit bereits vor dem Empfang der Sakramente vorhanden sein kann.

Die Auslegung von Röm 3,28–31 betont noch einmal, daß Gott Juden und Heiden allein wegen ihres Glaubens annimmt. Das führt zu der Frage, was das Beispiel Abrahams (Röm 4) bedeutet. Abaelard führt – im Anschluß an Augustinus – die Distinktion von Glauben als *credere deo, credere deum, credere in deum* ein.[153] Letzteres wird von Gott zur Gerechtigkeit angerechnet, und darin ist Abraham Vorbild für alle Menschen.

---

150 Vgl. *comm.* 2, unten 386,8–15.

151 Eine solche Schrift Abaelards ist nicht überliefert; PEPPERMÜLLER, *Auslegung* 94 Anm. 516, und MEWS (CCM 13,229 Anm. 39) vermuten eine Verschreibung für Anthropologia. Auch ROBERT VON MELUN behandelt die Themen Inkarnation und Erlösung im Traktat über Anthropologie (*Sent.* 2,2, c. 9–18). – Die Zeugen mA lesen *Theologia,* doch finden sich in den Theologien Abaelards keine entsprechenden Ausführungen.

152 *Comm.* 2, unten 292,19 – 298,12; vgl. PEPPERMÜLLER, *Auslegung* 107 f.

153 *Comm.* 2, unten 304,7–20 zu Röm 4,5.

Anläßlich der Exegese von Röm 4,8 stellt Abaelard die Frage, wie sich göttliche Gnade und menschliche Verdienste zueinander verhalten[154]; für die Lösung wird jedoch auf die *Ethica* verwiesen.

Der Abschnitt Röm 4,9–11 war für die Exegeten der Frühscholastik der Ort, sich Gedanken zum Thema Taufe und Beschneidung zu machen. So auch Abaelard. Er folgt dabei weitgehend der Tradition. Daß Abraham beschnitten wurde, verlieh ihm nicht die Gerechtigkeit vor Gott, sondern war ein Zeichen dafür, daß diese bereits vorhanden war. Nach langen Ausführungen über die Begriffe „Zeichen" und „Siegel"[155] behandelt Abaelard in einem Exkurs Kraft und Sakrament der Beschneidung[156]: Sie hatte bei den Alten dieselbe Wirkung wie heute die Taufe, doch mußten die, die vor der Passion Christi starben, noch auf den Zugang zum Himmel warten. Beides, Taufe und Beschneidung, bezeichnen eine Reinigung der Seele. Da die Sünde im Zeugungsakt weitergegeben wird, mußte die Beschneidung am Geschlechtsglied ausgeführt werden. Typologisch wird die Beschneidung Abrahams auf den sündlosen Christus hin gedeutet, und der achte Tag, an dem Kinder beschnitten werden müssen, weist auf die große Oktav, den Tag der Auferstehung, hin.

Eine vieldiskutierte Frage war, was mit solchen Kindern geschehe, die vor dem Tage der Beschneidung (oder heute vor dem der Taufe) starben. Abaelard hält daran fest, daß sie nur dann gerettet werden können, wenn für die Taufe das Martyrium eintrete.

Da jedoch das Beschneidungsgebot nur für die Nachkommen Abrahams galt, konnten unbeschnittene Heiden auch durch das natürliche Gesetz allein gerettet werden.

---

[154] *Comm.* 2, unten 310,9 – 312,2.

[155] *Comm.* 2, unten 314,22 – 318,17.

[156] *Comm.* 2, unten 318,18 – 354,8; vgl. PEPPERMÜLLER, *Auslegung* 109 bis 118.

Nachkommen Abrahams sind in diesem Sinne nur Isaak und seine Kinder sowie deren Sklaven. Im folgenden wird dies mit langen Zitaten aus dem Römerbriefkommentar des Origenes[157] und unter Berufung auf Ambrosius und Hieronymus gezeigt. Daran schließt sich die Frage an, wieso Josua die Israeliten mit Steinmessern zum zweiten Mal beschnitten habe[158]: Unter Berufung auf Augustinus stellt Abaelard fest, daß es sich nicht um dieselben Personen gehandelt habe.

Hierauf kehrt er zur Exegese des Textes zurück, der Abraham als Vater und Vorbild im Glauben hinstellt. Dabei wird in einem Exkurs nach Röm 4,19 gefragt, wieso Abraham nicht glaubensschwach gewesen sei, da er doch bei der Verheißung der Geburt Isaaks gelacht habe.[159] Die Lösung ist überraschend: Abraham habe im Herzen vor Freude gelacht! Seine Glaubensfestigkeit wurde ihm zur Gerechtigkeit angerechnet (Röm 4,20–22). Vers 23 wird typologisch auf Christus gedeutet.

Um Glaubensgerechtigkeit geht es auch im anschließenden Kapitel 5 des Römerbriefes. Dabei referiert Abaelard zu Röm 5,5f kurz seine zu Röm 3,26 ausgeführte Versöhnungslehre.[160]

Nach der Exegese von Röm 5,12–19 mit der Gegenüberstellung Adam — Christus[161] behandelt Abaelard ausführlich das Problem der Erbsünde[162]: Da seiner Meinung nach Schuld und Sünde sowie Verdienst des Menschen im eigentlichen Sinne in der guten oder schlechten *intentio* des Men-

---

157 *Comm.* 2, unten 338,1 – 350,2.

158 *Comm.* 2, unten 352,7 – 354,8.

159 *Comm.* 2, unten 372,21 – 374,15; vgl. PEPPERMÜLLER, *Auslegung* 131 Anm. 721.

160 *Comm.* 2, unten 386,8–15, mit Rückverweis.

161 *Comm.* 2, unten 390,1 – 406,15.

162 *Comm.* 2, unten 406,16 – 438,13; vgl. GROSS, *Abälards Umdeutung* 14–33; WEINGART, *Logic* 42–50; PEPPERMÜLLER, *Auslegung* 105f.

schen bestehen (genauer: in der Zustimmung, dem *consensus* bei schlechten, der *bona voluntas* bzw. der *caritas* bei guten Handlungen, wie es Abaelard später in seiner *Ethica* formulieren wird[163]), setzen sie ein Urteil des freien Willens voraus, den Abaelard nach Boethius beschreibt.[164] Somit kann der Mensch nicht bereits mit einer Schuld *(culpa)* geboren werden, für die er persönlich nicht verantwortlich ist. Die Lösung findet Abaelard wieder mit Hilfe der Sprachlogik: Der Begriff „Sünde" *(peccatum)* kann verschiedene Bedeutungen haben: (im eigentlichen Sinne) „Schuld" *(culpa)*, sodann aber auch „Sündenstrafe" *(poena peccati)* und schließlich auch noch Christus als „Sündopfer" *(hostia pro peccato)*.[165] Die Erbsünde ist nun nach Abaelard keine vererbte Schuld mehr, sondern lediglich die Strafe für die Sünde Adams und Evas. Sie kann durch Absolution und Taufe dem einzelnen vergeben werden. Aus pädagogischen Gründen nimmt Gott zwar die ewige Strafe fort, läßt aber die zeitliche bestehen und gibt nicht die ursprüngliche Unsterblichkeit zurück: Andernfalls würde der Mensch zu sehr nach irdischen Dingen streben.[166]

Abaelard kommt dann noch einmal auf die Frage zurück, wieso die ungetauften unmündigen Kinder verdammt werden: Ist Gott nicht grausam, wenn er sie bestraft, ohne daß sie eine persönliche Schuld begangen hätten? Doch nach Abaelard kann Gott kein Unrecht vorgeworfen werden, wie auch immer er seine Schöpfung behandelt. Auf sein Gefallen oder seine Mißbilligung gründet sich jede Unterscheidung von Gut und Böse, und man muß annehmen, daß

---

163 Vgl. PEPPERMÜLLER, *Auslegung* 127; BACIGALUPO, *Intención* 105 f. 150–154; zum richtigen Verständnis von *intentio* vgl. BLOMME, *La doctrine du péché* 167–198.

164 *Comm.* 2, unten 412,7 – 414,20.

165 *Comm.* 2, unten 408,8–24.

166 *Comm.* 2, unten 424,15 – 426,6.

nach Gottes Plan alles aufs beste geordnet ist.[167] So gebraucht Gott auch die Bestrafung der kleinen Kinder zu unserem Heil, um uns vor den eigenen Sünden zu warnen.

Darauf versucht er dann noch – unter Berufung auf Augustinus – zu zeigen, wieso Kinder von Eltern, denen ihre Sünden vergeben sind, trotzdem in Sünden geboren werden.[168] Schließlich bemerkt er, daß er dies alles nur als seine vorläufige Meinung vorgetragen habe, und kehrt zur Auslegung des Textes zurück.[169]

Die Exegese des lateinischen Textes von Röm 6,9 führt Abaelard zu der Frage, ob der Tod über Christus gegen dessen Willen Gewalt gehabt habe.[170] Er unterscheidet hier, daß Christus gemäß seiner Gottheit willensgleich mit dem Vater gewesen sei und also den Tod als Mittel der Erlösung gewollt habe; nach seiner Menschheit aber habe er den Tod nicht gewollt, sondern aus Gehorsam gegen den Vater erduldet. Danach folgt die Auslegung bis zum Ende des Buches eng dem Text des Römerbriefes.

d) Buch 3 (Röm 6,19 – 9,5)

Im Gegensatz zum Beginn von Buch 2 findet sich zu Beginn von Buch 3 keine einleitende Bemerkung; die Exegese geht kontinuierlich weiter, eine Zäsur liegt erst bei der Auslegung von Röm 7,1 vor, wo Abaelard einen Rückverweis auf Röm 6,15 vornimmt[171], um dann die Freiheit der Christen vom Gesetz näher auszuführen. In diesem Zusammenhang geht er auf die mögliche Frage ein, warum das Gesetz keine Verheißung des ewigen Lebens gehabt habe, obwohl es doch auch die Nächstenliebe vorgeschrie-

---

167 Vgl. dazu die Diskussion, ob Gott besser handeln kann, als er handelt: *Th. Sch.* 3,27–96 (CCM 13,511–540).

168 *Comm.* 2, unten 430,25 – 438,10.

169 *Comm.* 2, unten 438,11–13.

170 *Comm.* 2, unten 448,3 – 451,13; vgl. PEPPERMÜLLER, *Auslegung* 44f.

171 *Comm.* 3, unten 480,11 – 482,3.

ben habe.[172] Nach Abaelard versteht das Gesetz jedoch unter dem Nächsten nur den Stammesgenossen, kennt also nicht das Gebot der Feindesliebe.[173] Um diese Ansicht durchhalten zu können, muß er dann das Gleichnis vom barmherzigen Samariter allegorisch deuten und auf Jesus beziehen.[174]

Danach (Vers 7–13) zeigt Abaelard, dem Text folgend, daß das Gesetz zwar keine Sünde sei, aber die Sünde gelehrt und somit Anlaß zu ihr gegeben habe.[175] Daraus könnte sich die Frage ergeben, weshalb dann das Gesetz gut genannt wird.[176] Abaelards Antwort ist, daß das Gesetz Teil des göttlichen Heilsplanes sei: Das hartnäckige Volk der Juden mußte durch einführende Gebote erst allmählich an den Gehorsam gewöhnt werden. Allerdings ist Abaelard davon überzeugt, daß die, die diesen noch unvollkommenen Geboten aus Liebe zu Gott gehorchten, zum Heil gelangten; ihnen werde vor ihrem Tode durch einen Lehrer oder eine Eingebung das offenbart, was ihnen noch zum Heil fehle. Trotzdem hält er auch hier daran fest, daß das Gesetz des Alten Testaments weit von der Vollkommenheit des Evangeliums entfernt sei, da es ja nicht die selbstlose Liebe zu Gott und zum Nächsten lehre.[177]

Im Anschluß an Röm 7,16 nimmt Abaelard zu der Behauptung Stellung, jede Sünde sei absichtlich *(voluntarium)* und niemand sündige gegen seinen Willen[178]: Dies beziehe sich auf den Akt des Sündigens, nicht auf die dazu

---

172 *Comm.* 3, unten 490,3 – 504,2, zu Röm 7,6; vgl. PEPPERMÜLLER, *Auslegung* 150f.

173 *Comm.* 3, unten 492,11 – 494,3.

174 *Comm.* 3, unten 494,4 – 496,6.

175 *Comm.* 3, unten 504,3 – 512,13.

176 *Comm.* 3, unten 514,1 – 526,19; vgl. PEPPERMÜLLER, *Auslegung* 152 bis 156.

177 Zu Abaelards Liebeskonzeption vgl. MARENBON, *The Philosophy of Peter Abelard* 298–302.

178 *Comm.* 3, unten 530,9 – 534,18; PEPPERMÜLLER, *Auslegung* 128f; vgl. *Sic et Non* 143, 5.6 (494 BOYER/MCKEON).

führenden Begierden. Entscheidend sei jedoch die Absicht, die *intentio,* die den Akt auslöse, nicht jedoch etwas aus ihr mittelbar Folgendes.[179]

Rettung von der Sünde findet der Mensch allein durch die Gnade Gottes (Röm 7,25) in Christus: In ihm erhalten wir das Gesetz des Geistes und des Lebens, das als das Gesetz der Nächstenliebe und der Liebe Gottes interpretiert wird (Röm 8,2); er hat die (ewige) Sündenstrafe von uns genommen, die rechtfertigende Gottes- und Nächstenliebe in uns zur Vollkommenheit gebracht.[180]

Aus der Exegese von Röm 8,10 ergibt sich nun aber das Problem, warum auch für die Menschen, denen ihre Sünde vergeben worden ist, noch die Strafe des leiblichen Todes bleibt.[181] Die Antwort ist, daß dadurch der Sinn des Menschen vom irdischen auf das himmlische Leben gelenkt werden solle.

Gleich darauf — bei der Erklärung von Röm 8,11 — wirft Abaelard die Frage auf, warum gerade der Sohn, nicht Vater oder Heiliger Geist, Mensch geworden sei.[182] Eine Diskussion findet jedoch nicht statt, sondern es wird auf die *Anthropologia* verwiesen. Da diese offensichtlich schon vorzuliegen scheint, andererseits aber kein Werk mit diesem Titel überliefert ist, meint Abaelard damit vielleicht den Traktat über die Menschwerdung innerhalb seiner *Theologia.*[183]

---

179 Vgl. dazu Abaelards Ausführungen zum Thema Ethik, vor allem *comm.* 4, unten 816,1–26, den Exkurs nach Röm 14,23; PEPPERMÜLLER, *Auslegung* 127–141.

180 *Comm.* 3, unten 540,25 – 542,8.

181 *Comm.* 3, unten 552,19 – 554,17; ebenso *comm.* 2, unten 424,15 – 426,6; PEPPERMÜLLER, *Auslegung* 106.

182 *Comm.* 3, unten 556,9–18.

183 Vgl. oben 36 Anm. 151; zum Thema vor allem *Th. Chr.* 4,60–64 (CCM 12,290–293); vgl. *Th. S. B.* 3,44–47 (CCM 13,176f). Zu Abaelards Lehre vgl. PEPPERMÜLLER, *Auslegung* 94–96.

Im folgenden geht Abaelard, dem Text gemäß, der Frage der Gotteskindschaft und der Heilsgewißheit nach. Dann geben die Verse 28–30 Anlaß zu einer erneuten Frage: Wie verhalten sich Voraussicht *(providentia)* und Vorherbestimmung *(praedestinatio)* Gottes und freier Wille des Menschen *(liberum arbitrium)* zueinander?[184] Abaelard skizziert seine Lösung des Problems: Die Prädestination wird mit Hilfe der Logik[185] auf die Präszienz Gottes zurückgeführt. Wenn Gott eine Handlung voraussieht, dann wird sie eintreten, aber sie wird nicht eintreten, weil er sie voraussieht. Die Notwendigkeit ist also eine *necessitas determinata,* die durch Gottes Voraussehen determiniert ist, nicht eine *necessitas absoluta,* die der Handlung inhärent wäre. Nähere Ausführungen stellt Abaelard für seine *Theologia* in Aussicht.[186]

Danach wird der Text weiter unter dem Gesichtspunkt der Heilsgewißheit ausgelegt. Ein neues Thema beginnt mit Röm 9,1: die Trauer des Apostels um die Israeliten.

e) Buch 4 (Röm 9,6 – 13,7)

Wieder scheint kein inhaltlicher Grund dafür vorzuliegen, daß Abaelard mit Röm 9,6 ein neues Buch begonnen hat; die Schilderung Israels wird weitergeführt und gezeigt, wer das wahre Israel ist: diejenigen, die gläubig sind. Diese sind Kinder der Verheißung. Das Beispiel von Jakob und Esau (Röm 9,10–13) scheint zu zeigen, daß Gott willkürlich handelt und ungerecht ist (Verse 14–19). Nach der Auslegung des Töpfergleichnisses (Vers 20 f) stellt Abaelard dann die für ihn entscheidende Frage, wieso die Ungerechten für ihre Taten verantwortlich gemacht werden, denen Gott

---

[184] *Comm.* 3, unten 580,8 – 582,7; vgl. PEPPERMÜLLER, *Auslegung* 60–66.

[185] BOETHIUS, *in herm. comm.: De futuris contingentibus;* vgl. oben 25 f mit Anm. 93.

[186] *Th. Sch.* 3,96–111 (CCM 13,539–546); vgl. MARENBON, *The Philosophy of Peter Abelard* 226–232.

doch die Gnade versagt habe.[187] Die Antwort ist, daß Gott allen seine Gnade des Glaubens anbiete, der eine sie ergreife, der andere jedoch aus Trägheit versäume, sie zu ergreifen. Damit liegt die Schuld beim Menschen, der für seine Verwerfung selbst verantwortlich ist, und man darf Gott nicht vorwerfen, er sei ungerecht.

Danach handelt Abaelard, dem Text des Römerbriefes gemäß, von der künftigen Berufung auch der Juden (Röm 9,22–33). – Die Anrede „Brüder" (Röm 10,1) zeigt die persönliche Betroffenheit des Apostels. Die Juden verkennen die wahre Gerechtigkeit, die nicht aus der Erfüllung der Gesetzeswerke, sondern aus dem Glauben kommt.[188]

Gelegenheit, sich noch einmal zu Kontinuität und Diskontinuität von Altem und Neuem Testament zu äußern, gibt Abaelard das Jesaja-Zitat Röm 9,28[189]: Mit *verbum abbreviatum* ist die Verkündigung des menschgewordenen Herrn gemeint. Sie ist im Vergleich zum Alten Testament „abgekürzt" *(compendiosa)*, übersteigt alle irdische Weisheit *(super terram)* und vollendet *(consummans)*, was im Alten Testament begonnen worden war, denn sie ergänzt, was zur Gerechtigkeit noch fehlte, übergeht aber die zahllosen äußerlichen Vorschriften, indem sie sie auf das Doppelgebot der Liebe reduziert.

Da Paulus Dtn 30,14 zitiert hat, geht Abaelard im Anschluß an seine Auslegung von Röm 10,9 auf das Problem ein, daß Zeugnisse aus dem Alten Testament im Neuen Testament oft ohne Rücksicht auf den ursprünglichen Sinnzusammenhang gebraucht werden.[190] Man müsse in solchen Fällen dem Apostel folgen und die Stellen allegorisch auf Christus hin auslegen.

---

187 *Comm.* 4, unten 636,13 – 642,22; vgl. WEINGART, *Logic* 176–183; PEPPERMÜLLER, *Auslegung* 52–59.

188 *Comm.* 4, unten 656,23 – 658,4.

189 *Comm.* 4, unten 650,20 – 652,17; vgl. PEPPERMÜLLER, *Auslegung* 166–170.

190 *Comm.* 4, unten 664,14 – 668,4; vgl. PEPPERMÜLLER, *Auslegung* 33.

Vers 15 wendet sich nach Abaelards Auffassung gegen die falschen Apostel, während die wahren Apostel durch die „lieblichen Füße" — allegorisch ausgelegt — charakterisiert werden. Gegen die Juden richten sich wieder die Verse 18–21. Danach beginnt nach Abaelard ein neuer Abschnitt, in dem Paulus erneut die Heiden angreife, um wiederum deren Überheblichkeit zunichte zu machen (Röm 11,1). Aufgrund von Gottes Gnadenwahl ist auch ein „Rest" Israels gerettet worden (Röm 11,5), die übrigen sind verblendet worden, denn die Juden legten die Heilige Schrift nicht mystisch, sondern nur nach dem Buchstaben, der tötet (2 Kor 3,6), aus. Doch Gott hat ihre Bosheit zum Guten gebraucht, denn dadurch, daß sie die Verkündigung Christi zurückwiesen, wurde diese um so leichter von den Heiden angenommen.

Anschließend kommt Abaelard auf die künftige Bekehrung der Juden zu sprechen (Röm 11,11–16); die Heiden dürfen daher nicht überheblich gegenüber den Juden sein (17–25). Doch selbst am Ende der Zeit wird nicht ganz Israel gerettet werden, sondern nur der gläubige „Rest". Dies ist ein Mysterium, welches die Heiden nicht erkennen können (11,25 f). Daß Abaelard seinen Kommentar immer wieder überarbeitete oder ergänzte, zeigt die Tatsache, daß für Röm 11,28 zwei Auslegungen überliefert sind.

Der Apostel endet seinen Lobpreis (33–36) mit der triadischen Formel: „Denn aus ihm und durch ihn und in ihm sind alle Dinge." Abaelard sagt, gemeint sei, daß die Natur einer jeden Substanz von Gott geschaffen sei („aus ihm"), „durch ihn" erhalten und „in ihm" vollendet werde. Daraus könne sich jedoch ein Einwand ergeben: Wieso könne die Natur einer jeden Substanz erhalten werden, wenn doch die vernunftlosen Tierseelen beim Tode zugrunde gingen?[191] Abaelard sagt, daß sie, wenn sie aufhörten, Seelen zu sein, damit trotzdem nicht aufhörten, Substanzen zu sein.

---

191 *Comm.* 4, unten 718,1–10.

Auch daß der Apostel sagt, Gott sei seiner Werke wegen zu preisen, wo er doch eher um seiner selbst willen gepriesen werden müsse, könnte ein Problem sein. Doch Abaelard sagt, gemeint sei, daß wir Gott aufgrund seiner Werke erkennen und so preisen könnten.[192]

Im folgenden wird von Paulus die christliche Gemeinde beschrieben (Röm 12). Dabei gibt Vers 14 Anlaß zu längeren Ausführungen.[193] Zunächst wird das Gebet für die Feinde als Vollkommenheit der Liebe bezeichnet. Die Formulierung „Wollt nicht fluchen" *(nolite maledicere)* wird so interpretiert, daß die Absicht *(voluntas)*, nicht die Handlung selbst verboten werde; denn auch bei der Exkommunikation werde ja ein Fluch ausgesprochen, und der Richter sei kein Mörder, wenn er einen Verbrecher hinrichten lasse, da er dies ja nicht aus eigenem Willen tue.[194]

Gefragt wird dann noch, wieso wir Gott mit Worten anflehen, wo dieser doch eher auf die Herzen als auf die Worte blicke.[195] Nach Abaelard geschieht dies einmal zur Ehre Gottes, zum anderen darum, in uns die Zuneigung zu Gott zu wecken.

Der nächste Vers (Röm 12,15) bietet Abaelard Anlaß zu der Frage, worüber die Erwählten weinen sollten, wo ihnen doch alle Dinge zum besten dienten (Röm 8,28) und selbst die Existenz des Übels gut sei.[196] Er trägt keine Lösung vor, sondern verweist auf die Fertigstellung seiner *Theologia*.[197]

Natürlich ging Abaelard bei der Auslegung von Röm 13,1–7[198] auf das Problem ein, ob ein Christ in jedem Falle der Obrigkeit zu gehorchen habe. Er bejaht dies, denn Gott

---

192 *Comm.* 4, unten 718,11 – 720,2.

193 *Comm.* 4, unten 734,4 – 736,5.

194 Dieser Gedanke wird weiter unten *comm.* 4 (744,6 – 748,10, zu Röm 12,19) wiederholt. Vgl. dazu Peppermüller, *Auslegung* 129–132.

195 *Comm.* 4, unten 736,6–15.

196 *Comm.* 4, unten 736,25 – 740,17; vgl. Peppermüller, *Auslegung* 49.

197 *Th. Sch.* 3,117f (CCM 13,547).

198 *Comm.* 4, unten 750,1 – 754,24.

benutzt ja auch jede Gottlosigkeit gut: Selbst die Macht des Teufels hat sich als gut erwiesen (zu Röm 13,1).

f) Buch 5[199] (Röm 13,8 – 16,27)

Der mit Röm 13,8 beginnende Abschnitt handelt von der Nächstenliebe. Der Nächste ist dabei nach Abaelard jeder Mensch, nicht nur der Jude. Beim Verbot zu töten (Vers 9) ist wieder entscheidend, daß der Täter den Willen dazu hat. Beim Gebot der Nächstenliebe unterscheidet Abaelard, daß es heißt „so wie dich" und nicht „in gleichem Maße wie dich", denn in diesem Falle müßte ich alle Menschen in gleichem Maße lieben; es gibt jedoch eine Ordnung der Liebe: Maßstab ist, wie lieb jemand Gott ist. Der Ausdruck „so wie dich" besagt aber, daß wir wollen, daß der betreffende Mensch wie wir zur Glückseligkeit gelange. An die Auslegung von Vers 10 knüpft Abaelard ausführliche Betrachtungen über die Nächstenliebe an.[200] Wahre Gottesliebe bedeutet, Gott selbstlos zu lieben, so daß die *intentio* ganz auf ihn gerichtet ist. Die Liebe Gottes zu uns dagegen besteht im göttlichen Heilsplan *(dispositio)* uns gegenüber. Den Nächsten aber liebt wie sich selbst, wer ihn um Gottes willen so liebt, daß jener sich nicht zu Recht beklagen kann. Diese Nächstenliebe drückt sich in den beiden Geboten der „goldenen Regel" (Tob 4,15 und Mt 7,12) aus; sie gehören zum natürlichen Gesetz. Da der Nächste um Gottes willen geliebt werden muß, Gott aber nur um seiner selbst willen, umfaßt damit die Nächstenliebe automatisch die Gottesliebe, und der Apostel konnte zu Recht sagen, die Nächstenliebe erfülle das Gesetz. Abaelard untersucht dabei kasuistisch scheinbare Ausnahmen von dieser Regel[201] und stellt schließlich die Frage, ob wir auch die lieben müßten, die

---

199 Nur bei m und O (spätere Randnotiz), vgl. oben 28 Anm. 108.

200 *Comm.* 5, unten 776,1 – 782,14; vgl. PEPPERMÜLLER, *Auslegung* 159 bis 165.

201 *Comm.* 5, unten 776,26 – 780,8.

sich in der Hölle befänden oder die nicht zum Leben vorherbestimmt seien.[202] Wieso gibt es auch für solche Fürbitten? Abaelard führt hier lediglich das berühmte Augustinus-Zitat an: „Liebe, und dann tu, was du willst!“ und verweist auf Hieronymus; dann jedoch bricht er ab und erklärt, daß er diese Diskussion seiner *Ethik* vorbehalten wolle.

Im folgenden wird der lateinische Text mehr oder weniger ausführlich glossiert. Dabei verweist Abaelard zu Röm 14,1–12 auf den Streit in der Urkirche, ob man auch die Riten des alttestamentlichen Gesetzes einhalten müsse. Kriterium ist nach Abaelard das eigene Gewissen, die Absicht, da sich ja zur damaligen Zeit noch keine Autorität zu derartigen Problemen geäußert hatte. Paulus selbst wollte in Rom solche Dinge festsetzen. Vers 10–12 gibt Abaelard Anlaß, sich erneut über das Gericht Gottes zu äußern.[203] Er unterscheidet zwischen solchen, die schon gerichtet sind, solchen, die richten, und solchen, die noch gerichtet werden müssen. Der „Richtstuhl Gottes“ weist auf Jesus Christus als Richter hin.

Bei der Auslegung von Röm 14,23 hatte Abaelard nochmals betont, Gott achte nicht so sehr darauf, was, sondern vielmehr, aus welcher Gesinnung heraus es getan werde. Daran knüpft er die Frage an, ob dann diejenigen, die guten Gewissens Gläubige getötet hätten, damit überhaupt eine Sünde begangen hätten.[204] Auch hier stellt Abaelard jedoch die Diskussion des Problems für die *Ethik* in Aussicht.

Angesprochen wird auch die Frage, ob der Apostel an dieser Stelle nicht seiner eigenen Äußerung im Galaterbrief (2,11) widerspreche; doch eine nähere Behandlung wird

---

202 *Comm.* 5, unten 780,9 – 782,13.

203 *Comm.* 5, unten 802,17 – 806,23, vgl. schon die Auslegung zu Röm 2,6 (*comm.* 1, unten 174,7 – 178,13) und zu Röm 2,9 (*comm.* 1, unten 180,21 – 186,22); dazu PEPPERMÜLLER, *Auslegung* 124–127.

204 *Comm.* 5, unten 816,1–26; PEPPERMÜLLER, *Auslegung* 138f mit Anm. 774.

auf die geplante (aber offenbar nicht schriftlich überlieferte) Exegese dieser Stelle verschoben.[205]

Danach behandelt Abaelard ausführlich, unter Zitieren zahlreicher Vätersentenzen, die Frage, warum die Apostel oder Kirchenväter – obwohl doch den Reinen alles rein ist (Tit 1,15) – gewisse Speisen verboten haben.[206] Seine Erklärung ist, daß Zeit und Ort und der Gesichtspunkt des anständigen Lebens mehr als der Glaube hierzu geführt hätten.

Daran schließt sich die Frage an, ob Juden oder Proselyten ein vor ihrer Bekehrung abgelegtes Gelübde einhalten müßten.[207] Die Antwort ist, daß sie dazu nicht verpflichtet seien, doch auch nichts dagegen einzuwenden sei, wenn sie es freiwillg einhielten.

Sodann kehrt Abaelard zum Text des Römerbriefes zurück (Röm 15,1), doch schon Vers 3 gibt ihm wieder Anlaß, auf einen möglichen Einwand einzugehen: Wieso gefiel Christus sich nicht (Röm 15,3), wenn er Gott Vater gefiel?[208] Abaelard erklärt das so, daß der Mensch in Christus nichts begehrt habe, weil es für ihn selbst angenehm war, sondern nur das, was Gott, wie er wußte, billigte oder durch ein Gebot angeordnet hatte. Darin habe sich sein Gehorsam gezeigt, wie der Apostel sogleich anfüge. So richteten sich auch die Schmähungen (Röm 15,3), die Jesus erfuhr, gegen Gott selbst.

Röm 15,4 veranlaßt Abaelard dazu, sich über den Wert des Alten Testaments für Christen zu äußern: Sie werden, wenn sie die Schrift geistlich auslegen, durch das Alte Testament ebenso belehrt wie durch das Neue. Selbst weltliche Schriften dienen zu irgendeiner Belehrung hinsichtlich der Moral oder der Sprachwissenschaft und somit zur Hilfe

---

205 *Comm.* 5, unten 818,1–6.

206 *Comm.* 5, unten 818,7 – 826,12; vgl. PEPPERMÜLLER, *Auslegung* 158 Anm. 907.

207 *Comm.* 5, unten 826,13 – 828,8; PEPPERMÜLLER, *Auslegung* 158.

208 *Comm.* 5, unten 830,9 – 832,19.

für das Verständnis der Heiligen Schrift. Danach folgt die Auslegung wieder dem Text des Römerbriefes und hat die Eintracht von Juden- und Heidenchristen zum Thema (Röm 15,5–13). Dabei wird Vers 12 die Wurzel Isai auf Christus und die Bekehrung der Heiden gedeutet.

Im weiteren Verlauf des Römerbriefes spricht der Apostel von sich und seinen Plänen (15,14–33). Abaelard glossiert den Text; dabei erklärt er das lateinische *frui* in Vers 24 nach Augustin als „genießen", bei dem die letzte Ursache Gott ist. Das Sammeln der Kollekte für die Gemeinde in Jerusalem wird von Abaelard als beispielhaft für die Bischöfe angesehen: Sie sollen durch ihre Predigt arme Kirchen und Klöster unterstützen (Röm 15,25). Ob Paulus seine geplante Spanienreise ausgeführt habe, läßt Abaelard offen (zu 15,28f).

Im Kapitel 16 werden die Personen, denen der Apostel Grüße sendet, mit Hilfe von Väterzitaten näher charakterisiert. Interessant sind dabei die Ausführungen über die Lehrtätigkeit von Frauen: Sie habe sich auf die Unterrichtung von Frauen beschränkt (zu 16,6). Hermes (16,14) wird – nach Hieronymus – mit Hermas, dem Verfasser der als „Hirte des Hermas" bekannten Schrift, gleichgesetzt.[209]

Bei der Auslegung der Danksagung (Röm 16,25–27) geht Abaelard insbesondere auf den Begriff *mysterium* („Geheimnis"; 25f) ein: Gemeint ist unsere Erlösung. Sie war zwar bereits in den Schriften der Propheten verborgen, mußte aber von Christus erklärt werden. Selbst die Übersetzer der Septuaginta haben dieses Geheimnis verhüllt oder verschwiegen.

---

[209] Zum Schreiber Tertius (Röm 16,22) vgl. oben 27.

4. Zum lateinischen Text

Zugrunde liegt die kritische Edition von Eligius M. Buytaert, *Petri Abaelardi Opera theologica* I = CCM 11 (1969) 3–340; ihre Seitenzahlen sind in der vorliegenden Textausgabe vermerkt; die klassische Orthograhie ist beibehalten worden, doch entsprechend dem Gebrauch der Fontes Christiani konsonantisches -u- durch -v- ersetzt worden. Zusätzlich ist statt „obedire"... „oboedire" ... geschrieben worden. Buytaert benutzte folgende Handschriften[210]:

A = Angers 68 (12. Jahrhundert);
m = die verlorene Handschrift vom Mont St. Michel, auf der die Editio princeps von A. Duchesne (Paris 1616) basiert, die in PL 178,783–978 abgedruckt und auch der Ausgabe von V. Cousin, *Petri Abaelardi Opera theologica* II, 152–356 (Paris 1859, Nachdruck Hildesheim 1970) zugrunde gelegt ist;
O = Oxford, Balliol College 296 (14. Jahrhundert);
R = *Vaticanus Reginensis latinus* 242 (12. Jahrhundert).
Für den Anfang des Römerbriefprooemiums kommt neuerdings S = *Sangallensis* 1716 (12./13. Jahrhundert) hinzu.[211]

Als Textzeugnis muß auch die von A. Landgraf edierte *Abbreviatio* des Römerbriefkommentars genannt werden.[212] Zahlreiche Exzerpte aus Abaelards Römerbriefkommentar finden sich ferner in einem anonymen Paulinenkommentar[213], dessen Abbreviatio die Bücher 6–8 der unter

---

210 Beschreibung BUYTAERTS: CCM 11,2–26.

211 Entdeckt von STEGMÜLLER, vgl. RBMA 9 Nr. 3235,21; der Text: PEPPERMÜLLER, *Abaelards Römerbrief-Prooemium* 128–131.

212 A. LANDGRAF, *Petri Abaelardi expositionis in epistolam ad Romanos abbreviatio*, Leopoli 1935.

213 *Vaticanus Ottobonianus latinus* 445; Paris, Bibliothèque de l'Arsenal 534, Troyes 770.

dem Namen Hugos von St. Viktor gedruckten *Allegoriae super Novum Testamentum (in Epistulas Pauli)* sind.[214]

Die vorliegende Textausgabe weicht an mehr als 450 Stellen von der Edition Buytaerts ab. Zunächst sind die Korrekturen berücksichtigt, die bereits 1972 vorgeschlagen wurden.[215] Dazu kommen noch die folgenden Stellen:

Ed. Buytaert] Vorliegende Edition

41,2 *Commentaria] expositio.* Die Handschriften überliefern Abaelards Titel – wie im 12. Jahrhundert bei Kommentaren üblich[216] – nicht; Buytaerts Überschrift knüpft offenbar an die Editio princeps von A. Duchesne (Paris 1616 nach m) an: *Magistri Petri Abelardi Nannetensis Commentariorum super S. Pauli epistolam ad Romanos libri V* (vgl. auch die *subscriptio* bei A: *Abaelardi commentariorum liber extremus ... explicit.).* Der Titel *commentaria* als Neutrum ist jedoch zu dieser Zeit ganz ungewöhnlich; Landgraf hat den anonymen Cambridger Kommentar daher *Commentarius Cantabrigiensis* genannt. Abaelard selbst spricht wiederholt von einer *expositio* (z.B. im Prooemium von der Haymos, Rufins, Origenes', Augustins, Maximus', bei der Auslegung von 16,2 von der des Claudius, zu 16,25 von der der *doctores ecclesiastici;* bei den Auslegungen zu Röm 1,20; 3,26; 4,8.11; 5,19 bezeichnet er sein eigenes Werk so); vgl. auch die (spätere) Titelangabe des Alexander Petavius bei R fol. 1^{r}: ...*Volumen in quo continetur expositio petri abailardi super epistolam ad romanos ...*, die (ebenfalls

---

214 HUGO VON ST. VIKTOR, *Allegoriae in Novum Testamentum* 6–8 (PL 175,879D–924); vgl. PEPPERMÜLLER, *Zum Fortwirken* 559–566.

215 PEPPERMÜLLER, *Zur kritischen Ausgabe* 82–96.

216 HÄRING, *Commentary and Hermeneutics* 175.

spätere) *subscriptio* bei R: *Expositio epistole ad Romanos* sowie Landgrafs Titel der *Abbreviatio*: *Petri Abaelardi expositionis in epistolam ad Romanos abbreviatio!* Auch die Auslegungen Abaelards zum Hexaemeron, zum Vaterunser, zu den Glaubensbekenntnissen tragen jeweils den Titel *expositio*. Häring (*Abaelard Yesterday and Today* 287) äußert sich zur Überschrift der Edition Buytaerts: „... what the editor calls ‚Petri Abaelardi Commentaria in Epistolam Pauli ad Romanos'."
41,28 *quae] quod* zusätzlich zu AmOR auch bei S
42,40 *[Paulus]] Paulus* bei S
42,54 *agger] agri* auch bei S sowie Cicero, De inventione 2,56 (151b STROEBEL)
43,73 *disciplinis] discipulis* außer bei AmOR auch bei S
47,5 *ut] ubi* auch im Zitat des anonymen Kommentars Vat. Ottob. 445
48,62 *ut] et* nach Abst (*ut* würde den Konjunktiv erfordern)
52,171 Die Randlesart bei R lautet richtig: *feliciore rapina quam prius exercuerat*
58,372f *Et non qui filii Dei] Et nos quidem filii Deo* Hilarius (CCL 62A,588)
58,376 *quos] quod* m
58,379 *Dominum] deum* Hilarius (CCL 62A,588).
61,477 *epistolae] epistolas* AmOR
61,490 Es ist nicht nötig, ein *ei* zu ergänzen
75,966 *ad] et ad* Hieronymus
92,525 *cum] cur* A, fehlt bei O. *Cum* müßte als *cum concessivum* auch bei Abaelard mit dem Konjunktiv stehen. Der Sinn der Stelle ist: Wenn du schon die Götzenbilder verabscheust, warum meidest du dann nicht den an sich noch viel schlimmeren „Tempelraub"?
93,564 *si] sic* AR
102,197 *voluntatem] voluntatum* AmOR
104,265 *qui] quae* AmOR
105,304 *ex] ea* AOR

127,148 Es ist nicht nötig, das Lemma zu ergänzen.
127,162 *circumcisionem] circumcisione* AOR
128,180 *exigendis] erogandis* A. mR lesen *exigendis* (O *exigentibus*), was „einfordern von Wohltaten bzw. Privilegien" bedeutet; möglicherweise könnte auch eine Verschreibung aus „*exhibendis*" vorliegen.
128,199 *Ismael] Israel* AmOR
132,343 *sunt* AmOR] *sint* wegen des *cum causale*
134,389 *tuis] suis* AOR
135,431 *cum] etiam* A. Das *cum* (mOR) würde nach *natus* die Kopula *sit* erfordern.
137,503 f Es ist zum Verständnis nicht nötig, den Origenestext zu ergänzen.
140,584 *Verum] Unde* (Origenes; die Zeugnisse bei Buytaert vertauscht)
142,641 *item] iterum:* AmO lesen *item,* R kürzt ab: *itm* (mit überstrichenem m), was auch als „*iterum*" gelesen werden kann. Dies entspräche der Fassung bei Pelagius (2,26 SOUTER) „*... causa prima ... secunda*".
153,998 *quia* (m)] *qua* A (*que* OR)
156,96 *Dici] Dixi* AmOR
161,262 *[esse]]* Unnötige Ergänzung
163,332 *Deo] Dei* AOR
164,374 *recognoscat] non recognoscat* (so die *Abbreviatio*)
167,456 *obtinere* AOR(abgekürzt)m] *obtinemus* vom Sinn her nötig
179,111 *sed] secundum:* Im lateinischen Text mit *sed* kein vollständiger Satz; *sed* könnte eine Verschreibung statt *secundum* sein (jeweils Kürzel!), zumal sich die Verbindung *secundum quod* häufiger im Text findet: 54,234; 59,409; 80,131; 84,274; 86,356 f (im Textlemma Röm 4,18: 150,896 f. 903 f); 154,22 f. 29; 197,341 f; 204, 573 f. 574; 223,4; 23,81; 245,58; 248,13; 259,102; 275,78; 288,90 f; 322,228.
194,242 *contineri] continere* vom Sinn her nötig

198,386 *debuit] debui* AmOR
202,518 *diligit] diligi* AmOR
202,518 *Deus] Deum* AmOR
203,540 *Sed quae est gratia referenda] gratia est referenda* A
206,630 *concupiscentia] concupiscentiam* AOR
211,34 *quem] quam* AmOR
223,428 *enarrabiles] inenarrabiles* AmOR
228,614 *utilitatem] vilitatem* AORc
228,615 *aliqua] alia* AmOR
229,37 *invenisset* Vg.] *inveniret* AmOR
237,201 *quaeritur] queritur* mO Vg, abgekürzt AR
237,202 *conquaeritur] conqueritur* m, abgekürzt AOR
237,202 *quaerimoniam] querimoniam* mO, abgekürzt AR
238,222 *iustificas] sufficias* AO; *sufficias te* R
238,223 *responde] respondere* AOR
241,303 *bona] nova* AR
241,317 *sunt] sint* AmR
243,381 *Quod si, scilicet] Quid, id est: Sed quid* OR
245,452 *credidit] crediderunt* AmOR
246,478 *consulerat] consuluerat* Am (*consulant* O)
247,528 *possent] possunt* AmOR
248,538 *tamen] tantum* AOR
254,219 *verba eorum] verba* OR
258,68 *audiunt] audiant* AmOR
258,71 *sed] secundum* nach Origenes
260,141 *Deo] Dei* AmOR
260,156 *divitia] divitiae* AmOR
261,165 *esse] esse [credens]* A[sup]
261,171 *etsi] et sic* (so wohl R; *ut sim* A ergäbe ebenfalls Sinn)
262,231 *aliquis] apostolus* AOR
265,302 *contingit] contigit* AVg.
279,190 *sic] sic in* AmOR
283,338 Die überlieferte lateinische Konstruktion ist so schwerlich möglich (zum „isolierten Nominativ“ vgl.

Mohrmann, *Études* 1,37f); statt *sustinentes* wird daher *sustineatis* gelesen. Möglich wäre auch, den Satz mit *sed potius sustinere* ... an den vorangehenden anzuschließen.
289,135 *spiritualiter] specialiter* R?, vom Sinn her nötig
291,186 *assentire] assentiri* AmOR
308,373f *in quarta pagina secundi quaterni* (A)] *superius in secunda quaternione* mOR
309,394 *suffocatum] suffocato* AmR
312,31 *nisi numquam] numquid umquam* AR
316,146 *exaltabit] exaltabis* Vg. (*exaltab.* A; *e.* OR; *erue* m)
317,168 *sepultus] sepultus est* A
318,213 *sum etc.] sum* AmOR
318,214 *quoniam]* fehlt bei mOR (ebenso wie die weitere Ergänzung des Lemmas bei A)
319,222 Wegen des Sinnes wird (vgl. den Commentarius Cantabrigiensis [1,208 LANDGRAF]) vor *quam* ein *magis* ergänzt.
324,399 *illud] illuc* AmOR
328,51 *appellet] appellat* AmOR
328,71 *I] primo* ARO
332,161 *hoc] id* AmR
332,168 *habitaverint] habitaverunt* AOR
335,247 *quod dum] quod* A
336,272 *hic] hic quem dicit* A

Auch die Interpunktion des lateinischen Textes Buytaerts[217] wurde an zahlreichen Stellen um des besseren Verständnisses willen geändert.

Als Hilfe für den Leser sind die bei Buytaert im Apparat angeführten, wohl von einem Schreiber stammenden, Randbemerkungen zum Inhalt sowie *Incipits* und *Explicits* in den Text übernommen und in eckige Klammern gesetzt

---

[217] Die Zeichensetzung in lateinischen Hss des Mittelalters ist nicht — wie heutzutage — durch die grammatisch-syntaktischen Strukturen der Sätze, sondern durch die Erfordernisse des (lauten) Vortrags bestimmt.

worden; auch Paragraphenzeichen der Handschriften sind im lateinischen Text aufgeführt.

5. *Zur Übersetzung*

Die Übersetzung versucht, den lateinischen Text Abaelards so genau wiederzugeben, wie das möglich ist, ohne daß darunter die Verständlichkeit im Deutschen allzu sehr leidet: Der Leser soll einen Eindruck von Abaelards elegantem, an klassischen Autoren und Augustinus geschultem Stil erhalten.[218] Die dokumentarische beziehungsweise ausgangssprachlich orientierte Übersetzung sollte gegenüber einer transponierenden beziehungsweise zielsprachenorientierten[219] gerade bei einer zweisprachigen Ausgabe den Vorzug erhalten; denn der Leser sollte die Struktur des lateinischen Originals so weit wie möglich in der Übersetzung wiederfinden können! Hier gilt also in ganz besonderer Weise, was M. Fuhrmann (in Anlehnung an W. Schadewaldt) generell für die Übersetzung von Kunstprosa[220] fordert: „Je stärker ein Prosatext künstlerisch geformt ist, desto mehr muß sich die Übersetzung in Diktion, Wortstellung und Satzstruktur an das Original anzuschmiegen suchen."[221] Allerdings ließen sich im vorliegenden Fall die für

---

218 Vgl. FAHSEL, *Des heiligen Thomas von Aquin Kommentar zum Römerbrief* VI: „Die Übersetzung ist eine möglichst wortgetreue, damit die Straffheit der Gedankenfolge, die geistige Architektonik des ganzen Aufbaues und die Klarheit der Behandlung der tiefsten Geheimnisse dem Original entsprechend zutage treten." Zum Problem vgl. FUHRMANN, *Die gute Übersetzung* 10.

219 FUHRMANN, *Die gute Übersetzung* 9.

220 FUHRMANN, *Die gute Übersetzung* 10.

221 Daß Abaelard Kunstprosa schreibt – zumindest in seinen *epistulae* und *sermones* –, hat DRONKE für den Briefwechsel mit HELOISE aufgezeigt (*Heloise's Problemata;* danach DRONKE, *Women Writers* 110f; DRONKE, *Heloise, Abaelard* 334–337; ähnlich JANSON, *Schools of Cursus*). Die Vorliebe für den *cursus tardus* führt DRONKE auf den Einfluß des ADALBERTUS SAMARITANUS zurück; skeptisch äußert sich allerdings dazu JANSON, *Schools of Cursus* 186f. Mag man auch gegenüber der Beweiskraft

Abaelard so typischen zahlreichen Hyperbata zumeist im Deutschen nicht nachahmen. Bei längeren Satzperioden wurde zur Erleichterung für den Leser häufig bei der Wiedergabe die Parataxe gewählt. Wo nötig, sind in den Anmerkungen Verständnishilfen gegeben.

Da Abaelard in seiner Exegese dem Wortlaut des lateinischen Textes folgt — der nicht immer mit dem heutigen Vulgatatext identisch ist[222] —, konnten die Bibellemmata nicht einfach der Einheitsübersetzung entnommen werden, die ja auf dem hebräischen und griechischen Urtext basiert. So erschien es sinnvoll, als Hilfe zum besseren Verständnis der Kommentierung jedem Kapitel (nach heutiger Zählung) den Vulgatatext und die deutsche Übersetzung voranzustellen. Für den lateinischen Text wurde die Editio Leonina zugrunde gelegt, da sie dem von Abaelard verwandten Text näher steht als die moderne Ausgabe von B. Fischer. Die Übersetzung folgt im allgemeinen der Ausgabe von A. Arndt, da sie — anders als spätere deutsche Bibelausgaben — nur den Text der Vulgata zugrunde legt. Trotzdem war es an zahlreichen Stellen nötig, sie im Hinblick auf Abaelards Auslegung zu ändern.[223] Die Zählung der Psalmen folgt, wie heute üblich, der hebräischen Bibel. Da Abaelard natürlich — wie alle mittelalterlichen Autoren — die Zählung der Vulgata übernimmt (Hieronymus, *Liber*

---

einer Stichprobe von nur 200 Satzschlüssen skeptisch sein — bei der Durchsicht des Eingangs von Abaelards Auslegung des Römerbriefes (Prooemium, Exegese von Röm 1,1, *comm.* 1 [63,566 BUYTAERT]) stößt man ebenfalls auf diese Besonderheit: Bei 195 Satzschlüssen finden sich 21mal der *trispondiacus* (p4p), 15mal der *velox* (pp4p), 16mal der *tardus* (p4pp) und 20mal der *planus* (p3p). Nur beim *tardus* (p4pp) ist der X^2 (Pearson)-Test (vgl. JANSON, *Prose Rhythm* 20–22) mit dem Wert 11,57 beweiskräftig. — Leider liegt noch keine umfassende Untersuchung zu Sprache und Stil Abaelards vor.

222 Vgl. PEPPERMÜLLER, *Auslegung* 4–7.

223 Ebenso verfuhr bereits H. FAHSEL bei seiner Übersetzung des *Römerbriefkommentars* von THOMAS VON AQUIN; vgl. dort Einleitung VIf.

psalmorum iuxta Septuaginta emendatus[224]), ist diese, wo sie abweicht, in eckigen Klammern hinzugesetzt. Auch bei Kirchenväter-Zitaten stimmen die von Abaelard angeführten Texte häufig nicht wortwörtlich mit den Originalen – soweit sie in kritischen Ausgaben vorliegen – überein; in diesen Fällen wurde in der Regel die von Abaelard gebotene Fassung übersetzt. Für die langen von Abaelard exzerpierten Passagen aus dem Römerbriefkommentar des Origenes, übersetzt und verkürzt von Rufinus, konnte die Übersetzung von Th. Heither (FC 2/1–5) benutzt werden.

---

224 Vgl. dazu oben 21.

TEXT UND ÜBERSETZUNG

<Petri Abaelardi in epistolam ad Romanos glose incipiunt>

Omnis scriptura divina more orationis rhetoricae aut docere intendit aut monere; docet quippe, dum quae fieri vel vitari oportet insinuat, monet autem, dum sacris admonitionibus suis voluntatem nostram vel dissuadendo retrahit a malis vel persuadendo applicat bonis, ut iam videlicet implere velimus, quae implenda esse didicimus, vel vitare contraria. Iuxta hanc itaque rationem tam Veteris quam Novi Testamenti tripertita est doctrina. In Veteri nempe Testamento lex, quae in quinque libris Moysi continetur, praecepta Domini primum docet. Deinde prophetiae vel historiae cum ceteris scripturis ad ea, quae iam praecepta erant, opere complenda adhortantur et affectus hominum ad oboediendum praeceptis commovent. Cum enim prophetae vel sancti patres populum sentirent praeceptis minus oboedire divinis, admonitiones adhibebant, ut per promissiones vel comminationes eos ad oboedientiam traherent. Exempla quoque ex historiis necessarium erat adiungi, in quibus tam remuneratio oboedientium quam poena transgressorum ante oculos ponerentur. Hi autem sunt veteres illi panni, qui ad extrahendum Ieremiam de lacu funibus circumligati sunt, exempla videlicet

---

2 Petri Abaelardi ... incipiunt *O*

---

[1] Abaelard gebraucht im Römerbriefkommentar das lateinische *omnis, -e* im Singular nur in der Bedeutung „jeder, jede, jedes". Für „ganz, insgesamt" benutzt er *totus, -a, -um;* nur wo er zitiert, findet sich auch *omnis* in dieser Bedeutung, so bei dem Lemma zu Röm 11,26.28 *omnis Israel.*

[2] Zur Lesart *monere* (ermahnen) statt *movere* (bewegen) vgl. PEPPERMÜLLER, *Zur kritischen Ausgabe* 85f.

[3] Vgl. AUGUSTINUS, *gen. ad litt.* 1,1 (CSEL 28/1,3).

[4] Im lateinischen Text steht der Plural *eos* als *constructio ad sensum.*

Prolog

<Die Glossen des Petrus Abaelardus zum Brief an die Römer beginnen.>

Jede[1] heilige Schrift hat die Absicht — nach Art einer den Regeln der Rhetorik entsprechenden Rede —, entweder zu belehren oder zu ermahnen.[2] Sie belehrt ja, indem sie mitteilt, was getan oder vermieden werden muß; sie ermahnt aber, indem sie durch ihre heiligen Ermahnungen unseren Willen entweder durch Abraten vom Schlechten abhält oder durch Zuraten dem Guten geneigt macht, so daß wir alsbald das erfüllen wollen, was — wie wir gelernt haben — erfüllt werden muß, oder auch, daß wir das Entgegengesetzte vermeiden wollen. Nach diesem Plan also ist sowohl die Lehre des Alten als auch die des Neuen Testaments dreigeteilt[3]: Im Alten Testament lehrt ja zunächst das Gesetz, das in den fünf Büchern Moses enthalten ist, die Gebote Gottes. Sodann ermahnen die prophetischen und historischen Bücher zusammen mit den übrigen Schriften dazu, das, was schon vorgeschrieben war, durch das tätige Werk zu erfüllen, und sie bewegen die Herzen der Menschen, den Geboten zu gehorchen. Als nämlich die Propheten oder die heiligen Väter bemerkten, daß das Volk den göttlichen Geboten zu wenig gehorchte, wandten sie Ermahnungen an, um es[4] durch Versprechungen oder Drohungen zum Gehorsam zu nötigen. Auch mußten Beispiele[5] aus der Geschichte damit verbunden werden, damit anhand dieser sowohl die Belohnung für die Gehorsamen als auch die Strafe für die Ungehorsamen vor Augen gestellt würden. Dies sind aber jene alten Lappen, die mit Stricken umwickelt worden sind, um Jeremia aus dem Teich herauszuziehen (Jer 38,11): Beispiele nämlich von

---

[5] *Exemplum:* mahnendes oder warnendes Beispiel; vgl. BRINKMANN, *Mittelalterliche Hermeneutik* 165.

antiquorum patrum, quae sacris admonitionibus adhiberentur ad extrahendum peccatorem de profundo vitiorum.

Similiter et Novi tripertita est disciplina Testamenti, ubi quidem Evangelium pro lege est, quod verae iustitiae ac perfectae formam docet, deinde epistolae cum Apocalypsi loco prophetarum ponuntur, quae ad oboediendum Evangelio cohortantur. <Actus vero apostolorum et pleraeque narrationes evange|licae sacras historias continent.> | 42

<§ *Quid sit generalis intentio epistolarum sive evangeliorum*>

§ Ex his itaque liquet quod, cum sit intentio Evangelii docere, hanc intentionem epistolae vel Actus apostolorum tenent, ut ad oboediendum Evangelio nos moneant vel in his, quae Evangelium docet, nos confirment.

Nemo itaque post Evangelium, quod perfectae est doctrinae, quasi superflue scribi epistolas calumnietur, cum has ad admonitionem potius quam ad doctrinam scriptas esse meminerimus, quamvis nonnulla in eis salubria documenta sive consilia contineantur, quae Evangelium non habet. Unde Paulus ad Corinthios scribens ait: „Nam ceteris ego dico, non Dominus: Si quis frater uxorem habet infidelem" etc.; necnon et circumcisionem vel ceteras legis carnales observantias cessare iam debere docet, quod nondum in Evangelio revelatum erat. Qui etiam ad Timotheum scribens multa de episcopali vel sacerdotali seu levitica dignitate docet, quae Evangelium non expresserat.

7–8 Actus vero … continent *fehlt bei AR* || 9–10 Quid sit … evangeliorum *§ vorangestellt bei* O^{mg} || 11 Ex his … *§ vorangestellt bei* $R^{mg}O^{mg}$

---

[6] Abaelard gebraucht *meminisse* wie *memorare* in der Bedeutung: erinnern, erwähnen.

den Vätern des Alten Testaments, die mit ihren heiligen Ermahnungen dazu angewandt werden sollten, den Sünder aus der Tiefe der Sünden herauszuziehen.

Ähnlich ist auch die Lehre des Neuen Testaments dreigeteilt. Dort steht ja das Evangelium an Stelle des Gesetzes: Es lehrt die Form wahrer und vollkommener Gerechtigkeit. Sodann stehen die Briefe zusammen mit der Offenbarung an Stelle der Propheten: Sie ermahnen dazu, dem Evangelium zu gehorchen. <Die Apostelgeschichte aber und die meisten Erzählungen der Evangelien enthalten heilige Geschichten.>

<Was das allgemeine Ziel der Briefe oder Evangelien ist.>

Hieraus geht daher klar hervor, daß — während die Absicht des Evangeliums ist zu lehren — die Briefe und die Apostelgeschichte die Absicht haben, uns zum Gehorsam gegenüber dem Evangelium zu ermahnen oder uns in dem, was das Evangelium lehrt, zu bestärken.

Niemand sollte daher böswillig behaupten, die Briefe seien nach dem Evangelium, welches in seiner Lehre vollkommen ist, gewissermaßen überflüssigerweise geschrieben; denn diese sind — wie wir erwähnt haben[6] — eher zur Ermahnung als zur Belehrung geschrieben, auch wenn in ihnen einige heilsame Lehren oder Ratschläge enthalten sind, die das Evangelium nicht enthält. Daher sagt Paulus in seinem Brief an die Korinther: „Denn den übrigen sage ich, nicht der Herr: Wenn ein Bruder eine ungläubige Frau hat ..." (1 Kor 7,12). Ebenfalls lehrt er, daß auch die Beschneidung und die übrigen äußerlichen Riten des Gesetzes jetzt wegfallen müssen. Dies war noch nicht im Evangelium offenbart worden. Er lehrt auch in seinem Brief an Timotheus viel über die Würde eines Bischofs, Priesters oder Diakons[7], was das Evangelium nicht ausdrücklich

[7] Im lateinischen Text steht hierfür der Ausdruck *levitae.*

Perfectam tamen Evangelii dicimus doctrinam traditam esse, quantum ad verae iustitiae formam et ad animarum salutem sufficiebat, non ad ecclesiae decorem vel ipsius salutis amplificationem. Sunt quippe de bonis civitatis quaedam ad incolumitatem eius pertinentia, quaedam ad amplificationem, sicut et in fine secundi libri „Rhetoricae" Tullius meminit. Quae vero ad incolumitatem pertinent ea sunt, sine quibus incolumis ac salva consistere civitas non potest, ut agri, siluae et cetera huiusmodi, quae valde civitati sunt necessaria. Alia vero non sunt ita necessaria sed magis egregia, cum videlicet ultra quam necesse est quaedam obtinet, quae eam ceteris civitatibus digniorem efficiunt aut tutiorem reddunt, sicut aedificia pulchra, thesaurorum copia, dominatio multa et similia.

Sufficere autem saluti fortasse poterant ea, quae Evangelium de fide et spe et caritate seu sacramentis tradiderat, etiam si apostolica non adderentur instituta neque aliquae sanctorum patrum disciplinae vel dispensationes, ut sunt canones vel decreta, regulae monachorum et plurima sanctorum scripta sacris admonitionibus plena. Neque enim aliqua | his praetermissis imputanda esset transgressio, si | 43 nulla de eis fieret praeceptio. Voluit tamen Dominus et ab apostolis et sanctis patribus quaedam superaddi praecepta vel dispensationes, quibus adornetur vel amplificetur ecclesia, id est civitas sua, vel ipsa civium suorum tutius muniatur incolumitas, sicut in singulis promptum est assignare. Unde Dominus nonnulla discipulis suis vel posteris

---

[8] CICERO, *inv.* 2,56 (151b f STROEBEL).

[9] Abaelard unterscheidet hier und auch sonst häufig nicht zwischen dem Irrealis der Gegenwart und der Vergangenheit bzw. dem Konjunktiv Imperfekt und Plusquamperfekt; vgl. dazu HOFMANN/SZANTYR, *Lateinische Syntax* 662.

[10] *Dispensatio* im Sinne von *Dispens.*

gesagt hatte (vgl. 1 Tim 3,1–15; 5,1.17–25). Wir behaupten, daß die Lehre des Evangeliums trotzdem in vollkommen ausreichender Weise überliefert worden ist, insofern sie für die Gestalt der wahren Gerechtigkeit und das Heil der Seelen genügte, nicht jedoch für das äußere Ansehen der Kirche oder für die Vergrößerung ihres Heils. Es gibt ja von den Gütern eines Staates bestimmte, die sich auf seine Unversehrtheit, bestimmte, die sich auf seine Vergrößerung beziehen, wie auch Tullius am Ende des zweiten Buches seiner „Rhetorik“ erwähnt.[8] Die sich aber auf die Unversehrtheit beziehen, sind die, ohne die ein Staat nicht unversehrt und heil bestehen kann, zum Beispiel Land, Wälder und anderes derartiges, was für einen Staat äußerst notwendig ist. Andere Güter aber sind nicht so notwendig, sondern eher ehrenvoll: wenn nämlich ein Staat über das Notwendige hinaus gewisse Dinge besitzt, die ihn angesehener als die übrigen Staaten machen oder sicherer, zum Beispiel schöne Gebäude, eine Menge Schätze, eine große Herrschaft und ähnliches.

Hinreichend für das Heil aber hätte vielleicht das sein können, was das Evangelium über Glaube, Hoffnung und Liebe oder die Sakramente überliefert hatte, auch ohne daß apostolische Anordnungen zusätzlich hinzugefügt worden wären[9] und irgendwelche Anordnungen oder Befreiungen[10] der heiligen Väter, wie es Kanones oder Dekrete, Mönchsregeln und sehr viele Schriften der Heiligen voller heiliger Ermahnungen sind. Denn wenn dies versäumt worden wäre, dürfte auch keine Übertretung angerechnet werden, ohne daß darüber eine Vorschrift ergangen wäre. Daher wollte der Herr, daß sowohl von den Aposteln als auch von den heiligen Vätern gewisse Vorschriften und Befreiungen hinzugefügt würden, durch die die Kirche, das heißt sein Staat, geschmückt oder erweitert werden sollte oder gerade die Unversehrtheit seiner Bürger sicherer gefestigt, so wie man es im einzelnen ohne weiteres anführen kann. Daher hat der Herr einiges seinen Schülern oder den Späteren zum

praecipienda vel disponenda reservavit, ut quibus in miraculis quoque maiora facere quam sibi ipsi permisit, nonnullam etiam eis praeceptorum auctoritatem reservaret, quibus eos amplius exaltaret et ecclesiae suae tanto eos efficeret amplius gratos, quanto eos ipsa sibi magis esse cognosceret necessarios.

Cum itaque, ut dictum est, evangeliorum intentio sit ea, quae sunt saluti necessaria, nos docere, hanc intentionem epistolae tenent, ut ad oboediendum evangelicae doctrinae nos moneant vel nonnulla etiam ad amplificandam vel tutius muniendam salutem tradant.

<*Intentio praesentis epistolae*>

§ Et haec quidem est omnium epistolarum generalis intentio. In singulis vero proprias intentiones requiri convenit seu materias aut tractandi modos, sicut in hac ipsa epistola, cuius quidem intentio est Romanos ex Iudaeis et gentibus conversos superba contentione se alterutrum praeponentes ad veram humilitatem et fraternam concordiam revocare. Id vero duobus modis efficit, tam divinae scilicet gratiae dona amplificando quam operum nostrorum merita extenuando, ut iam nemo de operibus gloriari in se praesumat, sed totum divinae tribuat gratiae, quidquid valet, a qua quidem recognoscat se accepisse, quidquid boni habet. In his itaque duobus, tam operibus scilicet nostris quam divina gratia, totius materiae summa consistit.

---

12 Intentio praesentis epistolae *R*^{mg}*O*^{mg} || 13 Et haec … § *vorangestellt bei O* || 15 … modos *Ende des Textes bei S*

Gebieten oder Anordnen vorbehalten, um für die, denen er auch bei Wundern Größeres zu tun gestattet hat als sich selbst, auch einige Autorität für Gebote vorzubehalten. Hierdurch wollte er sie weiter erhöhen und sie für seine Kirche um so angesehener machen, je mehr diese selbst deren Notwendigkeit für sich erkennen würde.

Während daher, wie gesagt, die Absicht der Evangelien ist, uns das zu lehren, was zum Heil notwendig ist, haben die Briefe die Absicht, uns dazu zu ermahnen, der Lehre des Evangeliums zu gehorchen, oder auch einiges zur Vergrößerung oder sichereren Festigung des Heils zu vermitteln.

<Absicht des gegenwärtigen Briefes>

Und dies jedenfalls ist die allgemeine Absicht aller Briefe. Bei den einzelnen Briefen aber ist es angemessen, daß man spezielle Absichten sucht oder Stoffe oder Arten der Behandlung[11], so wie gerade in diesem Brief, dessen Absicht ja ist, die aus Juden und Heiden bekehrten Römer, die sich in überheblicher Weise um den Vorrang stritten, zu wahrer Demut und brüderlicher Eintracht zurückzurufen. Dies erreicht er aber auf zwei Arten: sowohl dadurch nämlich, daß er die Gaben der göttlichen Gnade herausstellt, als auch dadurch, daß er die Verdienste unserer Werke herabsetzt, damit niemand mehr beanspruchen kann, sich bei sich selbst guter Werke zu rühmen, sondern alles, was er vermag, der göttlichen Gnade zuschreibt. Von dieser hat er ja, wie er erkennen soll, alles empfangen, was er an Gutem hat. In diesen beiden Dingen besteht daher die Summe des ganzen Stoffes, nämlich ebenso in unseren Werken wie in der göttlichen Gnade.

---

11 Abaelard benutzt den sogenannten *accessus ad auctores* und untersucht *intentio* (Absicht), *materia* (Stoff), *modus tractandi* (Art der Behandlung). Vgl. dazu Einleitung 29 mit Anm. 114.

<Materia. Modus tractandi>

§ Modus vero tractandi in attenuatione est nostrorum operum, sicut dictum est, et exaggeratione gratiae, ut iam nemo de operibus gloriari praesumat sed „qui gloriatur in Domino glorietur“. Gloriabantur autem gentiles, quod tam cito Evangelio acquieverunt, sicut scriptum est: „Populus quem non cognovi servivit mihi, in auditu oboedivit mihi“, et minime antea | deliquissent in his quae egerant, qui nulla | 44
adhuc lege Deum cognoverant; Iudaei vero de corporalibus legis observantiis maxime intumescebant.

§ Ad conterendam itaque utrorumque superbiam alternis invectionibus modo hos modo illos et nonnumquam utrosque simul aggreditur, ut et gentes inexcusabiles in suis fuisse peccatis ostendat, quae, si legem scriptam non acceperant, naturalem habebant, qua et Deum cognoscere et mala a bonis possent discernere; et Iudaeos non ex operibus legis iustificari, ut aestimant, posse; sed utrosque sola Dei vocantis gratia misericordiam, qua iustificentur, assecutos.

§ Quaeritur autem de Romanis istis, quibus haec epistola dirigitur, quorum praedicatione antea conversi fuerant. „Ecclesiastica“ quidem „historia“ et Hieronymus sive Gregorius Turonensis per Petrum apostolum eos iam conversos fuisse tradunt; Haymo vero e contra sentit dicens eos non

1 Materia $R^{mg}O^{mg}$ | Modus tractandi O^{mg} || 2 Modus ... § *vorangestellt bei R* || 11 Ad conterendam ... § *vorangestellt bei R* || 19 Quaeritur ... § *vorangestellt bei AOR*

<Stoff. Art der Behandlung.>

Die Art der Behandlung aber besteht im Herabsetzen unserer Werke, wie gesagt wurde, und dem Hervorheben der Gnade, so daß niemand mehr beanspruchen kann, sich seiner Werke zu rühmen, sondern „wer sich rühmt, sich im Herrn rühmt“ (1 Kor 1,31). Es rühmten sich aber die Heiden(-christen), weil sie so schnell das Evangelium annahmen – wie geschrieben steht: „Ein Volk, das ich nicht gekannt habe, hat mir gedient, im Gehorsam hat es mir gedient“ (Ps 18,45: Vg. Ps 17,45) – und weil sie, die bis dahin durch kein Gesetz Gott erkannt hatten, keineswegs in ihren Taten zuvor gesündigt hätten. Die Juden aber waren besonders überheblich wegen der äußerlichen Riten des Gesetzes.

Um daher beider Überheblichkeit zuschanden zu machen, greift er abwechselnd[12] bald diese, bald jene und bisweilen beide zugleich an. Damit will er einerseits zeigen, daß die Heiden in ihren Sünden unentschuldbar waren: Sie besaßen – auch wenn sie das geschriebene Gesetz nicht empfangen hatten – das natürliche Gesetz, durch das sie sowohl Gott erkennen als auch Schlechtes und Gutes hätten unterscheiden können; andererseits will er zeigen, daß die Juden nicht – wie sie meinen – aus Werken des Gesetzes gerechtfertigt werden können, sondern daß beide allein aus der Gnade Gottes, der sie beruft, das Erbarmen erlangt haben, durch das sie gerechtfertigt werden können.

Es wird aber bezüglich jener Römer, an die dieser Brief gerichtet ist, gefragt, durch wessen Predigt sie zuvor bekehrt worden waren. Die „Kirchengeschichte“ jedenfalls und Hieronymus oder auch Gregor von Tours überliefern, sie seien schon durch den Apostel Petrus bekehrt gewesen. Haymo aber ist gegensätzlicher Meinung, wenn er sagt, sie

12 Wörtlich: mit abwechselnden Angriffen. *Invectio* (Angriff) ist Terminus technicus aus der Rhetorik.

a Petro primum de fide fuisse instructos vel ab aliquibus duodecim apostolorum, sed ab aliis quibusdam Iudaeis fidelibus a Ierosolymis Romam venientibus. Ait autem „Ecclesiastica historia“ libro secundo capitulo XIV: „Claudii temporibus clementia divinae providentiae Petrum ad urbem Romam deducit. Iste adveniens primus in urbe Roma evangelii sui clavibus ianuam regni caelestis aperuit. Igitur, cum Romanae urbi clarum verbi Dei lumen fuisset exortum, Simonis tenebrae cum suo auctore restinctae sunt.“ Hieronymus quoque super hanc epistolam, ubi scriptum est: „Ut aliquid impertiar vobis gratiae spiritualis“, ait sic: „Romanos praedicatione Petri fidem tenentes confirmare se velle Paulus dicit, non quo minus accepissent a Petro, sed ut duobus apostolis attestantibus atque doctoribus eorum corroboraretur fides.“ Gregorius etiam Turonensis, „Historiarum“ libro primo capitulo XXV ita meminit: „Petrus apostolus sub imperatore Claudio Romam aggreditur ibique praedicans in multis virtutibus manifestissime Christum esse Dei Filium comprobavit. Ab illis diebus enim Christiani apud civitatem Romanam esse coeperunt.“ At vero Haymo in prooemio expositionis praesentis epistolae | [45] ita loquitur: „A Corintho scripsit Apostolus Romanis hanc epistolam; quos non ipse Petrus, non quilibet duodecim discipulorum primum instruxit, sed quidam Iudaeorum credentium, qui ab Ierosolymis Romam venientes, ubi princeps

---

[13] Ps.-Haymo von Halberstadt, *Expositio*, argumentum (PL 117,361C).

[14] Eusebius von Cäsarea, *h. e.* 2,14 (GCS 9/1,139f).

[15] Die Hss bieten das Kürzel für *quominus;* dem Sinn entsprechend dürfte jedoch das *quo minus* kausal im Sinne von *quod minus* aufzufassen sein; vgl. dazu Hofmann/Szantyr, *Lateinische Syntax* 680.

[16] Ps.-Hieronymus = Pelagius, *in Rom.* 1,11 (3,4 Souter).

seien nicht von Petrus zum ersten Male über den Glauben belehrt worden oder von irgendwelchen von den 12 Aposteln, sondern von gewissen anderen gläubigen Juden, die von Jerusalem nach Rom gekommen seien.[13] Es sagt aber die „Kirchengeschichte“ im zweiten Buch im 14. Kapitel: „Zu den Zeiten des Claudius hat die Milde der göttlichen Vorsehung Petrus zur Stadt Rom geführt. Dieser hat bei seiner Ankunft als erster in der Stadt Rom mit den Schlüsseln seines Evangeliums die Tür des himmlischen Reiches geöffnet. Nachdem der Stadt Rom das helle Licht des Wortes Gottes aufgegangen war, ist folglich die Finsternis des Simon (*sc.* Magus) mit ihrem Urheber ausgelöscht worden.“[14] Auch Hieronymus sagt in seiner Auslegung dieses Briefes dort, wo geschrieben steht: „Damit ich euch etwas an geistlicher Gnade mitteile“ (1,11), folgendermaßen: „Paulus sagt, er wolle die Römer stärken, die durch die Predigt des Petrus den Glauben besaßen, nicht weil[15] sie zu wenig von Petrus empfangen hätten, sondern damit ihr Glaube gestärkt würde, wenn zwei Apostel und Lehrer ihn bezeugten.“[16] Auch Gregor von Tours hat im ersten Buch im 25. Kapitel der „Geschichten“ folgendermaßen berichtet: „Der Apostel Petrus kam unter dem Kaiser Claudius nach Rom, und indem er dort predigte, bewies er in vielen Wundertaten, daß ganz offensichtlich Christus Gottes Sohn ist. Von jenen Tagen an nämlich begannen Christen in der römischen Bürgerschaft zu existieren.“[17] Andererseits spricht jedoch Haymo im Vorwort zur Auslegung des gegenwärtigen Briefes folgendermaßen: „Von Korinth aus hat der Apostel den Römern diesen Brief geschrieben. Diese hat nicht Petrus selbst, nicht irgendeiner der 12 Jünger zum ersten Male unterrichtet, sondern einige gläubige Juden, die von Jerusalem nach Rom kamen – wo der Herr-

---

17 GREGOR VON TOURS, *Franc.* 1,24 (20 KRUSCH/LEVISON).

orbis residebat, cui erant ipsi subiecti, fidem, quam apud Ierosolymam didicerant, Romanis evangelizaverunt."

Notandum vero quia, si diligenter attendamus quae dicta sunt, nulla superiorum doctorum et Haymonis est contrarietas. Si enim integre supra memoratum capitulum „Ecclesiasticae historiae" percurramus, inveniemus Petrum primum ex omnibus apostolis, non ex omnibus doctoribus, Romanis praedicasse. Hieronymus quoque, cum dicit Romanos a Petro per praedicationem eius fidem accepisse sive tenere, nihil obest, cum per discipulos Petri a Ierosolyma venientes non per ipsum Petrum id fieri potuerit. Haymo vero negat per ipsam Petri personam id factum esse; unde et, cum Petrus ab eo nominatur, additur „ipse". Praeterea non dicit Haymo, quod eos Petrus non instruxit, sed quod non primum id fecerit. Quod vero ait praedictus Gregorius Petrum Romae praedicasse sub Claudio: Non addidit „primum" eum praedicasse, sed multis miraculorum virtutibus manifeste Christum esse Dei Filium comprobasse.

Quod autem addidit ex tunc Christianos esse Romae coepisse, potest intelligi eos tunc per Petrum manifestos fuisse, qui prius occulti esse potuerunt.

§ Haec autem epistola, quamvis primum scripta fuisse non credatur, prima tamen a sanctis patribus ordinata est, quia contra primum vitium et ceterorum radicem, quod est superbia, dirigitur, sicut scriptum est: „Initium omnis peccati superbia"; vel etiam quia ad primae sedis ecclesiam

---

22 Haec autem ... § *vorangestellt bei R*

---

[18] Ps.-Haymo von Halberstadt, *Expositio,* argumentum (PL 117,361C).
[19] Vgl. Gregor der Grosse, *moral.* 31,45,87 (CCL 143B,1610).

scher der Welt residierte, dem sie selbst untertan waren – und den Römern den Glauben verkündigt haben, den sie in der Gegend von Jerusalem gelernt hatten."[18]

Anzumerken ist jedoch, daß es – wenn wir sorgfältig beachten, was gesagt ist – keinen Widerspruch zwischen den weiter oben genannten Lehrern und Haymo gibt. Wenn wir nämlich vollständig das oben erwähnte Kapitel der „Kirchengeschichte" überfliegen, werden wir finden, daß Petrus als erster von allen Aposteln, nicht von allen Lehrern, den Römern gepredigt hat. Auch wenn Hieronymus sagt, die Römer hätten von Petrus durch seine Predigt den Glauben empfangen oder besäßen ihn, steht dem nichts entgegen, da dies möglicherweise durch Schüler des Petrus, die von Jerusalem kamen, nicht durch Petrus persönlich, geschehen konnte. Haymo aber sagt, daß es nicht durch Petrus in eigener Person geschehen sei. Daher wird auch, als Petrus von ihm mit Namen genannt wird, ein „selbst" hinzugefügt. Außerdem sagt Haymo nicht, daß sie Petrus nicht unterwiesen habe, sondern daß er es nicht zum ersten Mal getan habe. Was aber die Tatsache angeht, daß der oben erwähnte Gregor sagt, Petrus habe in Rom unter Claudius gepredigt: Er hat nicht hinzugesetzt, daß er „als erster" gepredigt habe, sondern daß er durch viele Wundertaten bewiesen habe, daß Christus offenkundig Gottes Sohn ist.

Was aber den Umstand betrifft, daß er hinzugefügt hat, von da an habe die Existenz von Christen in Rom begonnen, so kann man darunter verstehen, daß diejenigen damals durch Petrus in der Öffentlichkeit als Christen auftraten, die es zuvor nur im Verborgenen sein konnten.

Obwohl man nicht annimmt, daß dieser Brief zuerst geschrieben worden ist, ist er aber trotzdem von den heiligen Vätern an die erste Stelle gesetzt worden, weil er gegen das erste Laster und die Wurzel der übrigen Laster, nämlich den Hochmut[19], gerichtet ist, wie geschrieben steht: „Anfang jeder Sünde ist der Hochmut" (Sir 10,15 Vg.); oder auch, weil er an die Kirche des ersten Bischofssitzes

destinatur. De hoc autem ita Haymo meminit: „Epistola autem ista non illum ordinem tenet in corpore epistolarum quo est conscripta, sed causa dignitatis Romanorum, qui tunc temporis universis gentibus imperabant, primatum obtinuit. Hoc autem factum est non ab Apostolo sed potius ab illo, qui omnes eius epistolas sub uno corpore curavit colligere." Item idem: „Interpretantur autem ‚Romani' ‚sublimes' sive ‚tonantes', quia illo tempore, quo | Apostolus | 46 hanc epistolam eis misit, cunctis gentibus principabantur et intonabant praecepta."

§ Creditur autem Apostolus praesentem epistolam Romam misisse a Corintho per Phoeben, ministram ecclesiae Cenchris, qui est „locus vicinus Corintho, immo portus ipsius Corinthi", sicut Origenes super hanc epistolam meminit. De qua quidem Phoebe ipse Apostolus in fine epistolae ait sic: „Commendo vobis Phoeben sororem nostram" etc. Quem quidem locum Hieronymus exponens dicit: „Hic monstrat Apostolus non accipiendam personam esse viri et feminae, quando Romanis per mulierem, ut fertur, litteras mittit" etc.

11 Creditur autem ... § *vorangestellt bei RO*

gerichtet ist. Daran aber erinnert Haymo folgendermaßen: „Jener Brief aber steht nicht in der Reihenfolge der Briefe an jener Stelle im Briefcorpus, die der Abfassung entspricht, sondern wegen der Würde der Römer, die zur damaligen Zeit über alle Völker herrschten, hat er die erste Stelle bekommen. Dies ist aber nicht vom Apostel gemacht worden, sondern eher von jenem Mann, der alle seine Briefe in einem Corpus sammeln ließ."[20] Derselbe sagt ebenso: „Es werden aber ‚Römer' erklärt als ‚Erhabene' oder ‚Donnernde', da sie zu jener Zeit, als der Apostel ihnen diesen Brief schickte, alle Völker beherrschten und ihnen mit Donnerstimme Vorschriften verkündeten."[21]

Man glaubt aber, daß der Apostel den vorliegenden Brief von Korinth aus nach Rom geschickt habe durch Phöbe, eine Dienerin der Kirche zu Kenchreä; dies ist „ein Nachbarort von Korinth, ja der Hafen von Korinth selbst", wie Origenes in der Auslegung dieses Briefes erwähnt.[22] Über diese Phöbe sagt ja der Apostel selbst am Schluß des Briefes: „Ich empfehle euch Phöbe, unsere Schwester ..." (16,1). Bei der Auslegung dieser Stelle sagt ja Hieronymus: „Hier zeigt der Apostel, daß man nicht auf die Person von Mann und Frau achten soll (vgl. Gal 2,6), wenn er, wie es überliefert wird, den Römern durch eine Frau einen Brief schickt ..."[23]

---

20 Ps.-Haymo von Halberstadt, *Expositio*, prologus (PL 117,363AB).

21 Ps.-Haymo von Halberstadt, *Expositio*, prologus (PL 117,364C).

22 Origenes, *comm. in Rom.* 1,1 (41 Hammond Bammel; FC 2/1,68f).

23 Ps.-Hieronymus = Pelagius, *in Rom.* 16,1 (3,26 Souter).

Liber I

1,1 Paulus, servus Iesu Christi, vocatus apostolus, segregatus in evangelium Dei,
2 quod ante promiserat per prophetas suos in Scripturis sanctis,
3 de Filio suo, qui factus est ei ex semine David, secundum carnem;
4 qui praedestinatus est Filius Dei in virtute, secundum Spiritum sanctificationis, ex resurrectione mortuorum Iesu Christi, Domini nostri,
5 per quem accepimus gratiam et apostolatum, ad oboediendum fidei in omnibus gentibus, pro nomine eius;

6 in quibus estis et vos vocati Iesu Christi:
7 omnibus qui sunt Romae, dilectis Dei, vocatis sanctis. Gratia vobis et pax a Deo, Patre nostro, et Domino Iesu Christo.
8 Primum quidem gratias ago Deo meo per Iesum Christum pro omnibus vobis, quia fides vestra annuntiatur in universo mundo.
9 Testis enim mihi est Deus, cui servio in spiritu meo in evangelio Filii eius, quod sine intermissione memoriam vestri facio
10 semper in orationibus meis obsecrans, si quo modo tandem aliquando prosperum iter habeam in voluntate Dei veniendi ad vos.
11 Desidero enim videre vos, ut aliquid impertiar gratiae vobis spiritalis, ad confirmandos vos;
12 id est, simul consolari in vobis, per eam quae invicem est, fidem vestram atque meam.
13 Nolo autem vos ignorare, fratres, quia saepe proposui venire ad vos, et prohibitus sum usque adhuc, ut aliquem fructum habeam et in vobis, sicut et in ceteris gentibus.

Buch I

1,1 Paulus, Knecht Jesu Christi, berufener Apostel, ausge-
sondert für das Evangelium Gottes,
2 welches er voraus verheißen hatte durch seine Propheten
in den heiligen Schriften,
3 über seinen Sohn, welcher ihm aus dem Geschlechte
Davids dem Fleische nach geworden ist,
4 der vorherbestimmt ist als Gottes Sohn in Kraft nach
dem Geiste der Heiligung seit der Auferstehung der Toten,
über Jesus Christus, unseren Herrn,
5 durch welchen wir Gnade und Apostelamt empfangen
haben, bei allen Völkern zum Glaubensgehorsam um seines
Namens willen,
6 unter denen auch ihr seid, Berufene Jesu Christi,
7 allen, die in Rom sind, den Geliebten Gottes, den beru-
fenen Heiligen: Gnade sei euch und Friede von Gott, un-
serem Vater, und dem Herrn Jesus Christus!
8 Zuerst jedenfalls danke ich meinem Gott durch Jesus
Christus um euer aller willen, weil euer Glaube in der
ganzen Welt bekannt gemacht wird.
9 Denn Gott, dem ich in meinem Geiste im Evangelium
seines Sohnes diene, ist mein Zeuge, daß ich ohne Unterlaß
euer eingedenk bin
10 allezeit in meinen Gebeten, indem ich bitte, ob ich wohl
irgendwie einmal nach Gottes Willen eine glückliche Reise
haben sollte, zu euch zu kommen.
11 Denn ich sehne mich, euch zu sehen, damit ich euch
etwas mitteile von geistiger Gnadengabe, um euch zu stärken,
12 das heißt, um miteinander getröstet zu werden durch den
gegenseitigen Glauben, den eurigen und auch den meinigen.
13 Ich will euch aber, Brüder, nicht in Unkenntnis lassen,
daß ich mir oft vorgenommen habe, zu euch zu kommen
(und ich ward bis jetzt verhindert), um so wie unter den
übrigen Völkern, auch unter euch irgendeine Frucht zu ge-
winnen.

14 Graecis ac Barbaris, sapientibus et insipientibus debitor sum.
15 Ita, quod in me, promptum est et vobis, qui Romae estis, evangelizare.
16 Non enim erubesco evangelium: virtus enim Dei est in salutem omni credenti, Iudaeo primum, et Graeco.

17 Iustitia enim Dei in eo revelatur ex fide in fidem, sicut scriptum est: Iustus autem ex fide vivit.

18 Revelatur enim ira Dei de caelo, super omnem impietatem et iniustitiam hominum eorum qui veritatem Dei in iniustitia detinent;
19 quia quod notum est Dei, manifestum est in illis; Deus enim illis manifestavit.
20 Invisibilia enim ipsius, a creatura mundi, per ea quae facta sunt, intellecta, conspiciuntur; sempiterna quoque eius virtus, et divinitas: ita ut sint inexcusabiles,

21 quia, cum cognovissent Deum, non sicut Deum glorificaverunt, aut gratias egerunt; sed evanuerunt in cogitationibus suis, et obscuratum est insipiens cor eorum:

22 dicentes enim se esse sapientes, stulti facti sunt;

23 et mutaverunt gloriam incorruptibilis Dei in similitudinem imaginis corruptibilis hominis, et volucrum, et quadrupedum, et serpentium.

24 Propter quod tradidit illos Deus in desideria cordis eorum, in immunditiam; ut contumeliis afficiant corpora sua in semet ipsis:
25 qui commutaverunt veritatem Dei in mendacium, et coluerunt, et servierunt creaturae potius quam Creatori, qui est benedictus in saecula, amen.

14 Griechen und Nichtgriechen, Weisen und Ungelehrten
bin ich Schuldner.
15 So bin ich (so viel an mir liegt) bereit, auch euch, die ihr
zu Rom seid, das Evangelium zu verkündigen.
16 Denn ich schäme mich des Evangeliums nicht; denn es
ist eine Gotteskraft zum Heile für einen jeden, der glaubt,
für den Juden zuerst, und auch für den Griechen.
17 Denn die Gerechtigkeit Gottes offenbart sich in ihm
aus dem Glauben zum Glauben, wie geschrieben steht: Der
Gerechte aber lebt aus dem Glauben.
18 Denn es offenbart sich der Zorn Gottes vom Himmel
über alle Gottlosigkeit und Ungerechtigkeit jener Menschen,
welche die Wahrheit Gottes in Ungerechtigkeit niederhalten,
19 weil das, was von Gott bekannt ist, in ihnen offenbar
ist, denn Gott hat es ihnen kundgegeben.
20 Denn was an ihm unsichtbar ist, wird vom Schöpfungs-
werk der Welt in den erschaffenen Dingen geistig wahrge-
nommen, seine ewige Macht und Gottheit, so daß sie un-
entschuldbar sind,
21 weil sie, nachdem sie Gott erkannt hatten, ihn nicht als
Gott verherrlichten noch ihm Dank sagten; sondern sie
wurden eitel in ihren Gedanken, und ihr unverständiges
Herz wurde verfinstert.
22 Indem sie nämlich behaupteten, weise zu sein, sind sie
Toren geworden.
23 Und sie vertauschten die Herrlichkeit des unvergäng-
lichen Gottes mit der Ähnlichkeit eines Bildes von einem
vergänglichen Menschen und von Vögeln und vierfüßigen
und kriechenden Tieren.
24 Darum gab sie Gott den Begierden ihres Herzens preis,
der Unreinheit, daß sie ihre Leiber an sich selbst schänden,

25 sie, welche die Wahrheit Gottes mit der Lüge ver-
tauschten und eher dem Geschöpfe Verehrung und Anbe-
tung erwiesen als dem Schöpfer, welcher hochgelobt ist in
Ewigkeit! Amen.

26 Propterea tradidit illos Deus in passiones ignominiae;
nam feminae eorum inmutaverunt naturalem usum, in eum
usum qui est contra naturam.
27 Similiter autem et masculi, relicto naturali usu feminae,
exarserunt in desideriis suis in invicem, masculi in masculos
turpitudinem operantes, et mercedem quam oportuit erro-
ris sui in semet ipsis recipientes.

28 Et sicut non probaverunt Deum habere in notitia, tradi-
dit eos Deus in reprobum sensum, ut faciant quae non con-
veniunt,
29 repletos omni iniquitate, malitia, fornicatione, avaritia,
nequitia; plenos invidia, homicidio, contentione, dolo, mali-
gnitate, susurrones,
30 detractores, Deo odibiles, contumeliosos, superbos,
elatos, inventores malorum, parentibus non oboedientes,

31 insipientes, inconpositos, sine affectione, absque foe-
dere, sine misericordia.
32 Qui cum iustitiam Dei cognovissent, non intellexerunt
quoniam qui talia agunt digni sunt morte; et non solum qui
ea faciunt, sed etiam qui consentiunt facientibus.

2,1 Propter quod inexcusabilis es, o homo omnis qui iudi-
cas; in quo enim iudicas alterum, te ipsum condemnas:
eadem enim agis quae iudicas.

2 Scimus enim quoniam iudicium Dei est secundum veri-
tatem in eos qui talia agunt.
3 Existimas autem hoc, o homo qui iudicas eos qui talia
agunt, et facis ea, quia tu effugies iudicium Dei?

4 An divitias bonitatis eius, et patientiae, et longanimitatis
contemnis? Ignoras quoniam benignitas Dei ad poeniten-
tiam te adducit?

26 Darum gab sie Gott schmachvollen Leidenschaften preis. Denn ihre Weiber vertauschten den naturgemäßen Gebrauch in den Gebrauch, der wider die Natur ist;
27 gleicherweise aber verließen auch die Männer den naturgemäßen Gebrauch des Weibes und entbrannten in ihren Gelüsten gegeneinander, indem sie, Männer an Männern, Schändung trieben und so den Lohn, der ihrer Verirrung gebührte, an sich selbst empfingen.
28 Und wie sie es nicht wert erachteten, Gott zur Kenntnis zu nehmen, überließ sie Gott der verworfenen Gesinnung, daß sie tun, was sich nicht geziemt:
29 voll jeglicher Ungerechtigkeit, Bosheit, Unzucht, Habsucht, Schlechtigkeit, voll Neid, Mord, Zanksucht, Arglist, Tücke; Verleumder,
30 Schlechtmacher, Gott verhaßt, schmähsüchtig, hoffärtig, hochmütig, erfinderisch in Schlechtigkeiten, ungehorsam gegen die Eltern,
31 Toren, unordentlich, ohne Liebe, ohne Bindung, ohne Erbarmen.
32 Obgleich sie nämlich die Gerechtigkeit Gottes kannten, sahen sie doch nicht ein, daß die, welche solches tun, des Todes würdig sind; und nicht allein, die solches tun, sondern auch, die jenen zustimmen, welche es tun.

2,1 Darum bist du unentschuldbar, o Mensch, ein jeder, der du richtest; denn worin du den andern richtest, verurteilst du dich selbst, da du dasselbe tust, was du verurteilst.
2 Denn wir wissen, daß das Gericht Gottes der Wahrheit gemäß über die ergeht, welche solches tun.
3 Meinst du aber, o Mensch, der du die richtest, welche solches tun, und selbst das nämliche tust, daß du dem Gerichte Gottes entrinnen wirst?
4 Oder verachtest du den Reichtum seiner Güte und Geduld und Langmut? Weißt du nicht, daß die Güte Gottes dich zur Buße leitet?

5 Secundum autem duritiam tuam, et impoenitens cor, the-
saurizas tibi iram in die irae, et revelationis iusti iudicii Dei,

6 qui reddet unicuique secundum opera eius:
7 iis quidem qui secundum patientiam boni operis, glo-
riam, et honorem et incorruptionem quaerunt, vitam aeter-
nam;
8 iis autem qui sunt ex contentione, et qui non acquiescunt
veritati, credunt autem iniquitati, ira et indignatio.

9 Tribulatio et angustia in omnem animam hominis
operantis malum: Iudaei primum, et Graeci;
10 gloria autem, et honor, et pax omni operanti bonum:
Iudaeo primum, et Graeco;
11 non enim est acceptio personarum apud Deum.
12 Quicumque enim sine lege peccaverunt, sine lege per-
ibunt; et quicumque in lege peccaverunt, per legem iudica-
buntur.

13 Non enim auditores legis iusti sunt apud Deum; sed fac-
tores legis iustificabuntur.

14 Cum enim gentes, quae legem non habent, naturaliter
ea quae legis sunt faciunt, eiusmodi legem non habentes,
ipsi sibi sunt lex;
15 qui ostendunt opus legis scriptum in cordibus suis, testi-
monium reddente illis conscientia ipsorum, et inter se invi-
cem cogitationibus accusantibus, aut etiam defendentibus,

16 in die, cum iudicabit Deus occulta hominum, secundum
evangelium meum, per Iesum Christum.

17 Si autem tu Iudaeus cognominaris, et requiescis in lege,
et gloriaris in Deo,
18 et nosti voluntatem eius, et probas utiliora, instructus
per legem,

5 Aber nach deiner Verstocktheit und deinem unbußferti-
gen Herzen häufst du dir Zorn auf für den Tag des Zorns
und der Offenbarung des gerechten Gerichtes Gottes,
6 der einem jeden vergelten wird nach seinen Werken:
7 denen nämlich, die gemäß der standhaften Übung guter
Werke Herrlichkeit, Ehre und Unvergänglichkeit suchen,
mit dem ewigen Leben;
8 denen dagegen, welche streitsüchtig sind und sich der
Wahrheit nicht unterwerfen, sondern der Ungerechtigkeit
glauben, steht Zorn und Grimm bevor.
9 Trübsal und Angst über die Seele eines jeden Menschen,
der Böses tut, des Juden zuerst und auch des Griechen;
10 Herrlichkeit aber und Ehre und Friede jedem, der Gu-
tes tut, dem Juden zuerst und auch dem Griechen.
11 Denn bei Gott gilt kein Ansehen der Personen.
12 Denn alle, welche ohne das Gesetz gesündigt haben,
werden ohne das Gesetz verlorengehen; und alle, welche
unter dem Gesetze gesündigt haben, werden durch das Ge-
setz gerichtet werden.
13 Denn nicht die Hörer des Gesetzes sind gerecht vor
Gott, sondern die Vollbringer des Gesetzes werden ge-
rechtfertigt werden.
14 Denn wenn Völker, welche das Gesetz nicht haben, von
Natur aus das tun, was zum Gesetze gehört, so sind sie, die
ein derartiges Gesetz nicht haben, sich selbst Gesetz;
15 zeigen sie ja, daß das Werk des Gesetzes in ihre Herzen
geschrieben ist, indem ihnen ihr Gewissen Zeugnis gibt
und die Gedanken sich untereinander anklagen oder auch
verteidigen,
16 an dem Tag, an dem Gott das Verborgene der Menschen
richten wird nach meinem Evangelium durch Jesus Chri-
stus.
17 Wenn du aber ein Jude heißt, im Gesetz ruhst und dich
Gottes rühmst
18 und seinen Willen kennst und, vom Gesetze belehrt, das
Nützlichere prüfst

19 confidis te ipsum esse ducem caecorum, lumen eorum qui in tenebris sunt,
20 eruditorem insipientium, magistrum infantium, habentem formam scientiae et veritatis in lege.

21 Qui ergo alium doces, te ipsum non doces; qui praedicas non furandum, furaris;
22 qui dicis non moechandum, moecharis; qui abominaris idola, sacrilegium facis;

23 qui in lege gloriaris, per praevaricationem legis Deum inhonoras.
24 Nomen enim Dei per vos blasphematur inter gentes, sicut scriptum est.
25 Circumcisio quidem prodest, si legem observes; si autem praevaricator legis sis, circumcisio tua praeputium facta est.

26 Si igitur praeputium iustitias legis custodiat, nonne praeputium illius in circumcisionem reputabitur?

27 et iudicabit id quod ex natura est praeputium, legem consummans, te, qui per litteram et circumcisionem praevaricator legis es?
28 Non enim qui in manifesto, Iudaeus est; neque quae in manifesto, in carne, est circumcisio;

29 sed qui in abscondito, Iudaeus est; et circumcisio cordis in spiritu, non littera; cuius laus non ex hominibus, sed ex Deo est.

3,1 Quid ergo amplius Iudaeo est? aut quae utilitas circumcisionis?
2 Multum per omnem modum; primum quidem, quia credita sunt illis eloquia Dei.

19 und die Zuversicht hast, daß du ein Führer der Blinden
seist, ein Licht derer, die in Finsternis sind,
20 ein Erzieher der Unverständigen, ein Lehrer der Un-
mündigen, der den Inbegriff der Erkenntnis und der Wahr-
heit im Gesetze besitze:
21 Der du also einen anderen lehrst, lehrst dich selbst
nicht; der du predigst, nicht zu stehlen, stiehlst;
22 der du sagst, man solle nicht ehebrechen, brichst die
Ehe; der du die Götzenbilder verabscheust, begehst Tem-
pelraub;
23 der du dich des Gesetzes rühmst, entehrst Gott durch
Übertretung des Gesetzes!
24 (Denn der Name Gottes wird durch euch unter den
Heiden gelästert, wie geschrieben steht.)
25 Die Beschneidung nützt allerdings, wenn du das Gesetz
beobachtest; wenn du aber ein Pflichtverletzer des Geset-
zes bist, so ist deine Beschneidung zur Unbeschnittenheit
geworden.
26 Wenn also der Unbeschnittene die Forderungen des
Gesetzes erfüllt, wird ihm seine Unbeschnittenheit nicht
als Beschneidung angerechnet werden?
27 Und wird nicht der von Natur aus Unbeschnittene, der
das Gesetz erfüllt, dich richten, der du bei Schrift und Be-
schneidung ein Übertreter des Gesetzes bist?
28 Denn nicht, wer es äußerlich ist, ist ein wahrer Jude,
noch ist die äußere Beschneidung, die am Leibe geschieht,
die rechte,
29 sondern wer es im Verborgenen ist, ist ein Jude, und die
Beschneidung des Herzens im Geiste, nicht dem Buchsta-
ben nach, ist die rechte. Dessen Lob kommt nicht von Men-
schen, sondern von Gott.

3,1 Was also hat der Jude voraus? Oder welches ist der
Nutzen der Beschneidung?
2 Viel in jeder Hinsicht! Als erstes nämlich, daß ihnen die
Aussprüche Gottes anvertraut wurden.

3 Quid enim si quidam illorum non crediderunt? numquid incredulitas illorum fidem Dei evacuabit? Absit.

4 Est autem Deus verax, omnis autem homo mendax, sicut scriptum est: Ut iustificeris in sermonibus tuis, et vincas cum iudicaris.

5 Si autem iniquitas nostra iustitiam Dei commendat, quid dicemus? Numquid iniquus Deus, qui infert iram? (Secundum hominem dico.)

6 Absit; alioquin quomodo iudicabit Deus hunc mundum?

7 Si enim veritas Dei in meo mendacio abundavit in gloriam ipsius, quid adhuc et ego tamquam peccator iudicor?

8 Et non (sicut blasphemamur, et sicut aiunt nos quidam dicere) faciamus mala ut veniant bona? Quorum damnatio iusta est.

9 Quid ergo? praecellimus eos? Nequaquam; causati enim sumus Iudaeos et Graecos omnes sub peccato esse;

10 sicut scriptum est: Quia non est iustus quisquam.
11 Non est intelligens, non est requirens Deum.
12 Omnes declinaverunt, simul inutiles facti sunt; non est qui faciat bonum, non est usque ad unum.
13 Sepulchrum patens est guttur eorum; linguis suis dolose agebant; venenum aspidum sub labiis eorum.
14 Quorum os maledictione et amaritudine plenum est.
15 Veloces pedes eorum ad effundendum sanguinem.
16 Contritio et infelicitas in viis eorum;
17 et viam pacis non cognoverunt.
18 Non est timor Dei ante oculos eorum.

3 Was nämlich? Wenn einige von ihnen nicht geglaubt
haben, wird etwa ihr Unglaube die Treue Gottes aufheben?
Das sei ferne!
4 Vielmehr ist Gott wahrhaftig, jeder Mensch dagegen ein
Lügner, wie geschrieben steht: Auf daß du gerecht befun-
den werdest in deinen Worten und obsiegst, wenn mit dir
gerechtet wird.
5 Wenn aber unsere Ungerechtigkeit Gottes Gerechtigkeit
ins Licht stellt, was werden wir sagen? Ist etwa Gott unge-
recht, der seinen Zorn verhängt? (Ich rede nach Menschen-
weise.)
6 Das sei ferne! Andernfalls, wie wird sonst Gott diese
Welt richten?
7 Denn wenn die Wahrheit Gottes durch meine Lüge grö-
ßer geworden ist zu seiner Verherrlichung, was werde ich
noch als Sünder gerichtet?
8 Und sollten wir nicht (wie wir verleumdet werden und
wie einige behaupten, daß wir sagen) das Böse tun, damit
das Gute eintrete? Die Verdammung solcher ist gerecht!
9 Was also? Haben wir einen Vorzug vor ihnen? Keines-
wegs! Denn wir haben erwiesen, daß sowohl Juden wie
Griechen alle unter der Sünde sind,
10 wie geschrieben steht: Keiner ist gerecht,
11 keiner ist, der Einsicht hat, keiner, der Gott sucht.
12 Alle sind abgewichen, allzumal sind sie unnütz gewor-
den, keiner ist da, der Gutes tue, auch nicht einer.
13 Ein offenes Grab ist ihre Kehle, mit ihren Zungen üben
sie Tücke; Schlangengift ist unter ihren Lippen;
14 ihr Mund ist voll von Fluch und Bitterkeit;
15 schnell sind ihre Füße zum Blutvergießen;
16 Verderben und Unglück ist auf ihren Wegen,
17 und den Weg des Friedens kennen sie nicht.
18 Die Furcht Gottes ist nicht vor ihren Augen.

<Incipit expositio Petri Abailardi in epistolam ad Romanos>; <Petrus Abai> 47

1,1. *Paulus.* More scribentium epistolas salutationem praemittit, qui ad veram eos salutem adhortatur. Quam quidem salutationem cum quibusdam, quae adnectit, quasi loco prooemii praescribit, ubi eos videlicet attentos aut dociles seu benevolos breviter efficiat. Attentos quidem facit tam a persona sua quam a persona Christi eum mittentis quam ab ipsa re, hoc est evangelica doctrina, ad quam observandam eos adhortatur; a persona quidem sua, dum eam commendat tamquam in apostolatum segregatam et ad praedicandum Evangelium a Deo vocatam; commendat autem et Domini Iesu Christi personam, quem et Filium Dei nominat et eum esse asserit, qui patribus promissus erat tamquam humani generis redemptor et qui ex Spiritu Sancto conceptus sit et mortuorum suscitator magnificus exstiterit. Sed nec Evangelii commendationem praeterit, dum ipsum per scripturas sacras prophetarum Dei promissum esse commemorat. Docilitas vero in hoc ipso notatur, quod per hoc, quod sibi dicit iniunctum evangelicae praedicationis officium, de his quae ad Evangelii doctrinam pertinent se scripturum esse insinuat. Qui etiam, cum se servum Christi et se eorum servum esse confitetur, tam ex humilitate sua quam ex amore, quem illi in Christum habebant, necnon et ex his, quae subiungit de amore, quem habet in eos, quando videlicet pro conversione eorum maxime gratias Deo agat

1–2 Incipit ... Romanos *R*[mg sup] || 2 Petrus Abai *R*[mg]

[1] Vgl. CICERO, *inv.* 1,16,23 (21 STROEBEL).

<Es beginnt die Auslegung des Petrus Abaelardus zum Brief an die Römer>; <Petrus Abai>

1,1. *Paulus.* Nach der Art von Briefschreibern schickt er einen Gruß voraus[1]; er ermuntert sie zum wahren Heil. Diesen Gruß jedenfalls zusammen mit gewissen Dingen, die er daran anknüpft, stellt er sozusagen an Stelle eines Vorwortes voran, durch das er die Leser nämlich in aller Kürze aufmerksam oder lernwillig oder geneigt machen will.[2] Aufmerksam macht er sie ja ebenso von seiner eigenen wie auch von der Person Christi her, der ihn schickt, wie auch unmittelbar von der Sache her, das heißt der Lehre des Evangeliums, zu deren Befolgung er sie ermuntert; von seiner eigenen Person her, indem er sie empfiehlt als ausgewählt zum Apostelamt und von Gott zur Predigt des Evangeliums berufen. Er empfiehlt aber auch die Person des Herrn Jesus Christus, den er Sohn Gottes nennt und von dem er behauptet, er sei der, der den Vätern als[3] Erlöser des Menschengeschlechtes verheißen war und der vom Heiligen Geist empfangen und als glorreicher Erwecker der Toten aufgetreten sei. Aber er übergeht auch nicht die Empfehlung des Evangeliums, indem er erwähnt, es sei durch die heiligen Schriften der Propheten Gottes verheißen worden. Die Lernwilligkeit aber wird gerade dadurch angesprochen, daß er, dadurch daß er sagt, ihm sei das Amt der Predigt des Evangeliums auferlegt, mitteilt, er werde über die Dinge schreiben, die sich auf die Lehre des Evangeliums beziehen. Er macht sie aber, da er bekennt, er sei Diener Christi und ihr Diener, auch sich selbst gegenüber wohlwollend, ebenso durch seine Demut wie durch die Liebe, die jene zu Christus hatten, und auch durch das, was er über die Liebe, die er zu ihnen hat, anfügt: wenn er nämlich für ihre Bekehrung Gott besonders dankt und zu

---

[2] Vgl. CICERO, *inv.* 1,16,22 (20f STROEBEL); MARIUS VICTORINUS, *rhet.* 1,1 (155 HALM).

[3] *Tamquam* bei Abaelard meistens in der Bedeutung von „als".

et ad eos venire desideret, ut eos amplius instruat aut confirmet, sibi ipsi benevolos reddit. – Nunc litteram insistamus.

Notandum vero quia iuxta expositionem Rufini in hanc epistolam – quae quidem expositio translatio expositionis Origenis creditur – iste Apostolus ante etiam quam converteretur binomius erat, ut tam videlicet Paulus quam Saulus antea vocaretur: „Sicut scriptum est“, inquit, „in Actibus apostolorum: ‚Saulus qui et Paulus‘.“ Iuxta Hieronymum | vero et Augustinum seu ceteros ipse sibi Apostolus nomen mutavit a Paulo proconsule, quem per miraculum primum convertit, ut in Actibus apostolorum scriptum est, assumens hoc nomen, ut nunc Paulus sicut ante Saulus vocaretur, ut post eius conversionem, sicut novam vitam vel novum praedicationis assumpsit officium, ita et novum sortiretur vocabulum, sicut et de apostolo Petro Dominus fecit, a quo ipse post conversionem Petrus est vocatus, qui antea Simon vocabatur. Unde et Romana ecclesia iam in consuetudinem duxit, ut quos in cathedra beati Petri sublimat, nomina eis mutet. Saulus autem quasi a Saule antea dictus erat, qui de eadem tribu, id est de Beniamin, erat et in persecutione fidelium Saulem imitabatur, qui David et suos persequebatur sicut iste Christum atque membra eius. Cui ab ipso dictum est: „Saule, Saule, quid me persequeris?“ Teste autem Hieronymo, sicut Iacob translatum in nostram linguam Iacobus dicitur et Ioseph Iosephus, ita et Saul nunc Saulus dicitur, tamquam sit trissyllabum nomen, cum tamen per diphtongum proferre ipsum bissyllabum

---

4 ORIGENES, *comm. in Rom.*, praefatio 1,2 (42.44 HAMMOND BAMMEL; FC 2/1,74f).

5 HIERONYMUS, *in Philem.* 1 (PL 26,604A).

6 AUGUSTINUS, *conf.* 8,4 (CSEL 33/1,177; CCL 27,119).

7 HIERONYMUS, *in Philem.* 1 (PL 26,603B)

8 Also: *Sa-u-lus.*

ihnen zu kommen wünscht, um sie weiter zu lehren oder zu stärken. – Nun wollen wir dem Wortlaut des Textes folgen.

Anzumerken ist aber, daß nach der Auslegung des Rufin zu diesem Brief – diese Auslegung wird ja für eine Übersetzung der Auslegung des Origenes gehalten – dieser Apostel auch vor seiner Bekehrung schon zweinamig war, so daß er nämlich zuvor schon ebenso Paulus wie Saulus hieß. Er sagt: „Wie geschrieben steht in der Apostelgeschichte (Apg 13,9): ‚Saulus, der auch Paulus'[4] (*sc.* heißt)." Nach Hieronymus[5] aber und Augustinus[6] oder auch den übrigen hat der Apostel selbst seinen Namen verändert: Er nahm nach dem Prokonsul Paulus, den er durch ein Wunder als ersten bekehrt hat, wie in der Apostelgeschichte geschrieben steht (Apg 13,6–12), diesen Namen an, so daß er nun Paulus wie zuvor Saulus hieß, damit er nach seiner Bekehrung, ebenso wie er ein neues Leben oder das neue Predigtamt angenommen hat, auch einen neuen Namen bekam. So hat es der Herr auch beim Apostel Petrus gemacht, von dem dieser nach der Bekehrung Petrus genannt worden ist, der zuvor Simon hieß (Mk 3,16 par). Daher hat auch die römische Kirche schon den Brauch eingeführt, bei denen, die sie auf den Stuhl des seligen Petrus erhebt, die Namen zu ändern. Saulus aber war er zuvor gewissermaßen nach Saul benannt worden; er war aus demselben Stamm, das heißt aus Benjamin (vgl. Röm 11,1; Phil 3,5), und eiferte bei der Verfolgung der Gläubigen (vgl. Apg 9,4f; 22,4–8; 26,11–15; Gal 1,13.23; Phil 3,6) Saul nach, der David und seine Anhänger verfolgte (1Sam 18–30) so wie dieser Christus und seine Glieder. Diesem ist von Christus selbst gesagt worden: „Saul, Saul, was verfolgst du mich?" (Apg 9,4; 22,7; 26,14). Nach dem Zeugnis des Hieronymus aber[7] wird – so wie Jakob in unsere Sprache übernommen Jacobus heißt und Josef Josephus – so auch Saul jetzt Saulus genannt, als ob das Wort sozusagen dreisilbig wäre[8], obwohl wir es doch mit einem Diphthong gewöhnlich zwei-

soleamus. Videtur etiam quasi diminutivum esse a Saul Saulus sicut a Iulo Iulius.

Sicut autem Saul primo humilis, postea superbus factus est, ita hic e contrario primo superbus et maximus ecclesiae persecutor nunc Paulus, id est per humilitatem iam modicus sive quietus, appellatur; nam iuxta Augustinum Paulus Latine modicus sonat. Unde et dicimus: paululum exspecta, id est modicum. Quantum vero humilis ipse fuerit, audi ab ipso: „Ego enim sum“, inquit, „minimus apostolorum, qui non sum dignus vocari apostolus.“ Iuxta Ambrosium vero: „Ex Saulo Paulum se dicit, hoc est immutatum, et quia Saulus ‚inquietudo‘ seu ‚tentatio‘ interpretatur, hic, cum ad fidem Christi accessit, Paulum se dicit, id est quasi iam quietum, cum prius tentationes aemulatione legis Dei servis inferret.“ Quantum | vero iam quietus et patiens exstiterit et ne quem scandalizaret semper studuerit, ipse quoque docet qui, ne quem gravaret, manibus laborabat, non ut ceteri apostoli de Evangelio victitans.

<De laude Pauli>

Ab Hieronymo autem in „Libro Hebraicorum nominum“ Paulus „mirabilis“ sive „electus“ interpretari dicitur. Quem et Dominus ipse „vas electionis“ vocavit et tam

---

19 De laude Pauli *R*[mg]

---

[9] *Modicus, -a, -um:* maßvoll, bescheiden; AUGUSTINUS, *in psalm.* 72,4 (CCL 39,988f).

silbig aussprechen. Es scheint auch Saulus eine Art Verkleinerungsform von Saul zu sein so wie Iulius von Iulus.

So wie aber Saul zunächst demütig, später hochmütig geworden ist, so wird dieser umgekehrt, zunächst hochmütig und schlimmster Verfolger der Kirche, jetzt *Paulus,* das heißt aus Demut nunmehr bescheiden oder ruhig genannt; denn nach Augustinus bedeutet *paulus* auf Lateinisch bescheiden[9]. Daher sagen wir auch: „Warte ein klein wenig[10]", das heißt einen geringen Zeitraum. In welchem Maße dieser aber demütig gewesen ist, vernimm von ihm selbst. Er sagt: „Denn ich bin der geringste der Apostel, der ich nicht würdig bin, Apostel zu heißen" (1 Kor 15,9). Nach Ambrosius aber: „Nach *Saulus* nennt er sich Paulus; das ist geändert. Und[11] weil *Saulus* mit ‚Unruhe' oder ‚Versuchung' übersetzt wird, nennt dieser sich in dem Augenblick, wo er zum Glauben an Christus gekommen ist, Paulus, das heißt gewissermaßen nunmehr ruhig, während er früher den Dienern Gottes aus Eifer für das Gesetz Versuchungen brachte."[12] In welchem Maße er aber nunmehr ruhig und geduldig aufgetreten ist und sich stets bemüht hat, niemandem Anlaß zum Anstoß zu bieten, legt er auch selbst dar: Er arbeitete mit eigenen Händen, um niemand zur Last zu fallen (1 Thess 2,9; vgl. Apg 20,34 f; 1 Kor 4,12), wobei er seinen Lebensunterhalt nicht wie die übrigen Apostel aus der Verkündigung bezog.

<Der Ruhm des Paulus>

Hieronymus aber sagt im „Buch über die hebräischen Namen", Paulus werde mit „bewundernswert" oder „erwählt" übersetzt.[13] Diesen hat auch der Herr selbst „Gefäß der Er-

---

10 Im lateinischen Wortspiel: *paululum* — Verkleinerungsform zu *paulum*.

11 So der AMBROSIASTER, *in Rom.* 1,1 (CSEL 81/1,9); bei Abaelard in allen Handschriften *ut* statt *et,* welches aber den Konjunktiv erfordern würde.

12 AMBROSIASTER, *in Rom.* 1,1 (CSEL 81/1,9).

13 HIERONYMUS, *nom. hebr.* (CCL 72,153).

vita quam doctrina inter apostolos mirabilem fecit. Quem quidem tam virginem esse quam martyrem constat — ut quae in magnis apostolis Petro et Iohanne divisa sunt merita, in isto reperiantur coniuncta — et prae ceteris tam praedicationis quam virtutis gratiam assecutum; per quem fere universus conversus est mundus atque ipse quoque apostolorum princeps de perniciosa simulatione necessario correctus, ut in eo quoque mirabiliter illa Veritatis impleretur sententia: „Erunt novissimi primi et primi novissimi.“ <In cuius etiam typo Beniamin, fratrum suorum extremum et a patre vehementer dilectum, fuisse non ambigimus.>

De hoc autem praeclaro Christi signifero et tuba <Domini> vehemente ipse humiliter, qui ab eo correctus fuerat Petrus, in excellentiae eius laudem prorumpens: „Sicut et carissimus“, inquit, „frater noster Paulus secundum sibi datam sapientiam scripsit vobis, sicut in omnibus epistolis loquens de his, in quibus sunt quaedam difficilia intellectu, quae indocti et instabiles depravant sicut et ceteras scripturas ad suam ipsorum damnationem.“ <Quam quidem difficultatem ex nimia subtilitate rationum procedentem et professi et veriti sunt doctores sancti; unde et Ambrosius in Epistola quadam quae sic incipit: „Etsi sciam quod nihil difficilius sit quam de Apostoli lectione disserere, cum ipse Origenes longe minor sit in Novo quam in Veteri Testamento“, etc.; Augustinus, „Retractationum“ libro primo:

10–11 In … ambigimus *fehlt bei AO* || 12–13 Domini *fehlt bei AO* || 19–25 Quam … primo *nur bei m*

---

[14] *Sententia* kann hier und öfter auch als „Entscheidung“ aufgefaßt werden.

[15] Hier und im folgenden gemeint: Christus.

[16] Typus *(figura):* Paulus ist dementsprechend der *antitypus.*

[17] Ambrosius von Mailand, *epist.* 65 (CSEL 82/2, 156).

wählung" genannt (Apg 9,15 Vg.) und ebenso durch sein Leben wie durch seine Lehre unter den Aposteln bewundernswert gemacht. Bekanntlich ist er ja ebenso unverheiratet wie auch Märtyrer gewesen – daher finden sich die Verdienste, die bei den großen Aposteln Petrus und Johannes getrennt vorhanden sind, in diesem vereint –, und er hat mehr als die anderen ebenso die Gnade des Predigtamtes wie die der Wundertätigkeit erlangt. Durch ihn ist fast die ganze Welt bekehrt und sogar auch der Anführer der Apostel notwendigerweise von einer verderblichen Täuschung auf den rechten Weg gebracht worden (Gal 2,11–17), damit an ihm auch jener Ausspruch[14] der Wahrheit[15] in wunderbarer Weise erfüllt würde: „Die Letzten werden die Ersten sein und die Ersten die Letzten (Mt 20,16)." <Daß sein Vorbild[16] auch Benjamin, der jüngste seiner Brüder und vom Vater heftig Geliebte, gewesen ist, bezweifeln wir nicht (vgl. Gen 44,20).>

Von diesem hochberühmten Bannerträger Christi und dieser kräftigen Tuba des Herrn (vgl. 1Thess 4,16) sagte demütig Petrus selbst, der von ihm zurechtgewiesen worden war, als er in das Lob seiner Vortrefflichkeit ausbrach: „So wie euch auch unser teuerster Bruder Paulus gemäß der ihm gegebenen Weisheit geschrieben hat, indem er so wie in allen Briefen über das spricht, wovon einiges schwer zu begreifen ist. Dies verdrehen die Unwissenden und die, die noch nicht gefestigt sind – ebenso wie auch die übrigen Schriften – zu ihrem eigenen Verderben" (2Petr 3,15f). <Daß allerdings diese Schwierigkeit aus seinen überaus feinsinnigen Argumentationsweisen hervorgeht, haben die heiligen Lehrer bezeugt und befürchtet. Daher meint auch Ambrosius in einem gewissen Brief, der so beginnt: „Auch wenn ich weiß, daß nichts schwieriger ist, als über die Lektüre des Apostels Erörterungen anzustellen, da selbst Origenes im Neuen Testament bei weitem weniger beschlagen ist als im Alten ..."[17]; Augustinus im ersten Buch der „Berichtigungen": „Ich

„Epistolae ad Romanos expositionem inchoaveram, sed huius operis si perficeretur plures libri essent futuri, quorum unum solum in sola disputatione salutationis absolvi. | [50] Sed deinde cessavi ipsius magnitudine ac labore deterritus.“> Et beatus Hieronymus, Ad Pammachium: „Paulum“, inquit, „apostolum quotienscumque lego, videor non mihi verba audire sed tonitrua.“ Idem, Ad Paulinum: „Paulus novissimus in ordine, primus in meritis est, quia plus omnibus laboravit.“ Idem, Ad Eustochium: „De virginibus, inquit Apostolus, praeceptum Domini non habeo; quod et ipse ut esset virgo, non fuit imperii sed propriae voluntatis. Neque enim audiendi sunt“, inquit, „qui eum uxorem habuisse confingunt, cum suadens perpetuam castitatem intulerit: ‚Volo autem omnes esse sicut me ipsum‘.“

Quantus autem et apud philosophos habitus sit, qui eius vel praedicationem audierunt vel scripta viderunt, insignis ille tam eloquentia quam moribus Seneca in epistolis, quas ad eum dirigit, his verbis protestatus est: „Libello tuo lecto de plurimis ad quosdam litteris, quas ad aliquam civitatem seu caput provinciae direxisti, mira exhortatione vitam mortalem contemnentes usquequaque refecti sumus. Quos sensus non puto ex te dictos sed per te, certe aliquando et ex te et per te. Tanta etenim maiestas earum rerum est, tantaque generositate clarent, ut vix suffecturas putem aetates hominum, quibus institui perficique possint.“ Meminit et Hieronymus huius laudis Senecae erga Paulum in libro

1–5 Epistolae ... deterritus *nur bei m*

[18] Augustinus, *retract.* 24 (CSEL 36,114).

[19] Hieronymus, *epist.* 49,13 (CSEL 54,369f).

[20] Hieronymus, *epist.* 58,1 (CSEL 54,528).

[21] Hieronymus, *epist.* 22,20 (CSEL 54,170f).

[22] So Abaelard; im Original: „die eine moralische Lebensführung enthalten“ *(vitam moralem continentes).*

[23] Ps.-Seneca, *epist. Paul.* 1 (PLS 1,673f). Der Briefwechsel ist unecht.

hatte eine Auslegung des Römerbriefes begonnen, aber wenn dieses Werk vollendet würde, würden mehrere Bücher entstehen. Von ihnen habe ich eines ganz allein bei der Erörterung des Grußes gefüllt. Aber dann habe ich aufgehört, erschreckt durch seine Größe und die erforderliche Mühe.“ [18]> Auch der selige Hieronymus sagt in seiner Schrift an Pammachius: „Sooft ich den Apostel Paulus lese, scheint es mir, daß ich nicht Worte vernehme, sondern Donnerschläge.“ [19] Ebenso schreibt er an Paulinus: „Paulus ist der letzte in der Reihenfolge, der erste an Verdiensten, weil er sich mehr als alle anderen bemüht hat.“ [20] Ebenso an Eustochium: „Über Jungfrauen, sagt der Apostel, habe ich kein Gebot des Herrn (1 Kor 7,25). Denn daß auch er selbst unverheiratet war, beruhte nicht auf einem Befehl, sondern auf seinem eigenen Willen. Denn man darf nicht die hören“, sagt er, „die erdichten, er habe eine Frau gehabt, wo er doch, als er zu ständiger Keuschheit riet, bemerkt hat: ‚Ich will aber, daß alle sind wie ich selbst‘ (1 Kor 7,7 Vg.).“ [21]

Wie viel er aber auch bei den Philosophen galt, die entweder seine Predigt gehört oder seine Schriften gesehen haben, hat jener – ebenso durch seine Beredsamkeit wie durch seinen Lebenswandel berühmte – Seneca in Briefen, die er an ihn richtet, mit folgenden Worten bezeugt: „Nach der Lektüre deines Büchleins, das aus einer großen Anzahl von Briefen besteht, die entweder an eine Gemeinde oder eine Provinzhauptstadt gerichtet sind und die auf wunderbare Weise zur Verachtung des sterblichen Lebens ermahnen[22], sind wir vollständig wiederhergestellt worden. Diese Gedanken sind, glaube ich, nicht aus dir heraus, sondern durch dich, sicher bisweilen sowohl aus dir heraus als auch durch dich ausgesprochen worden. Denn so groß ist in der Tat die Erhabenheit dieser Gegenstände, und von so großer Hochherzigkeit strahlen sie, daß ich glaube, Menschenalter werden kaum dafür ausreichen, daß sie in ihnen gelehrt und vollendet werden könnten.“ [23] Auch Hieronymus erinnert an dieses Lob Senecas Paulus gegenüber, wenn er im Buch

„De illustribus viris“ capitulo XII ita scribens: „Lucius Annius Seneca Cordubensis, Photini Stoici discipulus et patruus Lucani poetae, continentissimae vitae fuit; quem non ponerem in catalogo sanctorum, nisi me epistolae illae provocarent, quae leguntur a plurimis, Pauli ad Senecam aut Senecae ad Paulum. In quibus, cum esset Neronis magister et illius temporis potentissimus, optare | se dicit esse | 51
eius loci apud suos, cuius sit Paulus apud Christianos.“

Quod si et propheticae auctoritatis laudem philosophico adiungas praeconio, invenies huius apostoli excellentiam supra ceteros tam apud patriarchas quam prophetas insigne aliquid laudis specialiter adeptam esse. Hic quippe, sicut ipse ait, de tribu Beniamin exordium ducens ille est, in typo cuius tam patriarcha Iacob quam prophetarum et regum maximus David exultantes praecinerunt. Iacob quidem sic ait: „Beniamin lupus rapax mane rapiens praedam vespere dividet escas“, sive iuxta aliam translationem „vespere spolia distribuet“. David vero futurae ecclesiae principes in spiritu praevidens et quasi hunc ceteris anteponens: „Ibi“, inquit, „Beniamin adolescentulus in mentis excessu.“

Ille quippe Beniamin filius Iacob, qui huius typum gerebat de semine suo futuri, inter fratres ordine extremus, primus apud patrem per gratiam erat, a quo ipse in senio susceptus potissimum diligebatur. Sic et Paulus inter apostolos ordine vocationis et conversionis ultimus, meritis, ut dictum est, apud Deum primus. Beniamin quoque

---

[24] Abaelard: *Annius.*

[25] HIERONYMUS, *vir. ill.* 12 (17 f HERDING).

[26] Mit *typus* ist hier BENJAMIN gemeint.

[27] So auch die Vg.

„Von berühmten Männern“ im 12. Kapitel folgendermaßen schreibt: „Lucius Annaeus[24] Seneca aus Córdoba, Schüler des Stoikers Photinus und Onkel des Dichters Lucanus, hat ein sehr enthaltsames Leben geführt. Ihn nähme ich nicht in das Verzeichnis der Heiligen auf, wenn mich nicht jene Briefe des Paulus an Seneca oder Senecas an Paulus dazu aufforderten, die von sehr vielen gelesen werden. Obwohl er Lehrer Neros und mächtigster Mann jener Zeit war, sagt er in diesen, er hoffe, bei seinen Freunden den Rang einzunehmen, wie Paulus bei den Christen.“[25]

Wenn man aber auch noch das Lob der prophetischen Autorität zum Ruhm des Philosophen hinzufügt, wird man finden, daß die herausragende Stellung dieses Apostels – über die übrigen Apostel hinaus – ein ganz besonders hervorragendes Ansehen bei den Patriarchen wie bei den Propheten erlangt hat. Dieser führt ja nach eigenen Worten seinen Ursprung auf den Stamm Benjamin zurück (Röm 11,1 Vg.; Phil 3,5) und ist jener, über dessen Vorbild[26] ebenso der Patriarch Jakob wie der größte der Propheten und Könige, David, voll Freude geweissagt haben. Jakob sagt ja folgendermaßen: „Benjamin, ein reißender Wolf, der am Morgen die Beute raubt, wird am Abend die Speisen verteilen“ (Gen 49,27) oder – nach einer anderen Übersetzung[27] – „wird am Abend die Beute verteilen“. David aber sagte, weil er die Anführer der künftigen Kirche im Geiste voraussah und gewissermaßen diesen den übrigen voranstellte: „Dort ist der junge Benjamin in geistiger Verzückung“ (Ps 68,28: Vg. Ps 67,28).

Jener Benjamin, Sohn Jakobs, der dessen Vorbild war, der aus seinem Samen kommen sollte, war ja unter seinen Brüdern der Reihenfolge nach der letzte, der erste bei seinem Vater aus Gunst: Von ihm wurde er, da er im Alter empfangen worden war, am meisten geliebt. So war auch Paulus unter den Aposteln der Reihenfolge der Berufung und Bekehrung nach der letzte, den Verdiensten nach, wie gesagt wurde, bei Gott der erste. Auch Benjamin tötete bei

nascens matrem parientem peremit, quae prae dolore partus moriens „Benonim“ eum, „id est filium doloris, appellavit; pater vero“ nomine commutato „eum Beniamin, id est filium dexterae, nominavit.“ Paulus quippe in Christo iam renascens matrem suam Iudaeam, quae eum in doctrina legis genuerat et educaverat, quasi peremisse dicitur, cum ipse praecipue carnalium observationum praecepta, in quibus ipsi vivebant, evacuaverit et totam eorum gloriam ad nihilum redegerit, quasi de utero matris exiens et a scholis synagogae per conversionem recedens, iuxta quod ipsemet ait: „Qui me segregavit ex utero matris meae et vivificavit per gratiam suam.“ Unde et bene mater eum „Benonim, id est filium doloris“ sui, vocavit, quia quo plus errorem eius Paulus infestavit, amplius eam dolere fecit, et quo prae sapientiae suae excellentia gratior ei exstiterat, amplius eam contristavit amissus. Bene autem pater nomen commutare voluit, ut potius „eum filium dexterae“, id est prosperitatis <seu fortitudi|nis> appellaret quam doloris, quia hic, ut | 52
diximus, interitus synagogae, qui per Paulum factus est, in prosperitatem potius fidelium et communem ecclesiae exsultationem quam in dolorem reputandus est. <Qui etiam quanta fortitudine animi viguit, innumerae in eum persecutiones indicant.>

Quod vero dicitur mane rapere praedam et vespere escas dividere, significat eum primitus persecutorem ecclesiae fuisse et postea <feliciore rapina quam prius exercuerat> spiritualis verbi refectionem doctrina suae praedicationis administrasse. Quod vero iuxta aliam translationem dici-

---

18 seu fortitudinis *fehlt bei AO* || 21–23 Qui … indicant *fehlt bei AO* || 26 feliciore … exercuerat R^{mg}

---

[28] *Ipsi:* Gemeint sind die Juden = die jüdische Mutter.

[29] Gemeint hier: den der jüdischen Mutter.

seiner Geburt seine gebärende Mutter. Als diese im Sterben lag, nannte sie ihn nach ihrem Geburtsschmerz „Ben-onim, das heißt Sohn des Schmerzes. Der Vater jedoch nannte ihn" mit verändertem Namen „Ben-jamin, das heißt Sohn der Rechten" (Gen 35,18 Vg.). Paulus hat ja, wie man sagt, als er in Christus schon wiedergeboren wurde, seine jüdische Mutter gewissermaßen getötet, die ihn in der Lehre des Gesetzes geboren und erzogen hatte. Denn er hat selbst vornehmlich die Vorschriften der äußerlichen Riten, in denen sie[28] lebten, abgeschafft und ihren ganzen Ruhm zunichte gemacht, als er gewissermaßen aus dem Mutterleib herausging und sich von den Schulen der Synagoge durch seine Bekehrung abwandte. Dementsprechend sagt er selbst: „Der mich ausgewählt hat im Leib meiner Mutter und lebendig gemacht durch seine Gnade" (vgl. Gal 1,15). Daher hat ihn auch seine Mutter passend „Ben-onim, das heißt Sohn ihres Schmerzes", genannt; denn je mehr Paulus ihren Irrtum[29] bekämpft hat, desto mehr verursachte er ihr Schmerzen; und je lieber er ihr wegen seiner herausragenden Weisheit gewesen war, desto mehr hat er sie betrübt, als er verlorengegangen war. Gut aber tat der Vater daran, daß er den Namen (*sc.* Ben-onim) ändern wollte, um „ihn" lieber „Sohn der Rechten" — das heißt des Glücks <oder der Tapferkeit> — zu nennen als Sohn des Schmerzes. Denn dieser Untergang der Synagoge, wie gesagt, der durch Paulus erfolgt ist, muß eher als Glück für die Gläubigen und als Grund zum allgemeinen Jubel für die Kirche denn als Schmerz angesehen werden. <Welche innere Kraft er auch besessen hat, zeigen die unzähligen Verfolgungen gegen ihn (vgl. 2 Kor 11,23–33).>

Daß es aber heißt, er raube am Morgen die Beute und verteile am Abend Speisen (Gen 49,27 Vg.), zeigt, daß er zunächst Verfolger der Kirche gewesen ist und später <durch einen glücklicheren Raub als den, den er zuvor begangen hatte> die Speisung durch das geistliche Wort mit der Lehre seiner Verkündigung besorgt hat. Daß es aber nach einer

tur distribuere spolia, significat eum, posteaquam conversus est, multas animas diabolo eripuisse et quasi spolia fugato hoste hos retinuisse, quos postea per ecclesiastica officia vel quaecumque fidelium ministeria ordinavit.

<Hieronymus vero in prologo „Libri Hebraicorum quaestionum in Genesim“ asserit secundum Hebraeos quod „altare, in quo immolabantur hostiae et victimarum sanguis ad basem illius fundebatur, in parte tribus Beniamin erat“. Quo quidem convenienter iste Christiani sanguinis effusor intelligitur, de quo scriptum est: „Spirans minarum et caedis in discipulos Domini“, etc., ut Christi membra tamquam lupus oves laniaret in terris.>

Iste est „Beniamin adolescentulus“ quasi inter apostolos tempore extremus, mente ac ratione ceteris praecellens, utpote qui „raptus est“ ad tertium caelum „et audivit arcana verba, quae non licet homini loqui.“ A quo etiam ipse primus apostolorum a perniciosa simulatione correctus est et universa ecclesia spiritualiter instructa, ut inter universa sanctorum scripta eius epistolae privilegium tam utilitate quam subtilitate merito adeptae sint. Quarum nunc istam, quae ad Romanos dirigitur, exponendam suscepimus, quae omnium eruditissimorum iudicio tam litterae difficultate quam rationum subtilitate implicita est.

Servus. Cum dicat apostolis Dominus: „Iam non dicam 53
vos servos sed amicos“, quare nunc Apostolus se servum

5–12 Hieronymus ... terris *nur bei m*

---

[30] *Constructio ad sensum:* Im lateinischen Text die masculina *hos* und *quos*, obwohl von Seelen *animae* die Rede war.

[31] *Per* = über ... hin.

[32] Hieronymus, *quaest. hebr. in gen.* 49,27 (CCL 72,56).

[33] Vgl. Augustinus, *retract.* 24 (CSEL 36,114).

anderen Übersetzung heißt, er verteile die Beute, zeigt, daß er nach seiner Bekehrung viele Seelen dem Teufel entrissen hat und diejenigen[30], die er später in[31] kirchliche Ämter oder irgendwelche Dienste an den Gläubigen einsetzte, als Beute behielt, nachdem der Feind in die Flucht geschlagen worden war.

<Hieronymus aber behauptet — nach den Hebräern — im Vorwort des „Buches über die hebräischen Fragen zur Genesis“, daß „der Altar, auf dem die Opfertiere geopfert wurden und an dessen Unterteil das Blut der Opfer vergossen wurde, im Gebiet des Stammes Benjamin lag“[32]. Darunter versteht man ja passend jenen Mann, der das Blut Christi vergoß; von ihm steht geschrieben: „Schnaubend mit Drohungen und Mord gegen die Jünger des Herrn ...“ (Apg 9,1), um die Glieder Christi auf Erden zu zerfleischen wie ein Wolf die Schafe.>

Dies ist aber „der junge Benjamin“ (Ps 68,28: Vg. Ps 67,28), sozusagen unter den Aposteln der Zeit nach der letzte, nach Geist und Verstand alle übrigen überragend, da er ja bis zum dritten Himmel „entrückt worden ist und geheime Worte gehört hat, die ein Mensch nicht aussprechen darf“ (2 Kor 12,4). Von ihm ist sogar ausgerechnet der erste der Apostel von einer verderblichen Heuchelei auf den rechten Weg gebracht (vgl. Gal 2,11–16) und die ganze Kirche geistlich belehrt worden. So haben unter den gesamten Schriften der Heiligen seine Briefe zu Recht sowohl wegen ihres Nutzens als auch wegen ihres Scharfsinnes einen besonderen Platz bekommen. Wir haben es nun unternommen, von diesen denjenigen, der an die Römer gerichtet ist, auszulegen. Er ist nach dem Urteil aller Hochgebildeten sowohl wegen der Schwierigkeit des Ausdrucks als auch wegen des Scharfsinnes der Gedanken kompliziert.[33]

Knecht. Obwohl doch der Herr den Aposteln sagt: „Ich werde euch nicht mehr Knechte nennen, sondern Freunde“ (Joh 15,15) — wieso nennt der Apostel sich da jetzt

appellat? At vero, ut praetermittamus distinguere duo genera servorum, id est subiectorum, quorum videlicet alios timor poenae subiectos tenet — de qualibus dicitur quia „servus non manet in domo in aeternum“, et iterum illud: „Cum feceritis omnia quaecumque praecepta fuerint vobis, dicite: Servi inutiles sumus“ —, alios amor oboedientes facit — quibus dicitur: „Euge, serve bone et fidelis“, etc. —, facile est praedictae quaestioni etiam hoc modo respondere, quod alio modo dicitur servus simpliciter, alio modo „servus“ dilectus *Christi* sive „servus bonus“. Ibi enim quasi coactio quaedam ex servili timore, non voluntaria subiectio monstratur, hic per amorem filialis oboedientia designatur. Nec fortasse necesse est ex nomine servi simpliciter prolato coactam semper et non voluntariam subiectionem signari, nisi forte per adiunctum aliquod amicalis subiectio removeatur, veluti cum dicitur: „Iam non dicam vos servos sed amicos.“ Cum enim subditur: „sed amicos“ — quasi adversando ad illud quod dictum est: „servos“ —, intelliguntur in praemisso „servi“ illi, qui tantum sunt servi, non etiam amici. Alioquin modo generaliter servi dicuntur omnes illi, tam boni vel mali, quibus talenta sua dominus commisit. Servi itaque generaliter dicuntur, sive eos qui praesunt diligant, sive non, dummodo eis ita subiecti sint ut in eorum penitus potestate tam res eorum quam ipsi permaneant, ut nec se ipsos nec aliquid hi, qui servi dicuntur, possideant proprium. Hoc itaque modo se hoc loco Apostolus servum

---

[34] Abaelard benützt für seine Erklärung die logische Unterscheidung, ob ein Begriff allgemein *(simpliciter)* oder mit näherer Bestimmung *(cum determinatione)* gebraucht ist.

[35] Das heißt ohne nähere Bestimmung *(determinatio).*

Knecht? Aber abgesehen davon, daß man zwei Arten von Knechten, das heißt von Untergebenen, unterscheiden kann, von denen nämlich die einen die Furcht vor Strafe untertan hält – von diesen heißt es, daß „der Diener nicht in Ewigkeit im Hause bleibt" (Joh 8,35), und wiederum jenes: „Wenn ihr alles getan habt, was euch befohlen ist, sagt: Wir sind unnütze Knechte" (Lk 17,10) –, die anderen die Liebe zum Gehorsam veranlaßt – diesen wird ja gesagt: „Recht so, guter und treuer Knecht ..." (Mt 25,21.23 Vg.) –, kann man allerdings die genannte Frage leicht auch auf folgende Weise beantworten[34]: daß es auf eine Weise allgemein Knecht heißt, auf eine andere geliebter „Knecht" *Christi* oder „guter Knecht". Dort nämlich wird sozusagen eine Art Zwang aufgrund von knechtischer Furcht, nicht freiwillige Unterwerfung angezeigt, hier wird durch die Liebe kindlicher Gehorsam bezeichnet. Auch wird vielleicht nicht notwendigerweise durch den Begriff Knecht, wenn er allgemein[35] verwendet worden ist, immer eine erzwungene und unfreiwillige Unterwerfung bezeichnet, wenn nicht gerade durch irgendeinen Zusatz die Unterwerfung aus Freundschaft ausgeschlossen wird, zum Beispiel, wenn es heißt: „Ich werde euch nicht mehr Knechte nennen, sondern Freunde" (Joh 15,15). Dadurch nämlich, daß hinzugefügt wird: „sondern Freunde" – gewissermaßen als Gegensatz dazu, daß gesagt ist „Knechte" –, werden im Vorhergehenden unter „Knechten" die verstanden, die nur Knechte sind, nicht zugleich auch Freunde. Sonst heißen Knechte nur allgemein alle die – ebenso die guten wie die schlechten –, denen der Herr seine Talente anvertraut hat (Mt 25,14–30; Lk 19,12–27). Knechte heißen sie daher allgemein, ob sie ihre Herrn lieben oder nicht, wenn sie ihnen nur so untertan sind, daß sowohl ihr Besitz als auch sie selbst völlig in deren Gewalt verbleiben, so daß die, die Knechte heißen, weder sich selbst noch irgend etwas Eigenes besitzen. Auf diese Weise nennt sich daher an dieser Stelle der Apostel Knecht

„Christi“ nominat; cui se ita penitus subiecerat, ut nihil suo relinqueret arbitrio, sed totum Christi se subderet voluntati dicens illud ei per omnia: „Fiat voluntas tua!“ Quis enim culpet, cum Dominus per gratiam nolit iam apostolos appellare servos, ipsi tamen per humilitatem se servos profiteantur? Non enim ait: Iam non dicetis vos servos sed amicos, sed: „Iam non dicam vos servos sed amicos.“

Bene autem Apostolus, cum ad oboediendum alios invitet, se primitus oboedientem profitetur, ut non solum verbo, verum etiam magis exemplo auditores commoveat, sectatus | quidem eum de quo scriptum est: „Quae coepit Iesus | 54 facere et docere“, prius videlicet „facere“ et postea „docere“.

Cum praemiserit nomen „Christi“ – quod est commune omnium tam in regem quam in sacerdotem inunctorum, secundum quod scriptum est: „Nolite tangere christos meos!“ –, subiecit proprium nomen eius, quod est Iesus, ut hunc videlicet Christum a ceteris tam singularitate personae quam dignitate distingueret. Solus quippe proprie Iesus dicitur, qui solus vere et in perpetuum salvare potest. Cum itaque dicitur Christus, id est unctus, quoniam tam reges quam sacerdotes inungebantur, ostendit eum a Deo tam in regem quam in sacerdotem nobis esse constitutum, per quae duo nos salvet, quod sonat Iesus. Sacerdos quippe nobis exstitit se ipsum pro nobis in ara crucis immolando; rex vero pro fortitudine et potentia dictus est, qua potest sibi subicere omnia et tamquam fortior fortem

---

36 *Christos* (griechisch) = der Gesalbte.
37 *Jesus* (hebräisch) = Retter.
38 Vgl. HIERONYMUS, *nom. hebr.* (CCL 72,136).
39 HIERONYMUS, *nom. hebr.* (CCL 72,142).

„Christi". Ihm hatte er sich so vollständig unterworfen, daß er nichts seinem eigenen Willen vorbehielt, sondern sich ganz dem Willen Christi unterwarf, indem er ihm bei allem sagte: „Dein Wille geschehe!" (Mt 6,10). Wer denn dürfte es wohl mißbilligen, wenn der Herr aus Gnade die Apostel nicht mehr Knechte nennen will, sie selbst aber trotzdem aus Demut sich als Knechte bekennen? Denn er sagt nicht: Ihr werdet euch nicht mehr Knechte nennen, sondern Freunde, sondern: „Ich werde euch nicht mehr Knechte nennen, sondern Freunde."

Passend aber bezeichnet sich der Apostel selbst zuerst öffentlich als gehorsam, wenn er andere zum Gehorsam auffordert, so daß er nicht durch das Wort allein, sondern noch mehr durch sein Beispiel die Hörer bewegt, in der Nachfolge dessen ja, von dem geschrieben steht: „Was Jesus zu tun und zu lehren begann" (Apg 1,1 Vg.) — zunächst nämlich zu „tun" und später zu „lehren".

Da er den Namen „Christus" vorausgeschickt hat — dieser ist gemeinsamer Name aller zum König wie zum Priester Gesalbten[36], entsprechend dem, was geschrieben steht: „Rührt nicht meine Gesalbten an!" (Ps 105,15: Vg. Ps 104,15) —, hat er dessen persönlichen Namen, der Jesus[37] ist, nachgetragen, um diesen Christus nämlich von den übrigen ebenso im Hinblick auf seine einzigartige Persönlichkeit wie auch auf seine Würde zu unterscheiden. Allein der heißt ja speziell Jesus, der allein wahrhaftig und für alle Ewigkeit retten kann.[38] Wenn er daher Christus genannt wird, das heißt Gesalbter[39], zeigt er — da ja ebenso Könige wie Priester gesalbt wurden —, daß er von Gott für uns ebenso zum König wie zum Priester eingesetzt worden ist, um uns durch dieses beides zu retten, was in dem Namen Jesus anklingt. Priester ist er ja für uns geworden, indem er sich selbst für uns auf dem Altar des Kreuzes opferte; König aber ist er nach seiner Stärke und Macht genannt worden, durch die er sich alles unterwerfen kann und als noch Stärkerer den starken Teufel binden

alligare diabolum, utpote ille cui „Pater omnia dedit in manu."

Vocatus apostolus, hoc est: „vocatus" a Deo et electus in apostolum, non a se ipso veniens ad praedicandum. Alioquin fur esset et latro iuxta illud Veritatis: „Omnes quotquot venerunt fures sunt et latrones." „Venerunt", inquit Hieronymus, „qui non missi sunt." Unde et bene apostolus missus sive legatus interpretatur. Attende etiam humilitatis suae commendationem, cum dixerit „vocatus" potius quam electus. Vocatio quippe clamor vocis est ad longe positos, ut accedant vel audiant. Tanto autem iste remotior erat a Deo, quanto immanior erat ecclesiae persecutor. Diligenter itaque ait non electus vel assumptus, sed „vocatus" quasi a longe a Domino tractus ad Evangelium ipsius praedicandum.

Segregatus in evangelium Dei, seorsum et per se, non cum aliis apostolis electus, non a Christo adhuc in terra consistenti mortali, sed iam in caelestibus ad dexteram Patris constituto et tam per resurrectionem quam ascensionem glorificato. Unde et ad Galatas scribens, ut suam commendaret electionem adversus eos, qui calumniabantur eum ceteris | 55 apostolis non esse connumerandum, quod non fuerit a Domino Iesu Christo in terra cum ceteris electus, ait: „Paulus apostolus, non ab hominibus neque per hominem, sed per Iesum Christum et Deum Patrem, qui suscitavit eum a mortuis"; ac si diceret: „Paulus apostolus, non per hominem", id est mortalem, „sed per Christum" iam resurrectio-

40 Hieronymus, *in Os.* 2 (CCL 76,71).

(vgl. Mt 12,29 Vg.), da er ja der ist, dem „der Vater alles in die Hand gegeben hat“ (Joh 3,35).

Berufener Apostel, das heißt: von Gott „berufen“ und zum Apostel erwählt, nicht von sich aus zum Predigen kommend. Andernfalls wäre er ein Dieb und Räuber nach jenem Wort der Wahrheit: „Alle, die gekommen sind, sind Diebe und Räuber“ (Joh 10,8). „Gekommen sind“, sagt Hieronymus, „die nicht gesandt worden sind.“[40] Daher wird auch passend Apostel mit Geschickter oder Gesandter übersetzt. Beachte auch die Empfehlung seiner Demut dadurch, daß er lieber „berufen“ als erwählt gesagt hat! Berufung ist ja der Ruf der Stimme zu weit Entfernten, herbeizukommen oder zu hören. Desto weiter aber war dieser von Gott entfernt, je grausamer er als Verfolger der Kirche war. Mit Bedacht sagt er daher nicht erwählt oder angenommen, sondern „berufen“: gewissermaßen von ferne vom Herrn zur Verkündigung seines Evangeliums hingezogen.

Ausgesondert für das Evangelium Gottes, getrennt und für sich, nicht zusammen mit den anderen Aposteln erwählt, nicht von Christus, als er noch als Sterblicher auf Erden weilte, sondern als er schon im Himmel seinen Platz zur Rechten des Vaters bekommen hatte und ebenso durch seine Auferstehung wie durch sein Auffahren zum Himmel verherrlicht worden war (vgl. Eph 1,20). Daher sagt Paulus auch in seinem Schreiben an die Galater, um seine Erwählung gegen die zu verteidigen, die bösartig behaupteten, er dürfe nicht zu den übrigen Aposteln gezählt werden, da er nicht vom Herrn Jesus Christus auf Erden mit den anderen zusammen erwählt worden sei: „Paulus, Apostel nicht von Menschen und nicht durch einen Menschen, sondern durch Jesus Christus und Gott Vater, der ihn von den Toten auferweckt hat“ (Gal 1,1), wie wenn er sagen wollte: „Paulus, Apostel nicht durch einen Menschen“, das heißt einen Sterblichen, „sondern durch Christus“, der schon durch die Auferstehung verherrlicht wor-

ne glorificatum et nihil iam mortalis naturae vel corruptibilis habentem.

§ Dicitur etiam „segregatus“ in praedicatione Evangelii, dum ceteris adhuc apostolis circa praedicationem et resurrectionem Iudaeorum occupatis iste specialiter ad gentes tamquam eorum proprius apostolus destinatus est. Unde et „doctor gentium“ specialiter ipse dictus est. Hinc est illud in Actibus apostolorum dicente Spiritu Sancto: „Segregate mihi Barnabam et Paulum in opus“ ministerii, quo „assumpsi eos.“ „Evangelium“ bona annuntiatio dicitur, eo videlicet quod evangelica praedicatio annuntiet completum, quod antea erat promissum.

2. *Quod ante promiserat.* Commendatio est Evangelii, quod olim a Deo nobis promissum dicit *per prophetas suos.* „Nemo enim rem vilem“, ut ait Ambrosius, „magnis praeconibus nuntiat.“ Per Ieremiam Dominus dicit: „Ecce dies veniunt et consummabo testamentum novum“, etc. „Suos“ dicit „prophetas“ ad differentiam falsorum sive reproborum, sicut Balaam vel qui per spiritum malignum nonnumquam futura praedicunt. Propheta quippe est, qui futura praedicendo revelat. Unde et propheta quasi a prophetando, id est praedicendo, dicitur. *In scripturis,* ut non solum verbis hoc prophetae annuntiarent, verum etiam scriptis firmarent. *Sanctis,* hoc est: ad sanctitatis doctrinam et religionis formam conscriptis et Spiritu Sancto dictante compositis.

---

3 Dicitur ... § *vorangestellt bei O*

den ist und nichts mehr von sterblicher oder verderblicher Natur an sich hat.

Er heißt auch „ausgesondert" bei der Verkündigung des Evangeliums dadurch, daß er speziell für die Heiden zu ihrem eigenen Apostel bestimmt worden ist, während die übrigen Apostel noch mit der Verkündigung und Wiederauferweckung der Juden beschäftigt waren. Daher ist er selbst auch speziell „Lehrer der Völker" genannt worden (1 Tim 2,7). Hierher rührt jener Ausspruch in der Apostelgeschichte, wo der Heilige Geist sagt: „Sondert mir Barnabas und Paulus aus zu dem Dienst, zu dem ich sie angenommen habe" (Apg 13,2)! „Evangelium" heißt gute Botschaft, deshalb nämlich, weil die Predigt des Evangeliums das als erfüllt verkündigt, was zuvor verheißen war.

2. *Welches er voraus verheißen hatte:* Es handelt sich um eine Empfehlung des Evangeliums, das uns, wie er sagt, einst von Gott verheißen worden war, *durch seine Propheten:* „Niemand kündigt nämlich eine billige Sache", wie Ambrosius sagt, „mit lauten Ausrufern an."[41] Durch Jeremia sagt der Herr: „Siehe, die Tage kommen, und ich werde das neue Testament erfüllen …" (Jer 31,31 Vg.). „Seine" nennt er die „Propheten" zur Unterscheidung von falschen oder schlechten wie Bileam (vgl. Num 22–24) oder solchen, die durch einen böswilligen Geist manchmal die Zukunft vorhersagen. Ein Prophet ist ja, wer die Zukunft durch Vorhersagen offenbart. Daher wird auch der Prophet sozusagen nach dem Prophezeien, das heißt Vorhersagen, so genannt. *In den Schriften:* so daß die Propheten dies nicht nur mit Worten ankündigten, sondern auch mit Schriften bekräftigten. *Heiligen,* das heißt geschrieben zur Lehre der Heiligkeit und Ausprägung der Frömmigkeit und verfaßt nach Diktat des Heiligen Geistes.

---

[41] AMBROSIASTER, *in Rom.* 1,2 (CSEL 81/1,13).

3. *De filio suo,* id est proprio et substantiali, non adoptivo, *qui factus est ei ex semine David secundum carnem,* id est humanam naturam, qui secundum divinam solummodo est genitus. „Ei", scilicet Deo Patri, id est ad honorem ipsius, qui semper in Filio glorificatus est et honoratus, cum ipse dicat Filius se propriam gloriam non quaerere sed eius qui | misit eum. „Ex semine David", hoc est: ex Maria, quae fuit | 56 ex stirpe David, cum tam Abraham quam David promissio de Christo facta sit, ut videlicet de eorum semine per matrem suam nasceretur; hic tamen solum commemorat David, qui graviter nonnumquam deliquit, non Abraham, qui maxime iustus apparuit, ut videlicet divinae gratiae, non meritis hominum, totum huius incarnationis tribuatur mysterium. Sufficit etiam nominare David tacito Abraham, cum per David, qui de genere Abrahae est, Christum de genere Abrahae esse doceat.

4. *Qui praedestinatus est,* secundum carnem scilicet, hoc est: divina gratia praeparatus, pro qua et matri eius dictum est: „Ave, gratia plena." „Praedestinatio" quippe dicitur „divinae gratiae praeparatio". Praedestinatus, inquam, *Filius Dei in virtute,* hoc est: ut esset virtus et fortitudo omnium per fidem ei cohaerentium. *Secundum spiritum sanctificationis.* Ad duo praemissa duo alia subnectit, quasi singula singulis reddens: Ad illud quidem quod primo dixit:

---

[42] Im lateinischen Text steht *factus,* was die Übersetzung des griechischen ἐγένετο („er ist geworden") ist. Im Lateinischen kann *factus est* jedoch sowohl zu *fieri* („werden") als auch zu *facere* (Passiv: „gemacht, geschaffen werden") gehören. Durch Abaelards nähere Bestimmung „der menschlichen Natur nach" wird nahegelegt, daß er Christus als Menschen als „Geschöpf" aufgefaßt hat. Die Übersetzung von *factus* mit „geschaffen" versucht, den Gegensatz zu dem „gezeugt" hinsichtlich der göttlichen Natur nachzuvollziehen. Vgl. auch den anonymen Römerbrief-Kommentar Vaticanus Ottobonianus 445 fol. 12^{v}: *Factus est secundum hominem, qui tamen infectus est secundum divinitatem.* Die Frage, ob Christus nach seiner menschlichen Natur „Geschöpf" sei, findet sich auch bei Abaelard, *Sic et Non* 67 f (250–257 BOYER/MCKEON); zum Problem vgl. LANDGRAF, *Dogmengeschichte* 2/1, 172–198.

3. *Über seinen Sohn,* das heißt den eigenen und substanzhaften, nicht einen adoptierten, *welcher ihm aus dem Geschlechte Davids dem Fleische nach geschaffen ist*[42], das heißt der menschlichen Natur nach; nach der göttlichen ist er einzig und allein gezeugt. „Ihm", nämlich Gott Vater, das heißt: zur Ehre dessen, der immer im Sohne verherrlicht und geehrt worden ist, da der Sohn selbst sagt, er suche nicht seinen eigenen Ruhm, sondern dessen, der ihn gesandt hat (vgl. Joh 8,50). „Aus dem Geschlechte Davids", das heißt aus Maria, die von David abstammte (Lk 1,27); denn ebenso Abraham (vgl. Gen 18,18; 22,17f; Röm 4,13) wie David (vgl. 2Sam 7,8–16) ist eine Verheißung über Christus gemacht worden, daß er nämlich aus ihrem Geschlecht durch seine Mutter geboren werden sollte. Hier erwähnt er trotzdem allein David, der bisweilen schwer gesündigt hat (vgl. 2Sam 11,1–27), nicht Abraham, der besonders gerecht schien, damit nämlich das ganze Geheimnis dieser Menschwerdung der göttlichen Gnade, nicht jedoch Verdiensten der Menschen, zugeschrieben wird. Es genügt auch, ohne Abraham zu erwähnen, David zu nennen, da er durch Davids Abstammung von Abraham (vgl. Mt 1,1) darlegt, daß Christus vom Geschlecht Abrahams ist.

4. *Der vorherbestimmt ist,* nach dem Fleisch nämlich[43], das heißt: durch die göttliche Gnade vorherbereitet, nach der auch seiner Mutter gesagt wurde: „Sei gegrüßt, du Gnadenvolle!" (Lk 1,28). „Vorherbestimmung" heißt ja „Vorbereitung der göttlichen Gnade"[44]. Vorherbestimmt, sage ich, *als Sohn Gottes in Kraft,* das heißt: daß er Kraft und Stärke aller sein sollte, die ihm durch den Glauben verbunden sind. *Nach dem Geiste der Heiligung.* An die beiden vorausgeschickten Aussagen knüpft er zwei andere an, wobei er gewissermaßen jeder einzelnen eine davon zuteilt: An jenes ja, was er zuerst gesagt hat: „Der ihm

---

[43] Gemeint: nach seiner menschlichen Natur.

[44] AUGUSTINUS, *praed. sanct.* 10,19 (PL 44,974f).

„Qui factus est ei ex semine David secundum carnem", istud subiungit: „secundum spiritum sanctificationis", hoc est: per operationem divinae gratiae, quae Spiritus Sanctus dicitur, mundantem prius et sanctificantem a peccato matrem eius, ut de semine peccatoris David sacrosanctam carnem assumeret. Ad illud vero aliud quod secundo praemiserat: „Qui praedestinatus est Filius Dei in virtute", istud adnectit: *ex resurrectione mortuorum Iesu Christi;* ac si diceret: Ex tunc factum est, ut esset virtus seu fortitudo omnium per fidem ei cohaerentium, ex quo eius resurrectio completa est, testificata per resurrectionem mortuorum eodem die factam, de quibus scriptum est, quia „venerunt in sanctam civitatem et apparuerunt multis." Tunc enim omnis infidelitatis dubitatio abscessit, quae de passione discipulis quoque acciderat, quorum quidam iam desperati dicebant: „Nos autem sperabamus, quod ipse esset redempturus Israel." Mortuos „Iesu Christi" dicit, id est ad hono|rem ipsius; qui ad hoc mortui fuerant, ut eum resur- | 57
rectionis suae testimonio glorificarent.

Possumus et resurrectionem spiritualem animae a vitiis accipere, de qua Simeon ait, quia „positus est hic in ruinam et resurrectionem multorum." Solus quippe est Christus, qui a morte animae liberare potest, „agnus" videlicet „Dei, qui tollit peccata mundi."

Notandum vero quod, ut ait beatus Augustinus in „Enchiridion", cum dicatur Christus natus ex Spiritu Sancto et Maria, non tamen ideo filius Spiritus Sancti dicitur sicut Mariae, cum videlicet non sit natus aut conceptus ex substantia Spiritus Sancti sicut ex substantia Mariae; sed potius per operationem Spiritus Sancti, id est divinae gratiae, ex-

---

45 *Iesu Christi* wird als Attribut zu *mortuorum* aufgefaßt.
46 AUGUSTINUS, *enchir.* 12,38 (CCL 46,70f).

geschaffen ist aus dem Geschlechte Davids dem Fleische nach" (Röm 1,3 Vg.), fügt er dies an: „nach dem Geiste der Heiligung", das heißt: durch das Wirken der göttlichen Gnade, die Heiliger Geist genannt wird; dieses reinigte und heiligte zuvor seine Mutter von der Sünde (vgl. Lk 1,35), damit er aus dem Geschlecht des Sünders David hochheiliges Fleisch annehme. An jenes andere aber, was er an zweiter Stelle vorausgeschickt hatte: „Der vorherbestimmt ist als Gottes Sohn in Kraft", knüpft er dies an: *seit*[45] *der Auferstehung der Toten Jesu Christi,* wie wenn er sagen wollte: Von da an ist geschehen, daß er die Kraft oder Stärke aller war, die ihm im Glauben verbunden sind, seit seine Auferstehung vollendet ist, bezeugt durch die Auferstehung der Toten am selben Tage. Von diesen steht geschrieben, daß sie „in die Heilige Stadt kamen und vielen erschienen" (Mt 27,53). Damals nämlich schwand jeder Zweifel des Unglaubens, der wegen des Leidens (*sc.* Jesu) auch die Jünger befallen hatte; von ihnen sagten einige schon aus Verzweiflung: „Wir aber hofften, daß er Israel erlösen werde" (Lk 24,21 Vg.). Die Toten nennt er Tote „Jesu Christi", das heißt Tote zu seiner Ehre. Sie waren dazu gestorben, ihn durch das Zeugnis ihrer Auferstehung zu verherrlichen.

Wir können auch die Auferstehung als die geistliche Auferstehung der Seele von den Lastern auffassen. Von ihr sagt Simeon, daß „dieser gesetzt ist zum Fall und zur Auferstehung vieler" (Lk 2,34 Vg.). Christus allein ist es ja, der vom seelischen Tode befreien kann, als „das Lamm Gottes" nämlich, „das der Welt Sünden trägt" (Joh 1,29).

Anzumerken ist aber, daß — wie der selige Augustinus im „Handbuch" sagt[46] — Christus, obwohl es heißt, er sei vom Heiligen Geist und Maria geboren, trotzdem deshalb nicht Sohn des Heiligen Geistes genannt wird wie Sohn Marias. Denn er ist ja nicht so aus der Substanz des Heiligen Geistes geboren oder empfangen wie aus der Substanz Marias; sondern eher durch ein Wirken des Heiligen Geistes, das heißt der göttlichen Gnade, ist seine einzigartige

cellens eius conceptio sive nativitas facta est, et ideo ex illo quoque natus, hoc est: conceptus per illum dicitur. Non enim omne quod ex aliquo nascitur filius eius dicitur ut capilli ex capite vel pediculi ex nobis nascentes. Ex aqua quoque et Spiritu denuo renascentes nequaquam filii aquae dicimur. Solent et filii dici eorum, a quibus non nascuntur, ut filii adoptivi, filii diaboli, filii gehennae vel filii per doctrinam. Si quis tamen Christum secundum hominem Filium Dei aut Spiritus Sancti dicat, eo quidem modo quo ceteros fideles per filialem ei timorem subiectos, non absurdum arbitror. Non tamen ideo plures habet patres, propter Deum scilicet Patrem et Spiritum Sanctum, cum praesertim nec ceteri electi plures patres ideo habeant propter personarum diversitatem. Neque enim ibi plures patres dicendum est sicut nec plures deos aut dominos, cum nulla sit ibi rerum diversitas aut numeri differentia.

Si vero quaeratur, utrum homo ille in Christo a Verbo assumptus sit adoptivus Dei Filius sicut ceteri electi, cum hoc quoque bonum per gratiam habeat, non puto concedendum. Qui enim adoptantur et sic filii efficiuntur, utique prius erant non eo modo filii quo facti sunt. At vero homo ille a Verbo assumptus omnino sine peccato et natus et conceptus | statim ex quo exstitit, Filius Dei per gratiam fuit. | 58
Nos vero alii, qui cum peccato nascimur et „filii irae“ dicimur, renati in baptismo per adoptionem esse incipimus, quod prius non eramus. Ille itaque, licet per gratiam secun-

[47] Wörtlich: geboren wird.

Empfängnis und Geburt geschehen, und deshalb heißt es, er sei auch aus jenem geboren, das heißt durch jenen empfangen worden. Denn nicht alles, was aus etwas hervorgeht[47], heißt sein Sohn, wie zum Beispiel die Haare, die aus dem Kopf, oder die Füße, die aus uns wachsen. Auch wenn wir aus Wasser und Geist neu geboren werden (vgl. Joh 3,5), heißen wir keineswegs Kinder des Wassers. Es ist auch üblich, die Kinder derer als Kinder zu bezeichnen, von denen sie nicht geboren werden, wie zum Beispiel Adoptivkinder, Kinder des Teufels, Kinder der Hölle oder auch Kinder durch die Lehre. Wenn jemand trotzdem Christus als Menschen Sohn Gottes oder des Heiligen Geistes nennen sollte – auf die gleiche Weise allerdings wie die übrigen Gläubigen, die ihm durch kindliche Furcht untertan sind –, so halte ich das nicht für abwegig. Trotzdem hat er deshalb nicht mehrere Väter – wegen Gottes als Vater nämlich und des Heiligen Geistes –, zumal ja auch die übrigen Erwählten deshalb – wegen der Verschiedenheit der Personen – nicht mehrere Väter haben. Denn auch dort darf man nicht von mehreren Vätern reden sowie auch nicht von mehreren Göttern oder Herren, da es dort keine Unterscheidung der Sachen oder numerische Differenz gibt.

Wenn aber gefragt wird, ob jener Mensch in Christus, der vom Wort angenommen worden ist, ein Adoptivsohn Gottes sei wie die übrigen Erwählten, da er auch dieses Gut aus Gnade habe, dann, glaube ich, darf man das nicht zugestehen. Die nämlich adoptiert und so zu Kindern werden, waren auf jeden Fall zuvor nicht auf dieselbe Weise Kinder, wie sie es geworden sind. Jener Mensch dagegen, der vom Wort angenommen worden ist, völlig ohne Sünde geboren und empfangen, ist sofort, seit er existiert hat, aus Gnade Sohn Gottes gewesen. Wir anderen aber, die wir in Sünde geboren werden und „Kinder des Zornes“ (Eph 2,3) heißen, beginnen – wenn wir in der Taufe wiedergeboren worden sind – durch die Adoption zu sein, was wir zuvor nicht waren. Mag jener daher auch nach seiner Menschheit

dum humanitatem Filius dicatur, non tamen per adoptionem hoc accepit, qui hoc ex quo fuit habuit. <Unde Hilarius, „De Trinitate“, libro XII: „Et nos quidem filii Deo, sed per facturam filii; fuimus enim aliquando ‚filii iracundiae‘ sed filii Dei per adoptionem effecti, et dici id meremur potius quam nascimur. Et quia omne quod fit antequam fiat non fuit, nos cum filii non fuissemus, ad id quod sumus efficimur. Ante enim filii non eramus, sed postquam meruimus hoc sumus. Sumus autem non nati sed facti, neque generati sed acquisiti. Acquisivit enim sibi Deus populum et per hoc genuit. Genuisse autem Deum filios numquam cum proprietatis significatione cognoscimus.“>

5. *Per quem accepimus gratiam et apostolatum.* Commendata Christi persona adnectit commendationem suae sive officii sui, cum se a tanto auctore mitti ad praedicandum perhibet, ut saltem ex auctoritate mittentis suscipi eius praedicatio debeat. „Gratiam et apostolatum“, hoc est: praedicandi officium gratis, non ex meritis suis, ei collatum, vel: primo „gratiam“ in conversione ipsius et remissione peccatorum seu collatione virtutum vel miraculorum aut quorumlibet donorum, et postea „apostolatum“, dum ad praedicandum missus est.

Possent Romani Apostolo dicere: Etsi ad apostolatum vocatus es, non tamen super gentes, vel si super gentes aliquas,

---

2–12 Unde ... cognoscimus *nur bei m*

---

[48] Hilarius von Poitiers, *trin.* 12,13 (CCL 62A, 588).

Sohn aus Gnade genannt werden, so hat er dies trotzdem nicht durch eine Adoption empfangen, der dies, seit er existierte, gehabt hat. <Daher sagt Hilarius, „Über die Dreifaltigkeit“ im 12. Buch: „Und wir sind zwar für Gott Kinder, doch durch sein Handeln Kinder. Wir sind nämlich einst ‚Kinder des Zornes‘ (Eph 2,3) gewesen, doch zu Kindern Gottes durch Adoption gemacht worden (vgl. Röm 8,15.23; Gal 4,5; Eph 1,5); und eher verdienen wir, so genannt zu werden, als daß wir so geboren werden. Und da ja alles, was entsteht, vor seiner Entstehung nicht gewesen ist, werden auch wir, da wir keine Kinder gewesen waren, zu dem gemacht, was wir sind. Zuvor nämlich waren wir keine Kinder, doch nachdem wir dies erworben haben, sind wir es. Wir sind aber nicht (*sc.* als Kinder) geboren, sondern dazu gemacht, und nicht gezeugt, sondern erworben. Es hat sich nämlich Gott ein Volk erworben (vgl. Tit 2,14) und hierdurch gezeugt. Daß Gott aber Kinder gezeugt habe, erfahren wir niemals im Zusammenhang mit der Bezeichnung seiner besonderen Eigenheit.“[48] >

5. *Durch welchen wir Gnade und Apostelamt empfangen haben.* Nachdem er die Person Christi empfohlen hat, knüpft er eine Empfehlung seiner eigenen Person oder seines Amtes an, indem er äußert, er werde von einem solch großen Auftraggeber zur Verkündigung geschickt, daß wenigstens aufgrund der Autorität des Sendenden seine Verkündigung angenommen werden müsse. „Gnade und Apostelamt“, das heißt das Amt der Verkündigung, das ihm umsonst, nicht aufgrund seiner Verdienste, übertragen ist, oder: zuerst „Gnade“ bei seiner eigenen Bekehrung und der Vergebung seiner Sünden oder der Übertragung der Tugenden oder Wunderkräfte oder was auch immer für Gaben, und später das „Apostelamt“, während er zum Verkündigen ausgesandt worden ist.

Die Römer könnten dem Apostel sagen: Auch wenn du zum Apostelamt berufen bist, so doch nicht zu dem über die Völker, oder wenn über irgendwelche Völker, so doch

non tamen super nos. Ideo subdit: *in omnibus gentibus,* hoc est: ut omnibus ubique praedicem gentilium nationibus. Gentes sive nationes dicuntur quasi tales quales genitae vel natae, hoc est: sine disciplina legis quasi pecudes viventes. Pagani autem a pago dicti sunt, id est nulla seu quacumque mansione extra civitatem, ut sint pagani quasi rustici et non urbani, qui nondum legibus civitatis ad recte aut honeste vivendum instructi sunt. <Est quippe civitas conventus | hominum ad iure vivendum.> (59) Qui ergo a civitate Dei penitus alieni erant nullis adhuc divinis legibus instructi, merito pagani sunt appellati; qui nunc se Saracenos magis quam Agarenos vocari volunt, quasi a Sara libera magis quam ab Agar ancilla nuncupari se gloriantes. *Ad oboediendum fidei,* hoc est: ad ea opere implenda, quae ante crediderint implenda. Primo quippe sciri oportet quae facienda sunt quam opere compleantur. *Pro nomine eius,* id est Dei sive Christi, ut videlicet ipse cognoscatur et sic ametur, secundum quod ipse Christus de se et Patre loquitur: „Ut cognoscant te solum et quem misisti Iesum Christum." Quaelibet res nomine suo significari et cognosci habet, ideoque nomen hic pro notitia ponitur. Cognosci autem vere tantum bonum non potest nisi et statim diligatur.

6. *In quibus estis et vos,* id est in quarum gentium vocatione et vos Romani iam estis. *Vocati Iesu Christi,* hoc est: ex glorioso eius nomine Christiani appellati.

7. *Omnibus qui sunt Romae.* Hucusque littera tota praemissa huius salutationis suspensiva est, quasi dicitur repe-

---

8–9 Est … vivendum *fehlt bei A*

---

[49] Im lateinischen Wortspiel: *gentes* (Völker) — *genitae* (gezeugt, hervorgebracht); *nationes* (Stämme) — *natae* (geboren).

[50] Lateinisches Wortspiel: *pagani* (Heiden) — *pagus* (Dorf, Gau).

[51] MARIUS VICTORINUS, *rhet.* 1,1 (158 HALM): *Est autem civitas collecta hominum multitudo ad iure vivendum.*

nicht über uns! Daher fügt er hinzu: *bei allen Völkern,* das heißt: damit ich überall allen Volksstämmen verkündige. Völker oder Stämme heißen sie gewissermaßen so, wie sie hervorgebracht oder geboren sind[49], das heißt ohne Zucht des Gesetzes sozusagen wie Vieh lebend. Die Heiden aber sind nach dem Dorf[50] benannt, das heißt, daß sie keine Bleibe oder nur eine außerhalb der Stadt haben, so daß die Heiden, die noch nicht durch Staatsgesetze zum rechten oder ehrenhaften Leben unterwiesen worden sind, sozusagen Bauern sind und keine Städter. <Ein Staat ist ja eine Zusammenkunft von Menschen zum Leben auf rechtlicher Grundlage.[51]> Die also dem Gottesstaat gänzlich fremd waren, noch durch keine göttlichen Gesetze unterwiesen, sind zu Recht Heiden genannt worden. Sie wollen sich jetzt lieber Sarazenen als Agarener nennen lassen, weil sie angeblich – wie sie sich rühmen – eher nach der freigeborenen Sara als nach der Magd (*sc.* Hagar) benannt werden (vgl. Gal 4,22–31). *Zum Glaubensgehorsam,* das heißt: dazu, das durch die Tat zu erfüllen, wovon sie schon vorher geglaubt haben, daß es erfüllt werden müsse. Zuerst muß man ja wissen, was man tun muß, ehe man es in die Tat umsetzt. *Um seines Namens willen,* das heißt Gottes oder Christi, damit er nämlich selbst erkannt und so geliebt wird gemäß dem, was Christus selbst über sich und den Vater sagt: „Damit sie dich allein erkennen und den, den du gesandt hast, Jesus Christus" (Joh 17,3 Vg.). Jede Sache hat es an sich, daß sie durch ihren Namen bezeichnet und erkannt wird, und daher steht Name hier für Kenntnis. Wahrhaft erkannt werden aber kann ein solch großes Gut nicht, ohne daß es auch sogleich geliebt wird.

6. *Unter denen auch ihr seid,* das heißt: Zur Berufung dieser Völker gehört auch ihr Römer schon. *Berufene Jesu Christi,* das heißt: nach seinem ruhmvollen Namen Christen genannt.

7. *Allen, die in Rom sind.* Bis zu diesem Punkt bleibt der ganze vorausgehende Text dieses Grußes in der Schwebe,

titis omnibus praemissis: „Paulus servus“, etc. mandat, subaudis hoc, „omnibus qui sunt Romae dilectis Dei, vocatis sanctis“: – hoc, inquam, mandat: „Gratia sit vobis et pax“, etc. *Dilectis Dei:* Ac si diceret: Non dico simpliciter „omnibus qui sunt Romae“, tam fidelibus scilicet quam infidelibus, tam electis quam reprobis, sed his tantum, qui per conversionem suam iam amicitiam cum Deo inierunt, subiecti iam ei more Christianorum, id est ex amore potius quam timore. Quibus quidem dictum illud convenit: „Iam non dicam vos servos“, et iterum: „Vos autem dixi amicos.“ Vel: „Dilectis Dei“, id est a Deo, qui eos prior dilexit, ut praeveniente gratia eius, non meritis eorum ipsos eligeret. *Vocatis sanctis,* hoc est: „vocatis“ per inspirationem internam seu praedicationis gratia ad hoc, ut sancti sint. Cum dicit eos vocatos a Deo esse potius quam eos | Deum invocasse, gratiam Dei exaggerat, quae nonnumquam invitis vel non petentibus beneficia praestat.

Sed cum haec salutatio ad omnes illos pertineat ad quos epistola dirigitur, quomodo dicit: „dilectis Dei“ vel „vocatis sanctis“, cum maxime ad eos vel propter eos corrigendos epistola sit directa, qui superba contentione, ut dictum est, se ad alterutrum praeponere volebant? Quippe qui superbe agunt, quomodo dilecti Dei dicuntur? Numquid propter eorum benevolentiam captandam mentiri aut falsum scribere aliquid Apostolum oportuerit? Sed profecto ad omnes quidem haec salutatio pertinet, licet non omnes adhuc sint dilecti Dei, ut cum videlicet eos tantum salutet qui sunt dilecti Dei, eos tantum salutatione dignos iudicet, alios ad

wie wenn – nach Wiederholung alles Vorangehenden – gesagt wird: „Paulus, Knecht ...“ (Röm 1, 1), überbringt – ergänze dies: – „allen Geliebten Gottes, berufenen Heiligen, die in Rom sind“ –: überbringt diese Botschaft, sage ich: „Gnade sei euch und Friede ...“ *Den Geliebten Gottes:* Wie wenn er sagen wollte: Ich sage nicht einfach „allen, die in Rom sind“, nämlich ebenso Gläubigen wie Ungläubigen, ebenso Erwählten wie Verworfenen, sondern nur denen, die durch ihre Bekehrung schon Freundschaft mit Gott geschlossen haben, ihm schon nach Art der Christen untertan sind, das heißt eher aus Liebe als aus Furcht. Auf sie trifft ja jener Ausspruch zu: „Ich werde euch nicht mehr Knechte nennen“ (Joh 15, 15), und wiederum: „Euch aber habe ich Freunde genannt“ (Joh 15, 15). Oder: „Den Geliebten Gottes“, das heißt von Gott, der sie zuvor geliebt hat, um sie durch seine zuvorkommende Gnade, nicht aufgrund ihrer Verdienste, zu erwählen. *Den berufenen Heiligen,* das heißt: durch innere Eingebung oder die Gnade der Verkündigung dazu „Berufenen“, daß sie heilig sind. Dadurch daß er sagt, sie seien eher von Gott berufen, als daß sie selbst Gott angerufen hätten, hebt er die Gnade Gottes hervor, die manchmal Menschen gegen ihren Willen, oder ohne daß sie darum bitten, Wohltaten erweist.

Aber da dieser Gruß sich auf alle jene erstreckt, an die der Brief gerichtet ist, wieso sagt er da: „den Geliebten Gottes“ oder „den berufenen Heiligen“, wo doch der Brief insbesondere an die Personen oder auch wegen ihrer Zurechtweisung geschickt worden ist, die in überheblichem Streit, wie gesagt wurde, sich gegenseitig voreinander hervortun wollten? Wieso werden diejenigen die Geliebten Gottes genannt, die ja hochmütig handeln? Hätte der Apostel wohl, um ihr Wohlwollen zu erlangen, lügen oder etwas Falsches schreiben sollen? Doch tatsächlich erstreckt sich dieser Gruß ja auf alle, mögen auch nicht alle bis dahin schon Geliebte Gottes sein. Dadurch daß er freilich nur die grüßt, die Geliebte Gottes sind, nur sie eines Grußes für würdig hält,

imitationem ipsorum invitet, ut et ipsi scilicet dilecti Dei esse nitantur. Convenienter etiam, etsi nulli ibi essent Dei dilecti, dicere eos dilectos Dei potuit, iuxta eorum opinionem quidem, qui hoc de se profitebantur, sicut etiam nonnulli ironice quandocumque loquuntur. Non enim „mendacium“ beato attestante Augustino dicitur nisi „falsa significatio cum voluntate decipiendi.“ Hic vero Apostolus non decipere sed admonere intendit.

Gratia vobis et pax. Gratiam dicit donum gratuitum, id est non ex meritis praecedentibus collatum. „Gratia et pax“, id est donum pacis qua ipsi, qui contendunt superbe, invicem et cum ipso Deo reconcilientur. „Qui enim proximum quem videt non diligit, Deum quem non videt quomodo potest diligere?“ *A Deo Patre nostro et Domino Iesu Christo.* Donum Dei, quod gratiam dicit, Spiritus Sanctus dicitur. Unde et cum septiformem Spiritum dicimus vel septem spiritus Dei nominamus, septem divinae gratiae dona demonstramus. Recte ergo donum Dei, quod Spiritus Sanctus dicitur, a Patre et Filio simul dari postulat, a quibus simul procedere Spiritus ipse habet. Sic construe: „A Deo Patre et Domino Iesu Christo“: Deo Patre „nostro“, dico, tam Domini scilicet Iesu | Christi Patre quam nostri. Hinc et ipse | 61 Filius Deum Patrem tam suum quam nostrum appellat dicens: „Ascendo ad Patrem meum et Patrem vestrum“, illius quidem per naturam, nostri vero per adoptionem. Ex quo maxime gratiam Dei erga nos commendat, per quam fratres

---

[52] Augustinus, *de mend.* 4,5 (CSEL 41,419).

will er die anderen dazu einladen, ihnen nachzueifern, damit auch sie selbst sich nämlich bemühen, Geliebte Gottes zu sein. Passend hätte er sie sogar, selbst wenn es dort überhaupt keine Geliebten Gottes gäbe, Geliebte Gottes nennen können — nach deren Meinung jedenfalls, die dies von sich behaupteten —, so wie auch einige Leute irgendwann einmal ironisch sprechen. Denn nach dem Zeugnis des seligen Augustinus wird „Lüge" nur „eine falsche Bezeichnung mit dem Vorsatz zur Täuschung" genannt.[52] Hier aber beabsichtigt der Apostel nicht zu täuschen, sondern zu ermahnen.

Gnade sei euch und Friede. Gnade nennt er eine unverdiente, das heißt nicht aufgrund von vorausgehenden Verdiensten geschenkte Gabe. Gnade und Friede, das heißt die Gabe des Friedens, durch den die, die überheblich streiten, untereinander und mit Gott selbst versöhnt werden sollen. „Denn wie könnte der, der den Nächsten nicht liebt, den er sieht, Gott wohl lieben, den er nicht sieht?" (1 Joh 4,20 Vg.). *Von Gott, unserem Vater, und dem Herrn Jesus Christus.* Die Gabe Gottes, die er Gnade nennt, wird als der Heilige Geist bezeichnet. Daher weisen wir auch, wenn wir den Geist als siebenförmig bezeichnen oder von sieben geistigen Wirkungen Gottes sprechen (vgl. Jes 11,2f), auf die sieben Gaben der göttlichen Gnade hin. Richtig verlangt er also, daß die Gabe Gottes, die Heiliger Geist genannt wird, vom Vater und vom Sohn zugleich gegeben wird, von denen der Geist selbst in gleicher Weise seinen Ausgang hat. Konstruiere folgendermaßen: „Von Gott dem Vater und dem Herrn Jesus Christus": Von Gott, „unserem" Vater, sage ich, ebenso vom Vater des Herrn Jesus Christus nämlich wie unserem. Daher nennt auch der Sohn selbst Gott Vater ebenso seinen Vater wie den unseren, wenn er sagt: „Ich steige empor zu meinem Vater und eurem Vater" (Joh 20,17); seinem Vater freilich von Natur aus, unserem aber durch Adoption. Hierdurch empfiehlt er besonders die Gnade Gottes uns gegenüber, durch die wir zu Brüdern

efficimur et cohaeredes Domini Iesu Christi. Filii quidem dicimur, si per amorem ei magis quam per timorem subiicimur. Dominum Iesum dicit, quia ei assidua et perpetua debetur oboedientia sicut domino a servis, iuxta quod superius et se servum dixit.

8. § *Primum quidem.* Ne praemissa epistolae salutatio magis ex occasione et consuetudine scribendi epistolas quam ex affectu caritatis prolata videretur, quanta eos caritate amplectatur adnectit dicens se „primum“, id est maxime, pro conversione et fide Romanorum „Deo gratias“ agere, cum pro omnibus tamen conversis id faciendum sit. Oportebat etiam gratiam, quam in eos Apostolus habebat, prius eum ostendere, ut, cum eos graviter postmodum reprehenderet, ex amore id factum intelligerent et libentius eius correctionem vel admonitionem susciperent. Quasi ergo blandiendo more sollertis oratoris prius eos allicit, ut ad audiendum attentiores ac benevolos eos magis reddat. <*Gratias ago.*> Gratias alicui agere est pro beneficio ab eo gratis collato eum laudare, benedicere, glorificare. *Deo meo per Iesum Christum,* hoc est: qui mihi propitius factus est sicut et ceteris peccatoribus per Filium suum redemptorem ac mediatorem nostrum; vel: „gratias ago per Iesum Christum“, quia id factum esse de conversione Romanorum per Christum recognosco, non per nostram virtutem sive ceterorum hominum. Qui etiam in laudem Dei me idoneum ex me esse non recognosco, sed ex gratia Filii eius, cui deservio. De hoc, inquam, „gratias ago“.

Quia fides vestra annuntiatur, hoc est: divulgatur ad laudem Dei et ad exemplum conversionis aliorum *in* to-

---

6 Primum … § *vorangestellt bei A* || 17 Gratias ago *fehlt in den Hss*

und Miterben des Herrn Jesus Christus gemacht werden (vgl. Röm 8,17). Söhne heißen wir ja, wenn wir ihm mehr aus Liebe als aus Furcht untertan werden. Herrn nennt er Jesus, weil ihm beständiger und ewiger Gehorsam geschuldet wird wie einem Herrn von Knechten. Dementsprechend hat er weiter oben auch sich einen Knecht genannt (Röm 1,1).

8. *Zuerst jedenfalls.* Um den Anschein zu vermeiden, der vorausgeschickte Gruß des Briefes sei eher aus dem gewöhnlichen Anlaß des Briefschreibens als aus dem Gefühl der Liebe hervorgegangen, fügt er an, mit welch großer Liebe er sie umfange, indem er sagt, er „danke Gott zuerst“, das heißt ganz besonders, für die Bekehrung und den Glauben der Römer, wo dies doch für alle Bekehrten geschehen müßte. Es war auch nötig, daß der Apostel zuvor die Dankbarkeit zeigte, die er ihnen gegenüber hatte, damit sie, wenn er sie später hart tadelte, einsähen, daß es aus Liebe geschehen sei, und bereitwilliger seine Zurechtweisung oder Ermahnung annähmen. Gewissermaßen durch Schmeicheln also, nach Art eines geübten Redners, lockt er sie zunächst an, um sie zum Hören aufmerksamer und geneigter zu machen. <*Danke ich.*> Jemand Dank abzustatten, bedeutet, ihn für eine von ihm umsonst erwiesene Wohltat zu loben, zu preisen, zu rühmen. *Meinem Gott durch Jesus Christus,* das heißt: der mir gnädig gemacht worden ist — wie auch den übrigen Sündern — durch seinen Sohn, unseren Erlöser und Mittler. Oder: „Ich danke durch Jesus Christus“, weil ich ja erkenne, daß das, was die Bekehrung der Römer betrifft, durch Christus geschehen ist, nicht durch unsere Kraft oder die der übrigen Menschen. Ich stelle auch nicht fest, daß ich zum Lobe Gottes von mir aus geeignet bin, sondern durch die Gnade seines Sohnes, dem ich diene. Hierfür, sage ich, „danke ich“.

Weil euer Glaube bekannt gemacht wird, das heißt: verbreitet wird zum Lobe Gottes und als Beispiel für die Bekehrung anderer, *in* der ganzen *Welt,* das heißt überall

to *mundo,* id est ubique terrarum vel in maxima parte
earum. Quo enim magis notus erat Romanus populus quasi
caput totius mundi, magis ubique innotescebant, quae apud
Romanos fiebant; et quo superiores erant, magis exemplo
sui ceteros ad conversionem invitabant. Unde Quintilia-
nus, „De caeco“: „Quo“, inquit, „ad altiorem quisque ho-
noris gradum extenditur, | magis in exemplum spectantibus | 62
patet.“ Item: „Haec conditio superiorum est, ut, quidquid
faciunt, praecipere videantur.“

Ex his quidem et consimilibus Apostoli verbis, quibus dicit se gratias Deo agere per Iesum Christum, ecclesia, nisi fallor, in consuetudinem duxit, ut in celebrationibus missarum, cum Deo Patri gratiae referuntur, vel in ipsis orationum petitionibus semper adiungatur: „Per Dominum nostrum Iesum Christum“, vel simile aliquid, ac si omne quod agimus recognoscamus Deo Patri minime placiturum, nisi per ipsum mediatorem, qui nos ei reconciliavit, neque nos ab eo aliquod bonum adepturos, nisi per eumdem, qui nobis ipsum pacificavit.

9. *Testis enim.* Ostendit quasi a causa, quod pro gratia eis collata maxime Deo gratias agat, quia eos tanto affectu complectitur, ut in suis semper orationibus eorum memor sit, id est quotienscumque pro se orat, oret etiam, ut ad eos pervenire valeat, ut in ipsis quoque aliquem habeat fructum. Unde, inquit, *mihi* „testis“ *est Deus,* cui ipsam orationem facio et decipi non potest et qui solus intentionem discutere potest. Non dicit simpliciter *sine intermissione* sed „sine intermissione“ *in orationibus meis,* ut videlicet nulla eius oratio sine memoria eorum fiat. *Cui servio in spiritu meo,* hoc est: interiori homine, ex toto videlicet cordis affectu

---

53 Ps.-Quintilian, *decl.,* Miles Marianus 13 (54 Håkansson).

54 Ps.-Quintilian, *decl.,* Miles Marianus 15 (55 Håkansson).

55 *Intentio* ist der entscheidende Begriff in Abaelards Ethik; vgl. dazu oben Einleitung 39 Anm. 163 sowie 42 Anm. 179.

auf der Erde oder doch auf dem größten Teil von ihr. Je bekannter nämlich das römische Volk sozusagen als Haupt der ganzen Welt war, desto mehr wurde überall bekannt, was bei den Römern geschah; und je höhergestellt sie waren, desto mehr luden sie durch ihr Vorbild die übrigen zur Bekehrung ein. Daher sagt Quintilian, „Über den Blinden“: „Je mehr ein jeder zu einer höheren Ehrenstellung gelangt, desto mehr steht er für die Zuschauenden öffentlich als Vorbild da.“ [53] Ebenso: „Dies ist die Situation der Höhergestellten, daß sie, was auch immer sie tun, vorzuschreiben scheinen.“ [54]

Nach diesen und ähnlichen Worten des Apostels jedenfalls, mit denen er sagt, er danke Gott durch Jesus Christus, hat die Kirche, wenn ich nicht irre, den Brauch eingeführt, daß bei Meßfeiern, wenn Gott Vater gedankt wird, oder unmittelbar bei den einzelnen Fürbitten stets angefügt wird: „Durch unseren Herrn Jesus Christus“ oder etwas Ähnliches, als würden wir erkennen, daß alles, was wir tun, Gott Vater keineswegs gefallen wird außer durch den Mittler selbst, der uns mit ihm versöhnt hat (vgl. Röm 5,10f Vg.; 2Kor 5,18f), und daß auch wir von ihm nichts Gutes erlangen werden außer durch ebendenselben, der ihn mit uns versöhnt hat (vgl. Kol 1,20).

9. *Denn Zeuge.* Er zeigt gewissermaßen von der Ursache her, daß er für die ihnen erwiesene Gnade Gott aufs höchste dankt (vgl. Röm 1,8), weil er sie mit solcher Liebe umfängt, daß er in seinen Gebeten stets ihrer gedenkt, das heißt, daß er jedesmal, wenn er für sich betet, auch betet, daß er zu ihnen gelangen könne, um auch bei ihnen irgendeine Frucht zu haben (Röm 1,13 Vg.). Daher, sagt er, *ist mir Gott* „Zeuge“, an den ich gerade das Gebet richte und der nicht getäuscht werden kann und der allein die Absicht[55] untersuchen kann. Er sagt nicht einfach: *ohne Unterlaß,* sondern: „ohne Unterlaß“ *in meinen Gebeten,* so daß nämlich kein Gebet von ihm ohne ihre Erwähnung stattfindet. *Dem ich in meinem Geiste diene,* das heißt mit dem inneren Menschen, aus ganzer Liebe

sicut amicus, non ad oculum sicut servus, qui flagellari timet. *In Evangelio Filii eius,* hoc est: in praedicatione Evangelii, quod Dominus Iesus ipse nobis tradidit atque docuit.

10. *Obsecrans* etiam, *si quo modo,* sive per tranquillitatem, sive per tribulationem, sive terra, sive mari ad vos corpore etiam perveniam. *Prosperum iter* dicit secundum Dei voluntatem, non suam, qui quaelibet sanctorum pericula cooperatur eis in bonum et melius eis providet quam ipsi sibi providere queant, cum in omnibus decantat quisque religiosus: „Fiat voluntas tua", non scilicet mea.

11. *Desidero enim.* Causa est, cur oret venire ad eos, ut videlicet sua praedicatione aliquod spirituale donum eis impendat confirmando eos suis adhortationibus in ipsa doctri|na, quam acceperant. Quod videlicet confirmare eos | 63
dicit esse se ipsum „simul consolari" in eis, sicut et ipsi consolarentur in eo, hoc est: Dicit hoc commune fore solatium tam sibi, qui instrueret, quam illis, qui instruerentur: illis quidem, quia confirmarentur per eius rationes, si in aliquibus dubitarent ac titubarent, ei vero, qui illis confirmatis securior esset de perseverantia eorum. Hoc est illud commune solatium, quod in ipso „Hypotheticorum syllogismorum" exordio inter docentes et discentes Boethius commemorat dicens: „Cum in omnibus philosophiae disciplinis ediscendis atque tractandis summum in vita solatium positum esse existimem", etc. *Spiritualis gratiae,* id est alicuius spiritualis, non corporalis doni gratis ab Apostolo impensi, non spe temporalis lucri.

---

[56] Boethius, *syll. hyp.* 1 (PL 64, 831A).
[57] Wörtlich: zeitlichen.

des Herzens nämlich wie ein Freund, nicht nur dem Anschein nach wie ein Knecht, der geschlagen zu werden fürchtet. *Im Evangelium seines Sohnes,* das heißt: bei der Verkündigung des Evangeliums, das der Herr Jesus selbst uns übergeben und gelehrt hat.

10. *Ich bitte* auch, *ob ich irgendwie,* sei es in Ruhe, sei es in Bedrängnis, sei es zu Lande, sei es zu Wasser, auch persönlich zu euch gelangen kann. *Glückliche Reise,* sagt er, nach dem Willen Gottes, nicht dem seinen: Dieser läßt alle möglichen Gefahren der Heiligen für sie zum Guten ausgehen (vgl. Röm 8,28) und trifft besser für sie Vorsorge, als sie selbst für sich vorsorgen können, wenn bei allen Dingen jeder Fromme immer wieder sagt: „Dein Wille geschehe"(Mt 6,10), nicht freilich der meine!

11. *Denn ich sehne mich.* Der Grund, weshalb er darum betet, zu ihnen zu kommen, ist: um nämlich mit seiner Verkündigung ihnen dadurch irgendeine geistliche Gabe zu bringen, daß er sie mit seinen Ermahnungen in gerade der Lehre bestärkt, die sie angenommen hatten. Diese ihre Stärkung bedeutet ja, wie er sagt, sich selbst „zugleich bei ihnen zu trösten" (Röm 1,12), so wie auch sie sich bei ihm trösten sollten. Das heißt: Er sagt, daß dieser Trost gemeinsam sein werde, ebenso für ihn, der lehre, wie für jene, die belehrt würden; jenen ja, weil sie durch seine Argumente gestärkt würden, wenn sie bei irgendwelchen Dingen Zweifel hätten und schwankend seien, ihm aber, da er ja nach ihrer Stärkung überzeugter von ihrer Beständigkeit sei. Dies ist jener gemeinsame Trost zwischen Lehrenden und Lernenden, den Boethius unmittelbar zu Beginn der „Hypothetischen Syllogismen" mit folgenden Worten erwähnt: „Da ich glaube, daß der größte Trost im Leben auf dem Lernen und Behandeln aller philosophischen Disziplinen beruht ..."[56] *Geistiger Gnadengabe,* das heißt irgendeiner geistigen, nicht körperlichen Gabe, die umsonst vom Apostel erteilt ist, nicht wegen der Aussicht auf irdischen[57] Gewinn.

12. *Per eam fidem,* quam iam habetis mecum communem, hoc est: ad confirmandos vos in ea fide, quae iam vobis praedicata est, non in alia nova. *Quae est invicem,* hoc est: quam inter nos habemus communem vel quae omnium communis est fidelium. Unde et catholica dicitur, id est universalis, non privata aut particularis sicut haereticorum, quae in aliquo esse potest terrarum angulo, non ubique dilatatur. Cum subdit: *vestram atque meam,* ostendit fidem suam, quae omnium est fidelium, tam ipsorum Romanorum quam Apostoli esse. Potest etiam dici tunc esse fides „invicem", quando ipsos fideles vicaria caritate ad invicem constringit. Haec est enim vera illa „fides quae", sicut ipsemet dicit, „per dilectionem operatur."

13. *Nolo autem.* Ne parum videatur desiderium Apostoli veniendi ad eos, nisi id facere iam aggressus esset, dicit se iam id saepius ipso paratu aggressum esse, sed adhuc permissus non est id complere occulta Dei dispensatione ita disponente. *Venire,* inquam, *ad vos* propter hoc, *ut aliquem fructum,* hoc est: aliquam utilitatem vobis conferam. Fructus quippe arboris non ferenti sed accipienti utilis est, et Apostolo bonae voluntatis desiderium sufficit, si effectus desit, nec quidquam de merito illius minuitur, si impeditur effectus.

14. *Graecis ac barbaris.* Ac si diceret: Et hoc quidem 64
oportet me velle, quia secundum praedicationis officium mihi iniunctum omnibus gentibus *debitor* a Deo constitutus *sum.* Praeter Graecos omnes ceteras gentes barbaras vocat tam a cultu unius Dei quam a lege Dei penitus alienas. Apud Graecos vero iam unius Dei fides per philo-

[58] Das heißt: ihnen gegenüber verpflichtet.

12. *Durch den Glauben,* den ihr schon mit mir gemeinsam habt, das heißt: um euch in dem Glauben zu stärken, der euch schon verkündigt worden ist, nicht in einem anderen, neuen. *Der gegenseitig ist,* das heißt: den wir unter uns gemeinsam haben oder der allen Gläubigen gemeinsam ist. Daher heißt er auch katholisch, das heißt allgemein, nicht privat oder besonders wie der der Häretiker, der in irgendeinem Winkel der Welt existieren kann, aber sich nicht überall ausbreitet. Dadurch, daß er anfügt: *den eurigen und den meinigen,* zeigt er, daß sein Glaube – der derjenige aller Gläubigen ist – ebenso der der Römer selbst ist wie der des Apostels. Man kann auch sagen, der Glaube sei dann „gegenseitig“, wenn er die Gläubigen selbst durch stellvertretende Liebe untereinander verbindet. Dies ist nämlich jener „wahre Glaube“, der – wie er selbst sagt – „durch Liebe tätig ist“ (Gal 5,6).

13. *Ich will aber nicht.* Damit das Verlangen des Apostels, zu ihnen zu kommen, nicht zu gering erscheine, wenn er nicht schon unternommen hätte, dies zu tun, sagt er, er habe sich schon häufiger durch direkte Vorbereitung dazu angeschickt. Aber bislang ist ihm nicht erlaubt worden, es zu erfüllen, da der verborgene Plan Gottes es so vorsah. *Zu euch zu kommen,* sage ich, deshalb, *um euch irgendeine Frucht,* das heißt irgendeinen Nutzen, zu bringen. Die Frucht eines Baumes ist ja nicht für den nützlich, der sie trägt, sondern für den, der sie bekommt, und dem Apostel genügt das Verlangen seines guten Willens, falls der Erfolg fehlen sollte, und es wird nichts an seinem Verdienst geschmälert, wenn der Erfolg verhindert wird.

14. *Griechen und Nichtgriechen.* Wie wenn er sagte: Und dies muß ich ja wollen, da ich ja – nach dem mir übertragenen Predigtamt – für alle Völker von Gott als *Schuldner*[58] eingesetzt *bin.* Abgesehen von den Griechen, nennt er alle übrigen Völker barbarisch, ebenso von der Verehrung eines einzigen Gottes wie vom Gesetze Gottes gänzlich entfernt. Bei den Griechen jedoch war schon der Glaube an einen

sophos innotuerat, et lex per Septuaginta translata interpretes nota erat. *Sapientibus et insipientibus,* hoc est: tam fidelibus iam per Christum Dei sapientiam illuminatis, sicut vos estis, quam infidelibus: illis quidem ut eos confirmem, istis vero ut ipsos convertam.

15. *Ita quod in me.* „Debitor sum", inquam, et voluntarius in solvendo quod debeo; et hoc est: „Ita debitor sum, quod in me" *promptum est evangelizare vobis,* id est quantum in me est iam pronus sum et voluntarius in solvendo, quod debeo ex iniuncto mihi officio, ad praedicandum scilicet vobis, sicut et ceteris gentibus praedicavi. Licet enim iam conversi essent ad fidem, in multis tamen eis adhuc praedicatione vel exhortatione opus erat. – Potest etiam quantum ad ceteros Romanos id accipi, qui nondum conversi fuerant. Unde et generaliter dicit vobis *qui Romae estis,* non qui conversi estis.

16. *Non enim.* Ideo „promptum est in me", quia non *erubesco* praedicare *Evangelium,* licet in eo quaedam erubescentia digna videantur, quae videlicet iuxta infirmitatem assumptae humanitatis de Domino Iesu praedicantur. Aliter: „Non erubesco Evangelium", id est de praedicatione Evangelii, id est confutari non possum sicut illi qui in rationibus reddendis deficiunt. *Virtus enim.* Ac si diceret: „Ideo in me promptum est evangelizare", vel: „Non erubesco Evangelium" propter infirmitatem assumptae humanitatis, quia Evangelium omni credenti et suscipienti illud *est virtus Dei in salutem,* hoc est: collata a Deo nobis ad salvandum

---

[59] Nämlich die Septuaginta, die griechische Übersetzung des Alten Testaments.

einzigen Gott durch Philosophen bekannt geworden, und das durch die 70 Übersetzer übertragene Gesetz[59] war bekannt. *Weisen und Ungelehrten,* das heißt: ebenso Gläubigen, die schon durch Christus, Gottes Weisheit, erleuchtet sind – so wie ihr es seid –, wie Ungläubigen: Jenen (*sc.* bin ich) ja (*sc.* Schuldner), um sie zu stärken, diesen aber, um sie zu bekehren.

15. *So viel an mir liegt.* „Ich bin Schuldner", sage ich, und willig beim Bezahlen dessen, was ich schulde; und dies bedeutet: „Ich bin insofern Schuldner, als ich" *bereit bin, euch das Evangelium zu verkündigen,* das heißt, soweit es an mir liegt, bin ich schon geneigt und willig beim Bezahlen dessen, was ich aufgrund des mir übertragenen Amtes schuldig bin: euch nämlich zu verkündigen, so wie ich auch den übrigen Völkern verkündigt habe. Mochten sie nämlich auch schon zum Glauben bekehrt sein, so benötigten sie doch noch in vielen Dingen eine Verkündigung oder Ermahnung. – Man kann es auch hinsichtlich der übrigen Römer verstehen, die noch nicht bekehrt worden waren. Daher sagt er auch allgemein: Euch, *die ihr zu Rom seid,* nicht: die ihr bekehrt seid.

16. *Denn nicht.* Deshalb „besteht in mir die Bereitschaft", weil ich mich nicht *schäme, das Evangelium* zu verkündigen, mögen auch darin gewisse Dinge schämenswert erscheinen: die nämlich nach der Schwachheit der angenommenen Menschheit über den Herrn Jesus verkündigt werden. Anders: „Ich schäme mich des Evangeliums nicht", das heißt wegen der Verkündigung des Evangeliums, das heißt: Ich kann nicht widerlegt werden wie jene, die beim Angeben von Gründen versagen. *Denn eine Kraft.* Wie wenn er sagen wollte: „Deshalb besteht in mir die Bereitschaft, das Evangelium zu verkündigen", oder „schäme ich mich des Evangeliums nicht" wegen der Schwachheit der angenommenen Menschheit: weil das Evangelium für jeden, der es glaubt und annimmt, *eine Gotteskraft zum Heile ist,* das heißt: die uns von Gott zu unserer Rettung gebracht ist als

nos tamquam virtus, per quam quisque proficit. „Evangelium“, id est bonum nuntium, per excellentiam Novum Testamentum dicitur, non solum, ut superius insinuavimus, quia completum docet, quod in Veteri Testamento erat promissum, verum etiam quia eius | perfecta potius et vere prorsus | 6
iustitiae sufficiens doctrina est, cum lex vetus, ut ipse Apostolus ait, ad perfectionem nihil adduxerit opera magis quam intentionem corrigens. *Iudaeo primum* tempore, *et* postmodum *Graeco.* „Primum“ enim apostoli ex Iudaeis conversi sunt, per quos inde ad Graecos praedicatio Evangelii descendit, tandem ad Latinos. Unde etiam illud, quod dictum est „primum“, respectu Romanorum sive ceterarum gentium ad Iudaeos simul et Graecos referri potest; vel primum, id est maxime, dicamus, quod in tempore apostoli Pauli de aliis populis iam conversi essent.

17. *Iustitia enim Dei:* vere „in salutem“, quia ibi totius salutis doctrina continetur, ubi videlicet „iustitia Dei“ – hoc est: iusta eius remuneratio, sive in electis ad gloriam sive in impiis ad poenam – liquide et perfecte continetur et traditur. Et hoc, cum *in eo*, scilicet Evangelio, *revelatur,* hoc est: in eius praedicatione docetur, „iustitia Dei“, hoc est: iusta eius in quibuscumque remuneratio tam electis, ut dictum est, quam reprobis. „Revelatur“, inquam, *ex fide in fidem,* hoc est: „ex fide“ poenarum dirigente nos „in fidem“ praemiorum. Consequens est enim quasi a contrariis, ut, dum noverimus quae poenam apud Deum mereantur, subintelligamus et quae praemium assequantur, quia necesse est eum, qui mala oderit, bona diligere, sicut scriptum est:

eine Kraft, durch die jeder Fortschritte macht. „Evangelium", das heißt gute Botschaft, heißt vorzugsweise das Neue Testament, nicht nur, wie wir weiter oben mitgeteilt haben, weil es das als erfüllt lehrt, was im Alten Testament verheißen war, sondern auch weil seine Lehre vollkommener und ganz und gar für die Gerechtigkeit ausreichend ist, während das alte Gesetz, wie der Apostel selbst sagt, nichts zur Vollendung beigetragen hat (vgl. Hebr 7,19), da es die Werke mehr als die Absicht zurechtwies. *Für den Juden zuerst* der Zeit nach *und* danach *auch für den Griechen.* Denn „zuerst" sind Apostel aus den Juden bekehrt worden; durch sie ist dann die Verkündigung des Evangeliums zu den Griechen gekommen, schließlich zu den Lateinern. Daher kann auch die Ausdrucksweise, daß es heißt: „zuerst", im Hinblick auf die Römer oder die übrigen Völker zugleich auf die Juden und die Griechen bezogen werden. Oder: Zuerst, das heißt besonders, wollen wir sie nennen, weil es zur Zeit des Apostels Paulus schon Bekehrte aus anderen Völkern gab.

17. *Denn die Gerechtigkeit Gottes:* Wahrhaftig „zum Heil"; denn dort ist die Lehre des ganzen Heils enthalten, wo nämlich die „Gerechtigkeit Gottes" — das heißt: seine gerechte Vergeltung, sei es bei den Erwählten zum Ruhm, sei es bei den Gottlosen zur Strafe — klar und vollkommen enthalten ist und überliefert wird. Und dies dadurch, daß *sich in ihm*, nämlich dem Evangelium, *offenbart,* das heißt: daß bei seiner Verkündigung gelehrt wird, die „Gerechtigkeit Gottes", das heißt seine gerechte Vergeltung bei allen Menschen, ebenso bei den Erwählten, wie gesagt wurde, wie bei den Verworfenen. Sie „offenbart sich", sage ich, *aus dem Glauben zum Glauben,* das heißt dadurch, daß sie uns „aus dem Glauben" an Strafen „zum Glauben" an Belohnungen leitet. Als Folgerung ergibt sich nämlich — gewissermaßen als Schluß vom Gegenteil her —, daß wir, wenn wir nur wissen, was bei Gott Strafe verdient, auch zugleich mitverstehen, was eine Belohnung erhält; denn notwendigerweise liebt der, der das Böse haßt, das Gute, wie geschrieben steht:

„Dilexisti iustitiam et odisti iniquitatem.“ Maxime autem haec in Evangelio revelari et distingui arbitror, ubi Dominus cuncta, quae fiunt, secundum radicem intentionis examinat dicens: „Si oculus tuus fuerit simplex, totum corpus tuum lucidum erit. Si oculus tuus fuerit tenebrosus, totum corpus tuum tenebrosum erit.“ Et hoc quidem est examen verae iustitiae, ubi cuncta, quae fiunt, secundum intentionem pensantur magis quam secundum operum qualitatem. Quae quidem opera Iudaei magis quam intentionem attendebant, cum nunc Christiani naturali suscitata iustitia non tam attendant, quae fiunt, quam quo animo fiant. Habemus etiam ibi in Evangelio manifeste utramque retributionem, ubi dicitur a | Domino: „Ite maledicti“ et: „Venite benedicti“; | 66 iuxta quod alibi ait: „Eadem quippe mensura“, etc. Cum dicitur „ex fide“ puniendorum „in fidem“ glorificandorum, ordinem diei iudicii tenemus, ubi impiis punitis coronabuntur electi.

Sicut scriptum est, in Habacuc scilicet propheta: *Iustus ex fide vivit,* hoc est: secundum quam revelationem factam, de his videlicet quae credenda sunt tam de poenis impiorum quam de praemiis iustorum, quilibet electus in sua perseverat iustitia, dum haec videlicet cavet, quae punienda credit, et contraria, quae placitura Deo credit, appetit.

18. Ut animi terrorem superbis incutiat Romanis, illam partem hic divinae iustitiae prosequitur, qua punitur, dicens: *Revelatur enim.*

„Du hast die Gerechtigkeit geliebt und haßt die Ungerechtigkeit" (Ps 45,8: Vg. Ps 44,8). Besonders aber, glaube ich, wird dies im Evangelium offenbart und unterschieden, wo der Herr alles, was geschieht, nach der innersten Absicht prüft, indem er sagt: „Wenn dein Auge lauter ist, wird dein ganzer Körper hell sein. Wenn dein Auge verfinstert ist, wird dein ganzer Körper dunkel sein" (Mt 6,22 f Vg.). Und dies ist jedenfalls die Prüfung der wahren Gerechtigkeit, wo alles, was geschieht, mehr nach der Absicht beurteilt wird als nach der Beschaffenheit der Werke. Diese Werke beachteten ja die Juden mehr als die Absicht, während jetzt die Christen, nachdem die natürliche Gerechtigkeit erweckt ist, nicht so auf das achten, was geschieht, als vielmehr darauf, mit welcher Gesinnung es geschieht. Wir haben auch dort im Evangelium offenkundig beide Arten von Vergeltung, wo vom Herrn gesagt wird: „Geht, Verwünschte!" und „Kommt, Gesegnete!" (Mt 25,41.34). Dementsprechend sagt er anderswo: „Dasselbe Maß ja ..." (vgl. Mt 7,2). Wenn es heißt: „Aus dem Glauben" solcher, die zu bestrafen sind, „zum Glauben" solcher, die verherrlicht werden sollen, haben wir die Reihenfolge des Gerichtstages, wo nach der Bestrafung der Gottlosen die Erwählten gekrönt werden.

Wie geschrieben steht, beim Propheten Habakuk nämlich: *Der Gerechte lebt aus dem Glauben* (Hab 2,4 Vg.), das heißt: Dieser erfolgten Offenbarung gemäß — über das nämlich, was ebenso von den Strafen der Gottlosen wie von den Belohnungen der Gerechten zu glauben ist — verharrt ein jeder Erwählter in seiner Gerechtigkeit, während er sich nämlich vor dem hütet, was, wie er glaubt, bestraft werden muß, und das Gegenteil erstrebt, was, wie er glaubt, Gott gefallen wird.

18. Um den überheblichen Römern innerlich Schrecken einzujagen, geht er hier dem Teil der göttlichen Gerechtigkeit nach, durch den gestraft wird, indem er sagt: *Denn es offenbart sich.*

<§ *Prima invectio in Iudaeos et in gentiles*>

§ Quod dixit iustitiam Dei revelari „ex fide“, scilicet iniustorum, ut diximus, puniendorum, nunc manifeste determinat dicens quia ibi, id est in Evangelio, manifestatur *ira Dei,* id est iusta eius vindicta super iniquos. „Dei“ *de caelo* dicit ad differentiam falsorum deorum sive vicariorum Dei in ecclesia, quibus dicitur: „Ego dixi: dii estis.“ Vel: „revelatur de caelo“, hoc est: ex ruina superbientium angelorum de caelo facta, ab aeterna scilicet beatitudine irrecuperabiliter alienatorum. Si enim tam pretiosas creaturas tam cito tanta poena irrecuperabiliter damnare sustinuit, quid de hominibus sperandum est tot peccatis eum offendentibus?

<Aliter: De vindicta illa praevaricationis angelicae patenter ostenditur, unde ad damnandum irascatur, de perversa scilicet voluntate prius quam de opere. Non enim diabolus hoc quod superbiendo voluit, dicens apud se: „Ponam sedem meam“, etc., opere complevit. Unde nequaquam eum effectus operis, qui subsecutus est, sed voluntas damnavit. Sic et Simon Magus donum miraculorum concupiscendo, quod non obtinuit, non ex opere sed ex infidelitate, quod venalem scilicet Spiritum Sanctum credidit, damnatus est, sicut et ei Petrus ait: „Quia existimasti“, etc.>

---

1 § Prima … gentiles *O*^{mg} || 2 Quod … § *vorangestellt bei* O || 13–22 Aliter … etc. *nur bei m*

<*Erster Angriff: auf Juden und Heiden*>

Daß er gesagt hat, die Gerechtigkeit Gottes offenbare sich „aus Glauben“, nämlich – wie wir gesagt haben – darin, daß die Ungerechten bestraft werden müssen, bestimmt er jetzt ganz offenkundig näher, indem er sagt, daß dort, das heißt im Evangelium, *der Zorn Gottes,* das heißt seine gerechte Strafe über die Ungerechten, deutlich gemacht wird. „Gottes“ *vom Himmel* sagt er zur Abgrenzung von falschen Göttern oder Stellvertretern Gottes in der Kirche, denen gesagt wird: „Ich habe gesagt: Ihr seid Götter“ (Ps 82,6: Vg. Ps 81,6). Oder: „Er wird offenbart vom Himmel her“, das heißt aus dem Fall der überheblichen Engel, der vom Himmel herab erfolgt ist, als sie nämlich unwiderruflich aus der ewigen Glückseligkeit verstoßen worden sind. Wenn er es nämlich ertragen hat, solch kostbare Geschöpfe so schnell mit einer solch großen Strafe unwiderruflich zu bestrafen, was soll man dann bezüglich der Menschen erhoffen, die ihn mit so vielen Sünden beleidigen?

<Anders: Betreffs jener Strafe für die Übertretung der Engel wird offensichtlich gezeigt, wieso er bis zur Verdammung zürnt: über den verkehrten Willen nämlich eher als über die Tat. Denn der Teufel hat das nicht durch die Tat zustande gebracht, was er in seiner Überheblichkeit wollte, als er bei sich sagte: „Ich will meinen Thron aufstellen ...“ (Jes 14,13).[60] Daher hat ihn keineswegs die Ausführung seiner Tat, die gefolgt ist, sondern sein Wille verdammt. So ist auch Simon der Magier, als er die Gabe der Wunder begehrte, die er nicht erhalten hat, nicht aufgrund der Tat, sondern aufgrund seines Unglaubens – weil er nämlich den Heiligen Geist für käuflich gehalten hat – verdammt worden, wie ihm auch Petrus sagt: „Weil du geglaubt hast ...“ (Apg 8,20)>.

---

60 Vulgata: *exaltabo solium meum*, ausgesagt vom König von Babylon, doch bereits von EUSEBIUS VON CÄSAREA, *d. e.* 4,10,13 (GCS 23,166f), auf den Teufel gedeutet.

67 *Impietatem* quantum ad maiorem transgressionem Iudaeorum, qui lege etiam scripta instructi erant; *iniustitiam* quantum ad transgressionem gentilium qui sola naturali lege utebantur. *Super omnem* „impietatem“, id est ad puniendum esse, etc. Et bene „superesse“ dicitur, quasi praevalere in illis, qui se ab eo tamquam superiori defendere nullatenus valent. *Veritatem Dei in iniustitia detinent,* hoc est: Quod de vero Deo sentiunt, fructificare non permittunt iniusta desideria sua sectantes et voluntatem suam divinae voluntati praeponentes.

19. *Quia quod notum est Dei.* Nota quoniam Apostolus in hac epistola, sicut supra meminimus, ad reprimendam tam Iudaeorum quam gentium superbe contendentium elationem alternatim in utrosque, modo in gentiles, modo in Iudaeos, modo in utrosque simul invehitur. In utrosque autem pariter iam quamdam praemisit invectionem, cum ait „super omnem impietatem et iniustitiam“ Deum ad ultionem praeparatum. Nunc maxime ac specialiter in gentiles invehitur, qui iuxta rationes suas minus reprehensibiles videbantur ac paene excusabiles, quod Deo vero non servierant, quem sine lege scripta, ut aiebant, cognoscere non valebant. Quam quidem excusationem manifeste retundit ostendens etiam sine scripto a gentibus per naturalem legem Deum antea notum fuisse ipso eis de se ipso per rationem, quam dederat, hoc est: legem naturalem, ac per visibilia sua opera notitiam conferente. Et hoc est quod ait: <„Quod notum est“>, tamquam si diceret: Dixi eos detinere quod de Deo vero sentiunt.

---

27 Quod notum est *nur bei m*

---

[61] Die Präposition *super* wird von Abaelard als *superesse* so interpretiert, daß Gott allen überlegen sei; vgl. den COMMENTARIUS CANTABRIGIENSIS zur Stelle (1,21 LANDGRAF). Die *Abbreviatio* schreibt sogar (1,16 LANDGRAF): *In ‚super‘* (LANDGRAF: *Insuper*) *ostenditur prevalere illis, ut se ab eo tamquam superiore defendere nullatenus valebant.*

Gottlosigkeit, soweit es die größere Übertretung der Juden betrifft, die auch durch das geschriebene Gesetz unterwiesen waren; *Ungerechtigkeit,* soweit es die Übertretung der Heiden betrifft, die allein das Naturgesetz anwandten. *Jeder* „Gottlosigkeit“ *überlegen*[61], das heißt: überlegen zu sein, zu bestrafen … Und passend heißt es, er sei „überlegen“, wie wenn er bei jenen die Übermacht habe, die sich vor ihm als Höherem keineswegs verteidigen können. *Sie halten die Wahrheit Gottes in Ungerechtigkeit nieder,* das heißt: Sie lassen, was sie über den wahren Gott empfinden, nicht Frucht bringen, weil sie ihren ungerechten Begierden nachgehen und ihren Willen dem göttlichen Willen voranstellen.

19. *Weil das, was von Gott bekannt ist.* Merke an, daß der Apostel in diesem Brief, wie wir oben erwähnt haben[62], um ebenso der Juden wie der Heiden Hochmut zu unterdrücken, die überheblich stritten, abwechselnd beide, bald die Heiden, bald die Juden, bald beide zugleich angreift. Gegen beide zugleich hat er aber schon einen gewissen Angriff vorausgeschickt, wenn er sagt, „gegen alle Unfrömmigkeit und Ungerechtigkeit“ (Röm 1,18 Vg.) sei Gott zur Bestrafung bereit. Jetzt greift er besonders und speziell die Heiden an, die nach ihrer Argumentation weniger tadelnswert schienen und beinahe dafür entschuldbar, daß sie dem wahren Gott nicht gedient hatten, den sie ohne geschriebenes Gesetz, wie sie sagten, nicht zu erkennen vermochten. Diese Entschuldigung weist er allerdings deutlich zurück, indem er zeigt, daß auch ohne Schrift durch das natürliche Gesetz Gott von den Heiden schon zuvor erkannt worden sei: Er selbst habe ihnen von sich durch die Vernunft, die er verliehen hatte – das heißt: durch das natürliche Gesetz – und durch seine sichtbaren Werke Kenntnis gegeben. Und dies bedeutet, daß er sagt: <„Was bekannt ist“>, wie wenn er sagen wollte: Ich habe gesagt, daß sie unterdrücken, was sie von dem wahren Gott wahrnehmen.

---

62 Im Prolog zur *intentio* des Römerbriefes, oben 68,16–18.

<Secunda invectio in gentiles>

Et bene dixi „quod sentiunt“: „Quia quod notum est Dei“, id est de natura divinitatis modo revelatum est mundo per legem scriptam, etiam sine scripto per naturalem rationem *manifestum* ante fuerat *in illis,* id est non tantum illis, verum etiam per illos aliis. Unde et multa de Trinitate testimonia aperta in phi|losophorum libris reperiuntur, qui | 68 gentium magistri erant; quae etiam sancti patres in nostrae fidei commendationem adversum gentilium impugnationem diligenter collegerunt. Quorum pleraque et nos etiam in „Theologiae“ nostrae opusculo contulimus. *Deus enim illis revelavit,* saltem per effecta suorum operum.

20. Et hoc est quod subdit: *Invisibilia enim,* etc. Totum hic mysterium Trinitatis distinguit, ut non solum unitatem Dei, verum etiam Trinitatem ex ipsis operibus perpendere possent, quemadmodum ex qualitate operis cuiuslibet, qualis et cuius sollertiae fuerit artifex eius coniicimus. Et attende diligenter dictum: „quod notum est Dei“, illis revelatum fuisse, hoc est: eos credidisse ea, quae nunc nos credimus de his, quae ad divinitatem quidem pertinent potius quam ad divinae incarnationis mysterium. Mysterium quippe incarnationis ex visibilibus Dei operibus nequaquam concipi humana poterat ratione, sicut potentia Dei et sapientia eius et benignitas ex his, quae videbant, liquide percipiebantur. In quibus quidem tribus totam Tri-

---

1 Secunda … gentiles $R^{mg}O^{mg}$

---

[63] Vgl. *Th. Sch.* 1,115–201 (CCM 13,363–405); *Th. Chr.* 1,61–136 (CCM

<Zweiter Angriff: auf die Heiden>

Und passend habe ich gesagt: „Was sie wahrnehmen"; „denn was von Gott bekannt ist", das heißt, was über die göttliche Natur der Welt durch das geschriebene Gesetz jetzt offenbart ist, war auch ohne Schrift durch die natürliche Vernunft zuvor *offenbar* gewesen *in ihnen*, das heißt nicht nur jenen, sondern auch durch jene anderen. Daher finden sich auch zahlreiche offenkundige Zeugnisse über die Dreifaltigkeit in Büchern von Philosophen, die Lehrer der Heiden waren. Diese Zeugnisse haben auch die heiligen Väter zur Empfehlung unseres Glaubens gegen den Angriff der Heiden sorgfältig gesammelt. Die meisten davon haben auch wir in dem kleinen Werk unserer „Theologia" zusammengetragen.[63] *Denn Gott hat es ihnen kundgegeben*, zumindest durch die Wirkungen seiner Werke.

20. Und dies bedeutet, was er anfügt: *Denn was an ihm unsichtbar ist* ... Hier entfaltet er das ganze Geheimnis der Dreifaltigkeit, so daß sie nicht nur die Einheit Gottes, sondern auch die Dreifaltigkeit unmittelbar aus den Werken heraus hätten wahrnehmen können, so wie wir aus der Beschaffenheit eines jeden beliebigen Werkes schließen, welcher Art und von welcher Kunstfertigkeit sein Schöpfer gewesen ist. Und beachte, daß mit Absicht gesagt ist: „Was von Gott bekannt ist" (Röm 1,19), sei jenen offenbart gewesen, das heißt: Sie hätten das geglaubt, was wir jetzt glauben, allerdings eher das betreffend, was sich auf die Gottheit, als das, was sich auf das Wunder der göttlichen Menschwerdung bezieht. Das Wunder der Menschwerdung konnte ja aus den sichtbaren Werken Gottes keineswegs durch die menschliche Vernunft erfaßt werden, so wie die Macht Gottes und seine Weisheit und Güte aus dem, was man sah, deutlich wahrgenommen wurden. In diesen drei (*sc.* Begriffen) jedenfalls besteht, wie ich glaube, die ganze

---

12,96–131); *Th. S. B.* 1,35–70 (CCM 13,98–113).

nitatis distinctionem consistere credo. Id quippe Deus Pater sonare mihi videtur, quod sonat divina potentia divinam generans sapientiam, id est Filium; et Deus quidem Filius tantumdem, quantum divina sapientia ex Deo Patre genita; et Deus Spiritus Sanctus, quantum amor Dei sive benignitas ex Deo Patre procedens et Filio.

Continuatio: „Deus illis revelavit", quia per rationem, quam eis Deus contulit, ex visibilibus ipsius operibus divina eius Trinitas innotuit, et per effecta sua ipse artifex sui notitiam eis impressit. Et hoc est quod ait: „Invisibilia enim ipsius", hoc est: Dei, quod est dicere multiplex eius seu septiformis Spiritus, qui etiam septem spiritus nonnumquam dicitur sicut septiformis gratiae dona; ipse, inquam, septiformis Spiritus Dei conspicitur intellectu, hoc est: perpenditur non oculis corporis, sed intelligentia rationis. *A creatura mundi per ea quae facta sunt intellecta*, hoc est: Intelligitur per effecta mundanorum operum, quae tam optime fieri voluit ac disponi.

Sempiterna eius. Hic sapientiam eius, id est Dei, intelligimus, quae est, ut diximus, Filius Dei, de quo alibi dicit: „Christum Dei virtutem et Dei sapientiam." Quam quidem sa|pientiam evangelista „Verbum", id est mentis concep- | 69
tum, philosophus mentem nominat, quam ex Deo natam affirmat. *Virtus* quidem Dei sapientia eius dicitur secundum id, quod in sapientia omnia optime facit ac disponit. Debile quippe atque invalidum opus est, quod sollerter

---

64 Wörtlich: der Künstler.

65 So Abaelards Auslegung. Gemeint: Der Schöpfer wird von seinen Geschöpfen erkannt; deutlicher der COMMENTARIUS CANTABRIGIENSIS (1,23 LANDGRAF): *„A creatura mundi, non videlicet per creaturam, sed per ea que facta sunt, a nobis in ea"*; ähnlich noch THOMAS VON AQUIN, *Commentarius in epistulam ad Romanos* 1 lectio 6 (231 CAI), während die deutschen Übersetzungen – dem griechischen ἀπό entsprechend – „... seit Erschaffung der Welt" oder ähnliches bieten.

Unterscheidung innerhalb der Dreifaltigkeit: Das scheint mir ja Gott Vater zu bedeuten, was göttliche Macht bedeutet, die die göttliche Weisheit erzeugt, das heißt den Sohn; und Gott Sohn scheint mir ja ebensoviel zu bedeuten wie göttliche Weisheit, die aus Gott gezeugt ist; und Gott Heiliger Geist scheint mir ebensoviel zu bedeuten wie Liebe Gottes oder Güte, die aus Gott Vater und dem Sohn hervorgeht.

Fortsetzung: „Gott hat es ihnen kundgegeben" (Röm 1,19); denn durch die Vernunft, die ihnen Gott gegeben hat, ist aus seinen sichtbaren Werken seine Heilige Dreifaltigkeit bekannt geworden, und durch seine Wirkungen hat der Schöpfer[64] selbst ihnen Kenntnis von sich eingeprägt. Und dies bedeutet, daß er sagt: „Denn was an ihm unsichtbar ist", das heißt an Gott, mit anderen Worten: sein vielfältiger oder siebenförmiger Geist, der auch bisweilen sieben Geisteskräfte genannt wird (vgl. Jes 11,2f) sowie Gaben der siebenförmigen Gnade: Der siebenförmige Geist Gottes selbst, sage ich, wird mit dem Verstande wahrgenommen, das heißt: näher geschaut nicht mit den körperlichen Augen, sondern mit der Erkenntniskraft der Vernunft. *Vom Schöpfungswerk*[65] *der Welt in den erschaffenen Dingen geistig wahrgenommen,* das heißt: Er wird erkannt durch die Wirkungen der Werke in der Welt, die nach seinem Willen so aufs allerbeste geschehen und geplant werden.

Seine ewige. Hier erkennen wir seine, das heißt Gottes, Weisheit, die, wie wir gesagt haben, Gottes Sohn ist, von dem der Apostel anderswo sagt: „Christus, Gottes Kraft und Gottes Weisheit" (1 Kor 1,24). Diese Weisheit nennt ja der Evangelist „Wort" (Joh 1,1), das heißt Begriff des Verstandes, der Philosoph Verstand, der — wie er bekräftigt — aus Gott geboren ist.[66] Die *Macht* Gottes heißt ja seine Weisheit danach, daß er in Weisheit alles aufs beste macht und ordnet. Schwach und kraftlos ist ja ein Werk, das nicht kunstfertig

---

[66] Z.B. MACROBIUS, *somn.* 1,14,3–10 (55–57 WILLIS).

factum non est. *Divinitas* vero hoc loco pro maiestate divinae potentiae, quae specialiter ex nomine Patris, sicut reor, innuitur. Deus quippe, teste Isidoro, „theos", id est „timor" interpretatur, et potestas quaelibet timor est subiectorum. Unde merito nomine Dei sive divinitatis, id est deitatis, divina specialiter exprimitur potentia. Quod diligenter Maximus episcopus in „Expositione symboli" qui dicitur „apostolorum", quae legitur in quinta Quadragesimae dominica, his verbis insinuat: „Credis", inquit, „in Deum Patrem omnipotentem. In Deo natura innascibilis, in Patre ingeniti veritas, in omnipotente plenitudo virtutis ostenditur. Est namque per ingenitam deitatem omnipotens et per omnipotentiam Pater." – De his autem in primo „Theologiae" nostrae, prout potuimus, satis diligenter disseruimus.

Apparet itaque maxime ex ipsa mundanae fabricae universitate tam mirabiliter facta, tam decenter ornata, quantae potentiae, quantae sapientiae, quantae bonitatis eius artifex sit, qui tantum et tale opus de nihilo facere potuit et voluit et tam sollerter et rationabiliter cuncta temperavit, ita ut in singulis nihil plus aut minus quam oportuerit actum sit. Unde et Plato ipse, cum de genitura mundi ageret, in tantum divinae potentiae ac sapientiae bonitatem extulit, ut adstrueret Deum nullatenus potuisse mundum meliorem facere quam fecerit.

Non solum autem philosophi gentium ex ipsa mundi compositione vel ornatu mirabili mirabilem eius artificem

---

[67] Isidor von Sevilla, *orig.* 7,1,5.

[68] Subjekt ist bei Maximus (im Anschluß an Joh 14,1) der Herr.

[69] *Ingeniti*: So bei AmR sowie Robert von Melun, *Questiones de epistolis Pauli,* Hs O (28 Martin), *ingenti* bei O; dagegen *unigeniti* (des Einziggeborenen) bei Ps.-Maximus von Turin, *hom.* 83 (PL 57,433C–434A), sowie bei Abaelard, *Th. Chr.* 1,25 (CCM 12,81); *Th. Sch.* 1,41 (CCM 13,334) und *th. sch.* 48 (CCM 12,419); *geniti* bei Robert von Melun, *Questiones de epistolis Pauli,* Hs P.

[70] Ps.-Maximus von Turin, *hom.* 83 (PL 57,433C–434A).

[71] *Th. Sch.* 1,41–52 (CCM 13,334–339).

ausgeführt worden ist. *Gottheit* aber (*sc.* steht) an dieser Stelle für die Erhabenheit der göttlichen Macht, die insbesondere durch den Namen des Vaters, wie ich glaube, gekennzeichnet wird. Gott wird ja, nach dem Zeugnis Isidors, als „theos", das heißt „Furcht", gedeutet[67]; und jede Macht bedeutet Furcht für die Untergebenen. Daher wird zu Recht durch den Begriff Gott oder Göttlichkeit, das heißt Gottheit, insbesondere die göttliche Macht ausgedrückt. Dies deutet bewußt der Bischof Maximus in der „Auslegung" des sogenannten „Apostolischen Glaubensbekenntnisses", welche am fünften Sonntag der Fastenzeit verlesen wird, mit folgenden Worten an: „Du glaubst, sagt er[68], an Gott, den allmächtigen Vater. In Gott zeigt sich die Natur, die nicht geboren werden kann, im Vater die Wahrheit des nicht Gezeugten[69], im Allmächtigen die Fülle der Kraft. Er ist nämlich durch die ungezeugte Gottheit allmächtig und durch die Allmacht Vater."[70] – Hierüber haben wir aber im ersten Buch unserer „Theologia", so gut wir vermochten, sorgsam genug Ausführungen gemacht.[71]

Es wird daher insbesondere gerade aus der gesamten Weltschöpfung, die so wunderbar gemacht, so passend geschmückt ist, klar, von welch großer Macht, von welch großer Weisheit, von welch großer Güte ihr Schöpfer ist, der ein solch großes derartiges Werk aus dem Nichts erschaffen konnte und wollte und alles so kunstvoll und vernünftig eingerichtet hat, daß im einzelnen nichts mehr oder weniger, als nötig war, getan worden ist. Daher hat auch Plato selbst, als er von der Erschaffung der Welt handelte, die Güte der göttlichen Macht und Weisheit in einem solchen Maße hervorgehoben, daß er behauptete, Gott habe keinesfalls eine bessere Welt schaffen können, als er getan habe.[72]

Nicht nur haben aber die Philosophen der Heiden unmittelbar aus der Anlage oder wunderbaren Ausschmük-

---

72 CALCIDIUS, *transl.* 29e (22 WASZINK).

perceperunt, verum etiam ex optima eius dispositione optimam divinae gubernationis providentiam rationibus congruis assignarunt. Quorum unus, Tullius, in primo „Rhetoricae“ suae mun|dum ipsum providentia, non fortuitu, | 70 regi valida ratione monstravit, cum videlicet ea, quae consilio ac providentia reguntur, melius procedere atque administrari proponeret quam alia ac statim nihil melius et ordinatius administrari vel disponi quam mundum ipsum assumeret atque hoc quoque ilico manifesta ratione convinceret, ostendens scilicet quam utiliter et rationabiliter ea quae in mundo sunt in sua ordinatione perseverent.

Possumus etiam quod ait Apostolus „Invisibilia enim ipsius a creatura mundi“ etc. non solum ita exponere, quod ex compositione et ornatu mundi potuerit per humanam rationem ipsa artificis potentia sapientia atque bonitas percipi, secundum quae, ut diximus, tres in Deo personae distinguuntur, verum etiam dicere eousque per similitudinem corporalium rerum humanam rationem conscendisse, ut ipsam Dei unitatem atque in eo personarum Trinitatem et quomodo ipsae personae invicem se habeant, congruis similitudinum exemplis assignare valeret, ponendo videlicet ante oculos aliquam mundi creaturam sicut aeream substantiam et attendendo aliquid, quod fiat in ipsa aerea substantia, utpote imaginem aeream, quae nostra operatione in ipso aere facta est, ita quidem ut ipsum aes et aerea statua, quae in aere ipso vel ex aere facta est, eadem res sint essentialiter sine numero, sed tamen proprietatibus suis diversa sint, cum videlicet aliud sit proprium aeris, aliud

---

[73] Nämlich als Untersatz des Syllogismus.

[74] Cicero, *inv.* 1,34 (45b–47b Stroebel).

[75] Wörtlich: durch die Analogie *(per similitudinem)*.

kung der Welt ihren wunderbaren Schöpfer erkannt, sondern ihm auch mit passenden Gründen aufgrund ihrer bestmöglichen Ordnung die bestmögliche Vorsehung in der göttlichen Lenkung zugeschrieben. Von diesen hat einer, Tullius, im ersten Buch seiner „Rhetorica“ mit einem starken Argument gezeigt, daß die Welt selbst durch Vorsehung, nicht durch Zufall gelenkt werde: als er nämlich behauptete, daß das, was mit Plan und Vorsehung geleitet werde, besser vorankomme und geleitet werde als anderes, und sogleich hinzunahm[73], es werde nichts besser und ordentlicher gelenkt oder geordnet als gerade die Welt, und auch dies sofort durch eine offensichtliche Begründung bewies, indem er nämlich zeigte, wie nützlich und vernünftig das, was sich in der Welt befindet, in seiner Ordnung verharrt.[74]

Wir können auch das, was der Apostel sagt: „Denn was an ihm unsichtbar ist vom Schöpfungswerk der Welt ...“, nicht nur so auslegen, daß aus Zusammensetzung und Ausschmückung der Welt von der menschlichen Vernunft unmittelbar des Schöpfers Macht, Weisheit und Güte wahrgenommen werden konnten – demgemäß unterscheidet man, wie wir sagten, in Gott drei Personen –, sondern wir können sogar sagen, daß die menschliche Vernunft sich durch den Vergleich[75] mit körperlichen Dingen so weit erhoben hat, daß sie geradezu die Einheit Gottes und in ihm die Dreiheit der Personen und die Art, wie die Personen selbst sich zueinander verhalten, mit passenden Analogiebeispielen bezeichnen konnte: Sie stellte sich nämlich etwas Geschaffenes in der Welt vor Augen – zum Beispiel die Substanz des Erzes – und beobachtete etwas, was unmittelbar in der Substanz des Erzes entsteht: zum Beispiel ein Bild aus Erz, das durch unsere Tätigkeit direkt im Erz entstanden ist, so allerdings, daß das Erz selbst und die Erzstatue, die im Erz selbst oder aus dem Erz geschaffen worden ist, dem Wesen nach dieselbe Sache sind ohne numerische Unterscheidung, aber trotzdem durch ihre Eigentümlichkeiten verschieden sind, da ja etwas anderes

aereae statuae; et quamvis idem sint essentialiter aes et aerea statua, aerea tamen statua ex aere est, non aes ex aerea statua. Sic et in divina Trinitate cum sit eadem substantia trium personarum, id est Patris et Filii et Spiritus Sancti, diversae tamen sunt in suis proprietatibus personae, cum sit aliud proprium Patris, aliud Filii vel Spiritus Sancti. Et quamvis sit unaquaeque persona idem essentialiter cum ceteris, Filius tamen ex Patre est tamquam aerea imago ex aere, non Pater ex Filio sicut nec ipsum aes est ex aerea imagine, et Spiritus Sanctus a duabus aliis habet esse personis, non illae ab eo. — Sed et de his quidem, quantum oportuit, in secundo | „Theologiae“ nostrae nos tractasse | 71 arbitramur. Nunc ad litteram revertamur.

A creatura mundi per ea quae facta sunt intellecta, id est per aliquam creaturam mundi sicuti per ipsum aes et per illa, quae in ipso aere facta sunt, sicut est imago aerea vel aliquid simile. — Cetera in expositione non morentur.

Ita ut sint inexcusabiles, id est iam non possint se gentiles per ignorantiam excusare, de notitia scilicet unius Dei, quamvis legem scriptam non habuerint.

21. Et unde „inexcusabiles“, subponit: *Quia cum cognovissent Deum,* per humanam scilicet rationem, quae lex naturalis dicitur, *non sicut Deum glorificaverunt,* hoc est: debitum reverentiae cultum ei per humilitatem non exhibuerunt, *nec gratias egerunt* recognoscentes ex dono gratiae eius esse hanc notitiam de ipso habitam quam prae

[76] *Th. Sch.* 2,112–116 (CCM 13,462–466).

[77] Offenbar eine spätere Korrektur Abaelards, die die vorausgehende Auslegung ersetzen sollte.

dem Erz, etwas anderes der Erzstatue eigentümlich ist; und obwohl ihrem Wesen nach Erz und Erzstatue dasselbe sind, so ist doch die Erzstatue aus Erz, nicht das Erz aus der Erzstatue. So sind auch in der göttlichen Dreifaltigkeit – obwohl die Substanz der drei Personen, das heißt des Vaters, des Sohnes und des Heiligen Geistes, dieselbe ist – doch die Personen in ihren Eigentümlichkeiten verschieden. Denn es ist etwas anderes dem Vater eigentümlich, etwas anderes dem Sohne oder dem Heiligen Geist. Und wenn auch eine jede Person dem Wesen nach dasselbe wie die übrigen ist, so ist doch der Sohn aus dem Vater so wie das Erzbild aus dem Erz, nicht der Vater aus dem Sohn so wie auch das Erz selbst nicht aus dem Erzbild stammt; und der Heilige Geist hat sein Sein von den beiden anderen Personen, nicht jene von ihm. – Aber auch hierüber haben wir ja so weit nötig, wie ich glaube, im zweiten Buch unserer „Theologia" gehandelt.[76] Jetzt wollen wir zum Text zurückkehren.

Vom Schöpfungswerk der Welt in den erschaffenen Dingen geistig wahrgenommen, das heißt durch irgend etwas Geschaffenes in der Welt, zum Beispiel durch das Erz selbst und durch das, was unmittelbar in dem Erz gestaltet worden ist, wie es zum Beispiel ein Erzbild ist oder irgend etwas Ähnliches. – Das übrige in der Auslegung soll nicht stehenbleiben.[77]

So daß sie unentschuldbar sind, das heißt, daß die Heiden sich nicht mehr mit Unwissenheit entschuldigen können – bezüglich der Kenntnis von einem einzigen Gott nämlich –, obwohl sie das geschriebene Gesetz nicht gehabt haben.

21. Und wieso „unentschuldbar", fügt er an: *Weil sie, nachdem sie Gott erkannt hatten,* durch die menschliche Vernunft nämlich, die natürliches Gesetz genannt wird, *ihn nicht als Gott verherrlichten,* das heißt: den seiner Verehrung geschuldeten Dienst ihm nicht in Demut erwiesen haben, *noch ihm Dank sagten,* indem sie erkannt hätten, daß aus dem Geschenk seiner Gnade diese Kenntnis stammte, die sie von ihm

ceteris habebant, et ob hoc eum laudantes. *Sed evanuerunt in cogitationibus suis,* more videlicet fumi qui, quo altius conscendit, magis deficit atque annullatur. Sic etenim isti, quo magis ex arrogantia intumescebant propter scientiam quam adepti erant, suo studio vel ingenio non divinae gratiae eam adscribentes, magis excaecari meruerunt et in errorem amplius devolvi. Et hoc est, quod exponens subdit: *Et obscuratum est insipiens cor eorum.* „Insipiens“ fuit, quia sibi, non Deo, proprium ipsius donum tribuerunt et ex se, non ab ipso, hoc se habere crediderunt. Unde merito est cor „obscuratum“ et ipsa in eis naturalis ratio obtenebrata.

22. Vere „obscuratum“, quia *stulti facti sunt* etiam illa naturali cognitione privati *dicentes se esse sapientes,* hoc est: iactantes se esse potius sapientes ex se ipsis quam sapientes factos esse a Deo.

23. *Et mutaverunt gloriam.* Et in quantam stultitiam, immo insaniam proruperint tam per infidelitatis errorem quam per ignorantiam vitae, subiungit dicens: „Et mutaverunt gloriam“ *incorruptibilis Dei,* hoc est: honorem et sacrificia quae debuissent vero Deo exhibere, qui videlicet corrumpi | aut mutari in aliquo non potest, exhibuerunt falso homini, id est imaginariae similitudini hominis corruptibilis et mortalis, idololatrae scilicet facti; et non solum *in similitudinem hominis,* verum etiam quorumlibet irrationalium animalium, tam *volucrum* scilicet quam *quadrupedum* et *serpentum.* Fortasse autem credebant quosdam spiritus, quos deos vo- | 72

hatten, die sie den übrigen voraushatten, und ihn deshalb gelobt hätten. *Sondern sie wurden eitel in ihren Gedanken,* nach Art des Rauches nämlich, der um so schwächer wird, je höher er steigt, und sich in nichts auflöst. So verdienten in der Tat jene, daß sie noch blinder wurden und noch weiter in Irrtum verfielen, je mehr sie vor Überheblichkeit anschwollen wegen des Wissens, das sie erworben hatten, wenn sie es ihrem eigenen Eifer und ihrer Erfindungsgabe, nicht der göttlichen Gnade zuschrieben. Und dies bedeutet, daß er in der Auslegung anfügt: *Und ihr unverständiges Herz wurde verfinstert.* „Unvernünftig" war es, daß sie sich, nicht Gott, dessen eigene Gabe zuschrieben und glaubten, sie hätten dies aus sich, nicht von ihm. Daher ist zu Recht ihr Herz „verfinstert" und gerade die natürliche Vernunft in ihnen verdunkelt worden.

22. Wahrhaftig „verfinstert" worden ist ihr Herz, da sie ja *Toren geworden sind,* auch jener natürlichen Erkenntnis beraubt, *indem sie behaupteten, weise zu sein,* das heißt: da sie behaupteten, sie seien eher aus sich selbst heraus weise als von Gott weise gemacht worden.

23. *Und sie vertauschten die Herrlichkeit.* Und in welch große Torheit, ja Tollheit sie verfallen sind, ebenso durch den Irrtum des Unglaubens wie durch Unkenntnis der richtigen Lebensführung, fügt er an, indem er sagt: „Und sie vertauschten" *die Herrlichkeit des unvergänglichen Gottes,* das heißt: Die Ehre und die Opfer, die sie dem wahren Gott hätten darbringen müssen, der ja in nichts verdorben oder verändert werden kann, brachten sie einem falschen Menschen, das heißt dem Bild eines verderblichen und sterblichen Menschen in ihrer Vorstellung, dar, da sie ja zu Götzendienern geworden waren. Und nicht nur (*sc.* vertauschten sie den Ruhm des unvergänglichen Gottes) *mit dem Bild eines Menschen,* sondern sogar mit dem beliebiger unvernünftiger Lebewesen, ebenso dem von *Vögeln* nämlich wie dem von *vierfüßigen und kriechenden Tieren.* Vielleicht aber glaubten sie, gewisse Geistwesen, die sie Götter

cabant, praeesse hominibus, quosdam ceteris animantibus, et ideo eos colebant in formis eorum, quibus praeesse videbantur. Haymo: „Assyrii simulacrum Beli, patris Nini regis, pro deo colebant, et Babylonii idipsum, quem vocant Bel, Sidonii Baal, Iudaei Beelzebub et Philisthaei <Zebet>. Romani colebant anserem et Aegyptii accipitricem; item Aegyptii colebant Apim, hoc est vaccam albam, Babylonii draconem et Aegyptii crocodilum, qui est serpens aquaticus natans in aqua ut piscis, pascens in terra ut bos.“

24. *Propter quod,* videlicet quia a Deo desipuerunt, ut falsa animalia, id est animalium simulacra, pro Deo colerent, *tradidit eos Deus,* hoc est: permisit abire post immunda desideria sua, ut quod turpiter mente conceperant, turpius etiam opere complerent. *Ut afficiant,* id est affligant et vi quadam contra naturam cogant et dedecorent, *corpora sua* contumeliosis immunditiis Sodomitici peccati *in semetipsis* commissi, ut se ipsos mutuo polluant.

25. *Qui commutaverunt.* Submissio sive repetitio causae, quare id videlicet permiserit de illis Deus: quia in eum, inquit, maxime deliquerunt commutantes *veritatem Dei in mendacio,* id est sub nomine et honore veri Dei colentes falsos deos, *et servierunt creaturae,* id est daemoniacis spiritibus, quos inhabitare simulacra credebant. *Qui est benedictus,* hoc est: qui glorificatur, hoc est laudabilis apparet ex universis creaturis suis per omnes temporum successiones. *Saecula* quasi a „sequendo“ dictae sunt ipsae temporum successiones. *Amen,* id est verum est; modo enim confirmandi, modo optandi adverbium hoc est.

---

5 Zebet *fehlt bei Abaelard* || 8 crocodilum *alle Hss haben* cocodrillum

---

[78] Ps.-Haymo von Halberstadt, *Expositio* 1 (PL 117,375A f).
[79] Wörtlich: durch alle Zeitenfolgen.
[80] Lateinisches Wortspiel *saecula* (Ewigkeiten) – *sequi* (folgen).

nannten, stünden den Menschen vor, gewisse den übrigen Lebewesen; und daher verehrten sie sie in den Gestalten derer, denen sie vorzustehen schienen. Haymo: „Die Assyrer verehrten ein Bild Bels als Gott, des Vaters des Königs Ninus, und die Babylonier gleichermaßen den, den sie Bel nennen; die Sidonier Baal, die Juden Beelzebub und die Philister <Zebet>. Die Römer verehrten eine Gans und die Ägypter einen Falken; ebenso verehrten die Ägypter Apis, das heißt eine weiße Kuh, die Babylonier einen Drachen und die Ägypter ein Krokodil, welches eine Wasserschlange ist, die im Wasser wie ein Fisch schwimmt, auf dem Land wie ein Rind weidet."[78]

24. *Darum,* nämlich weil sie sich von Gott unvernünftig entfernten, um falsche Lebewesen, das heißt Tierbilder, an Stelle Gottes zu verehren, *gab Gott sie preis,* das heißt: Er hat zugelassen, daß sie ihren unreinen Begierden nachfolgten, damit sie das, was sie sich schändlich in Gedanken vorgestellt hatten, noch schändlicher in die Tat umsetzten. *Daß sie schänden,* das heißt *ihre Leiber* schädigen und mit einer gewissen Gewalt gegen die Natur sie zwingen und schänden durch die schändlichen Unreinigkeiten der sodomitischen Sünde (vgl. Gen 19,4–8), die sie *an sich selbst* begangen haben, so daß sie sich selbst gegenseitg beschmutzen.

25. *Sie vertauschten.* Ein Nachtragen oder eine Wiederholung des Grundes, weshalb nämlich Gott das bei ihnen erlaubt hat: weil sie gegen ihn, sagt der Apostel, dadurch besonders gesündigt haben, daß sie *die Wahrheit Gottes mit der Lüge vertauschten,* das heißt als angebliche Verehrung des wahren Gottes falsche Götter verehrten, *und dem Geschöpfe Verehrung erwiesen,* das heißt dämonischen Geistern, die, wie sie glaubten, in den Bildern wohnten. *Welcher hochgelobt ist,* das heißt: der gerühmt wird, das heißt rühmenswert erscheint aufgrund seiner gesamten Schöpfungswerke in Ewigkeit.[79] Jahrhunderte[80] sind gewissermaßen nach dem Verb „folgen" gerade die Zeitenfolgen genannt worden. *Amen,* das heißt, es ist wahr; denn bald ist dies ein Beiwort der Bekräftigung, bald des Wunsches.

26. *Propterea tradidit,* quia videlicet interim excel||lentiae | 73
divinae derogaverunt. Non sufficit semel hoc dicere, ut magis deterreat auditorem a talibus. *Passiones* ignominiosas dicit pollutiones non naturalis libidinis. Pati merito dicitur quaelibet substantia et quasi quamdam sustinere violentiam, quotiens contra naturam aliquid in ea agitur. Quae vero sint huiusmodi turpitudines, statim adnectit tam feminis quam viris eas assignando ad maiorem Dei vindictam probandam. *Feminae eorum* dicuntur, quas ipsi pessimi exempli doctrina quasi suas in hoc fecerant. *Qui est contra naturam* et ideo magis abusio dicendus est quam usus. „Contra naturam", hoc est naturae institutionem, quae genitalia feminarum praeparavit usui virorum et e converso, non ut feminae feminis cohabitarent.

27. *Exarserunt,* id est extra legem naturae accensi sunt *in suis desideriis,* non naturae voluptatibus; *et mercedem,* id est retributionem debitam *sui erroris,* hoc est excaecationis atque idololatriae, recipientes *in semetipsis,* mutuo se invicem polluentes in corpore sicut animo corrupti erant infidelitate.

28. *Et sicut non probaverunt Deum,* hoc est: non laudaverunt atque elegerunt „Deum", quem cognoverant, *habere in notitiam,* hoc est: retinere in memoria ei cohaerendo, *tradidit illos Deus in reprobum sensum,* hoc est: Ita penitus excaecari permisit, ut omnino impudentes effecti nulla penitus honestatis signa in se ostenderent, de qua tamen multa conscripserant; ita *ut faciant,* id est opere impleant, *ea quae non conveniunt,*

---

[81] Gemeint ist das *Propterea* („Darum") hier Zeile 1, das das *propter quod* in 158,10 wieder aufnimmt.

26. *Darum gab er sie preis,* weil sie ja inzwischen der überragenden Stellung Gottes Abbruch getan haben. Es genügt ihm nicht, dies[81] einmal zu sagen, um den Hörer noch mehr von solchen Dingen abzuschrecken. *Leidenschaften* nennt er schändliche Verunreinigungen durch unnatürliche Lust. Zu Recht sagt man, daß jede Substanz leide und gleichsam eine gewisse Gewalt erfahre, sooft in ihr etwas gegen die Natur ausgeübt wird. Was aber derartige Schändlichkeiten sind, fügt er sogleich an, indem er sie ebenso Frauen wie Männern zuschreibt, um die größere Strafe Gottes plausibel zu machen. *Ihre Weiber* heißen die, die sie selbst durch das Lehren des schlimmsten Beispiels sozusagen hierin zu den ihren gemacht hatten. (*Sc.* Der Gebrauch), *der wider die Natur ist* und daher eher als Mißbrauch zu bezeichnen ist denn als Gebrauch. „Wider die Natur", das heißt die Einrichtung der Natur, die die Geschlechtsorgane der Frauen für den Gebrauch der Männer vorbereitet hat und umgekehrt, nicht damit Frauen Frauen beiwohnten.

27. *Sie entbrannten,* das heißt, außerhalb des Gesetzes der Natur sind sie entflammt worden *in ihren Gelüsten,* nicht den naturgemäßen Vergnügungen; *und* empfingen *den Lohn,* das heißt die gebührende Vergeltung *für ihre Verirrung,* das heißt für die Blindheit und den Götzendienst, *an sich selbst,* weil sie sich gegenseitig untereinander körperlich beflecken, so wie sie geistig verdorben waren durch den Unglauben.

28. *Und wie sie es nicht wert erachteten, Gott zur Kenntnis zu nehmen* – das heißt: „Gott", den sie erkannt hatten, nicht lobten und erwählten, das heißt ihn dadurch im Gedächtnis zu halten, daß sie ihm anhingen –, *überließ sie Gott der verworfenen Gesinnung,* das heißt: Er ließ zu, daß sie so völlig blind wurden, daß sie – gänzlich schamlos geworden – überhaupt keine Anzeichen von Anstand mehr an sich zeigten, über den sie doch vieles zusammengeschrieben hatten; so *daß sie tun,* das heißt durch die Tat ausführen, *das, was sich nicht geziemt,* nicht nur

non solum quae mala sunt apud Deum, sed quae nulli hominum disciplinae concordant aut aliqua ratione excusari etiam apud impios valeant.

29. Illos dico *repletos omni immunditia,* hoc est: non omnibus simul tantum peccatis sed singulis „repletos“, ita scilicet ut unaquaeque iniquitas in eis plena et perfecta reperiatur. Unde statim enumerando subdividit iniquitatis partes, quibus eos repleri ostendit: *malitia,* per quam student aliis damnum inferre; *fornicatione,* quae est omnis illicitus concubitus, extra uxorem videlicet; *avaritia,* id est immoderato terrenorum desiderio; *nequitia* qua etiam alios cor|rumpere gaudent, quibus non sufficit ut soli moriantur; | 74 *invidia,* de bonis alterius dolendo; *homicidiis,* tam opere, si possunt, quam voluntate; *contentione,* aperte veritati contradicendo; *dolo,* id est simulatione, quando videlicet occulte aliud agitur et aliud simulatur; *malignitate,* in ipsos etiam benefactores suos; *susurrones,* id est latenter, cum aperte non valent, detrahentes, et cum audent etiam in aperto;

30. *detractores,* et per hoc non solum hominibus, quibus detrahunt vel nocere volunt, verum etiam *Deo odibiles; contumeliosos,* inferendo convicia; *superbos,* appetendo esse super aequales; *elatos,* appetendo aequari superioribus; *inventores malorum,* hoc est: excogitantes novum aliquod peccandi genus, in quo delectentur; *parentibus non oboedientes* et in hoc inhumani et feris ipsis indomitiores;

was schlecht vor Gott ist, sondern was zu keiner menschlichen Sitte paßt oder mit irgendeiner Begründung selbst bei Gottlosen entschuldigt werden könnte.

29. Jene meine ich, *voll von jeglicher Ungerechtigkeit,* das heißt: nicht nur von allen Sünden insgesamt „erfüllt", sondern von den einzelnen, so nämlich, daß eine jede Ungerechtigkeit sich in ihnen in vollem Maße und vollkommen findet. Daher unterteilt er sogleich in einer Aufzählung die Teile der Ungerechtigkeit, von denen sie, wie er zeigt, erfüllt werden: *von Bosheit,* durch die sie sich bemühen, anderen Schaden zuzufügen; *von Unzucht,* was jeder unerlaubte Beischlaf ist – mit Ausnahme des ehelichen natürlich–; *von Habsucht,* das heißt unmäßiger Begierde nach irdischen Gütern; *von Schlechtigkeit,* durch die sie sich freuen, auch andere zugrunde zu richten, ihnen genügt es nicht, allein zu sterben; *von Neid* dadurch, daß sie Schmerz wegen der Güter eines anderen empfinden; *von Mord,* ebenso durch die Tat, wenn sie können, wie dem Willen nach; *von Zanksucht* dadurch, daß sie offen der Wahrheit widersprechen; *von Arglist,* das heißt Verstellung, wenn nämlich im Verborgenen etwas anderes getrieben wird als vorgetäuscht wird; *von Tücke* sogar selbst gegen ihre Wohltäter. *Verleumder,* das heißt welche, die im Verborgenen, wenn sie es offen nicht vermögen, schlechtmachen und, wenn sie es wagen, sogar auch in der Öffentlichkeit;

30. *Schlechtmacher,* und deshalb nicht nur den Menschen, die sie schlechtmachen oder denen sie schaden wollen, sondern auch *Gott verhaßt; schmähsüchtig* dadurch, daß sie Schmähungen zufügen; *hoffärtig* dadurch, daß sie danach streben, über ihresgleichen zu stehen; *hochmütig* dadurch, daß sie danach streben, den Höhergestellten gleich zu werden; *erfinderisch in Schlechtigkeiten,* das heißt: welche, die irgendeine neue Art zu sündigen ausdenken, an der sie sich erfreuen wollen; *ungehorsam gegen die Eltern* und hierin unmenschlich und wilder als selbst wilde Tiere;

31. *insipientes,* iam ex consuetudine mali discretionem boni non habentes; *incompositos,* quantum ad exteriorem habitum, qui male ordinatae mentis nuntius est; *sine affectione,* scilicet naturalis benignitatis in proximos sui generis; *sine misericordia,* id est compassione alienarum miseriarum; *sine foedere,* id est mutuo caritatis vinculo in aliquo vel alicuius pacti observatione.

32. Qui etiam in tantam devoluti sunt excaecationem, ut non per poenitentiam redire sciant non iam intelligentes, id est non attendentes vel curantes, *quoniam qui talia agunt, digni sunt morte,* videlicet aeterna, *cum,* id est quamvis, *iustitiam Dei* primitus *cognovissent,* hoc est: eius debitam vindictam de singulis peccatis. *Sed etiam qui consentiunt.* Consentire hic dicit non resistere aliquem peccato alterius, cum possit et debeat. Multorum enim fortasse Deus resistere peccatis posset, disturbando scilicet ne fierent, nec tamen debet culpis nostris exigentibus vel ipsis peccatis in melius utendo; ideoque consentire peccatis nullo modo dicendus est.

Notandum vero non de omnibus philosophis vel naturali lege utentibus hanc excaecationem vel malitiam praedictam esse intelligendam, cum plerique illorum tam fide quam moribus Deo acceptabiles exstiterunt, veluti Iob gentilis et nonnulli fortasse philosophorum gentium, qui continentissimae fuerunt vitae, ante ipsum Domini adven-
tum. De qualibus | beatus Hieronymus, „Super Matthae- | 75
um“ commemorans ait: „Ex eo quod malus servus ausus est dicere: ‚Metis ubi non seminasti et congregas ubi non

31. *Toren,* weil sie schon aus Gewöhnung an das Böse die Fähigkeit, das Gute davon zu unterscheiden, nicht haben; *unordentlich,* soweit es die äußere Verfassung betrifft, die Anzeichen für einen schlecht geordneten Geist ist; *ohne Liebe,* nämlich die, die in der natürlichen Güte gegenüber den nächsten Verwandten ihres Geschlechtes besteht; *ohne Erbarmen,* das heißt Mitleid mit fremdem Elend; *ohne Bindung,* das heißt wechselseitiges Band der Liebe zu irgend jemand oder Einhaltung irgendeiner Abmachung.

32. Sie sind sogar in solch große Blindheit gestürzt, daß sie nicht mehr durch Buße zurückzukehren wissen, da sie nicht mehr erkennen können, das heißt darauf achten oder sich darum sorgen, *daß die, welche solches tun, des Todes würdig sind,* des ewigen nämlich, *wo,* das heißt obgleich, *sie die Gerechtigkeit Gottes* zuerst *erkannt hatten,* das heißt: seine für die einzelnen Sünden verhängte Strafe. *Sondern auch die, die jenen zustimmen:* Zustimmen nennt er hier, wenn jemand sich der Sünde eines anderen nicht widersetzt, obwohl er es wohl könnte und müßte. Denn Gott könnte sich vielleicht den Sünden vieler widersetzen, indem er nämlich vereitelte, daß sie geschähen, aber er darf es trotzdem nicht, weil unsere Schuld es erfordert oder weil er gerade die Sünden zum Besseren gebraucht; und deshalb darf man auf keine Weise sagen, er stimme den Sünden zu.

Anzumerken ist aber, daß diese Blindheit oder vorhin genannte Bosheit nicht bei allen Philosophen oder Anwendern des Naturgesetzes anzunehmen ist, da die meisten von ihnen ebenso durch ihren Glauben wie durch ihre Sitten Gott annehmbar gewesen sind, wie zum Beispiel der Heide Ijob und vielleicht einige der heidnischen Philosophen, die ein sehr enthaltsames Leben geführt haben, vor der Ankunft des Herrn selbst. Von solchen spricht der selige Hieronymus in seiner „Auslegung zu Matthäus“, indem er erwähnt: „Daraus, daß der schlechte Knecht zu sagen wagte: ‚Du erntest, wo du nicht gesät hast, und sammelst, wo du

sparsisti‘, intelligamus etiam gentilium et philosophorum bonam vitam recipere Deum, et aliter habere eos, qui iuste, aliter eos qui iniuste agunt, <et> ad comparationem eius qui naturali legi serviat, condemnari eos qui scriptam legem negligant.“ Metere itaque Dominum ubi non seminavit, iuxta Hieronymum intelligimus eos etiam, qui per naturalem legem bene agunt, ad vitam colligere, in quibus scilicet nullum praedicationis verbum seminatum est. Sed quia fortassis inter philosophos pauci tales exstiterunt, quasi generaliter sine aliquorum exceptione hoc de eis supra dictum est, ut sapientes minus de sua sapientia praesumant, quae magis inflare quam aedificare solet ipso alibi attestante Apostolo: „Scientia inflat, caritas aedificat.“

Sufficiebat etiam hoc loco Apostolum ad reprimendam superbam Romanorum gentilium contentionem et humilitatem conservandam ostendere per aliquos philosophorum gentilibus notitiam sive fidem Dei innotuisse et eosdem ipsos fidei magistros graviter deliquisse, ut usque etiam ad idololatriam eorum caecitas duceretur et cum summo idololatriae errore ad summam etiam ignominiam vitae devolverentur, ut supra memoravit. Quae omnia poenam esse peccati superbiae docet, ut secundum intentionem praesentis epistolae, quae tota etiam contra superbiae pestem scripta est, a superbia in ipso statim epistolae exordio dehortetur. Poena praecedentis peccati sequens peccatum dicitur, id est iusta eius remuneratio ad poenam, cum ex praecedenti peccato, quod corrigere negligit, promeretur aliquis in aliud pecca-

---

3 et *bei Hieronymus; fehlt bei Abaelard*

---

[82] Hieronymus, *in Matth.* 4 (CCL 77,242).

nicht ausgestreut hast' (Mt 25,24), mögen wir erkennen, daß Gott das gute Leben auch von Heiden und Philosophen annimmt und daß es sich anders mit denen verhält, die gerecht, anders mit denen, die ungerecht handeln, <und> daß — beim Vergleich mit dem, der dem natürlichen Gesetz dient — die verdammt werden, die das geschriebene Gesetz mißachten."[82] Darunter, daß der Herr erntet, wo er nichts gesät hat, verstehen wir daher nach Hieronymus, daß er auch die, die durch das natürliche Gesetz gut handeln, zum Leben sammelt. Bei ihnen ist ja kein Wort der Verkündigung ausgesät worden. Aber weil ja vielleicht unter den Philosophen nur wenige derartige gewesen sind, ist gewissermaßen allgemein ohne Ausnahme von irgendwelchen das oben über sie gesagt worden (Röm 1,19–32), damit die Weisen sich weniger auf ihre Weisheit einbilden, die gewöhnlich mehr aufbläst als erbaut, wie der Apostel selbst anderswo bezeugt: „Wissen bläht auf, Liebe erbaut" (1 Kor 8,1).

Es genügte auch, daß der Apostel an dieser Stelle zeigte, um den überheblichen Streit der heidnischen Römer zu unterdrücken und die Demut zu erhalten, daß durch irgendwelche der Philosophen den Heiden die Kenntnis oder der Glaube an Gott bekanntgeworden war und daß ebendieselben Lehrer des Glaubens schwer gesündigt hatten, so daß ihre Blindheit sogar bis zum Götzendienst führte und sie zusammen mit dem höchsten Irrtum des Götzendienstes auch zur höchsten Schande des Lebenswandels hinabstürzten, wie er oben erwähnt hat (Röm 1,26–31). Er lehrt, dies alles sei Strafe für die Sünde der Überheblichkeit, um — nach der Absicht des gegenwärtigen Briefes, der auch ganz gegen die Verderbnis der Überheblichkeit geschrieben ist — sogleich unmittelbar zu Beginn des Briefes vor der Überheblichkeit zu warnen. Als Strafe für die vorausgehende Sünde wird die nachfolgende Sünde bezeichnet, das heißt eine gerechte Vergeltung für sie mit Strafe; denn aufgrund der vorausgehenden Sünde, die er zu berichtigen versäumt, verdient jemand voraus, in eine andere Sün-

tum devolvi, ut iuxta illud Apocalypsis „qui in sordibus est sordescat adhuc.“

<§ *Quaestio prima*>

§ Tres in hoc loco quaestiones occurrunt. Quarum quidem una est, quid sit quod idololatriam faciat, cum nos etiam Christiani nonnulla in cultu Dei vel angelorum aut sanctorum hominum sculptilia sive picturas habeamus.

<§ *Quaestio secunda*>

§ Alia vero | quaestio est: Cur dicitur Deus aliquem pro | 76
praecedentibus peccatis in alia peccata tradere atque hoc ex iustitia agere, cum ille scilicet qui traditur hoc meruerit? Utrum Deus quoque auctor vel causa peccati sit, cum subtrahendo gratiam suam eum compellere ad peccandum videatur, qui ea subtracta a peccato sibi minime possit cavere? Quemadmodum si quis ei, qui inter fluctus in navi est, navim subtrahat quacumque de causa et eum ibi dimittat, eum profecto mori compellit.

<§ *Quaestio tertia*>

§ Tertia autem est quaestio, quomodo iustum sit impio Deum subtrahere gratiam suam, qua subtracta ille deterior fiat et amplius peccet, nisi etiam iustum sit illum deteriorem fieri et amplius peccare, hoc est: amplius creatorem suum offendere atque contemnere. Quis hoc autem, quod iniquissimum est, iustum esse dicat, cum videlicet potius resipiscere peccator debeat quam augere peccata? Quippe

---

3 Quaestio I § *vorangestellt bei O* | quaestio I $m^{mg}O^{mg}$ R^{mg} || 4 Tres in hoc loco ... § *vorangestellt bei A* || 8 Quaestio II § *vorangestellt bei O* | quaestio II $m^{mg}O^{mg}$ | II R^{mg} || 9 Alia vero § *vorangestellt bei O* ||

de zu stürzen, so daß nach jenem Wort der Offenbarung „wer im Schmutz ist, noch dazu schmutzig wird“ (Offb 22,11 Vg.).

<Erste Frage>

Drei Fragen begegnen an dieser Stelle. Von diesen ist die eine ja, was es ist, was Götzendienst ausmacht, da auch wir Christen bei der Verehrung Gottes oder der Engel oder der Heiligen einige Skulpturen oder Gemälde haben.

<Zweite Frage>

Eine andere Frage aber ist: Warum heißt es, Gott liefere jemand für vorausgehende Sünden anderen Sünden aus und tue dies aus Gerechtigkeit (vgl. Röm 1,28.32), da ja jener, der ausgeliefert wird, dies verdient habe? Ob Gott wohl etwa auch Urheber oder Ursache für die Sünde ist, da er ja durch Entzug seiner Gnade den zum Sündigen zu zwingen scheint, der nach ihrem Entzug sich keineswegs mehr vor der Sünde vorsehen kann? Zum Beispiel: Wenn jemand dem, der bei Wellengang in einem Schiff ist, das Schiff aus welchem Grunde auch immer wegzieht und ihn dort im Stich läßt, zwingt er ihn in der Tat zu sterben.

<Dritte Frage>

Die dritte Frage aber ist, wieso es gerecht ist, daß Gott dem Gottlosen seine Gnade entzieht, nach deren Entzug jener noch schlechter wird und weiter sündigt, wenn es nicht auch gerecht ist, daß jener schlechter wird und weiter sündigt, das heißt: noch weiter seinen Schöpfer beleidigt und verachtet. Wer aber möchte wohl dies, was ganz ungerecht ist, gerecht nennen, wo doch der Sünder wohl eher wieder zur Vernunft kommen müßte als seine Sünden ver-

---

18 Quaestio III § *vorangestellt bei* O | quaestio $m^{mg}O^{mg}$ | III $R^{mg}m^{mg}$ O^{mg} || 19 Tertia autem … § *vorangestellt bei* O

si iustum esset eum amplius peccare, quomodo reus statueretur aut etiam peccare diceretur id faciendo, quod utique eum facere iustum esset? – Sed harum quidem propositarum quaestionum solutiones „Theologiae“ nostrae examini reservamus.

2,1. *Propter quod.* A singulari invectione, in gentiles scilicet, ad generalem transit, ac si ita dicat: Quandoquidem hi se excusare non possunt per ignorantiam Dei a peccato, id est a contemptu creatoris, quibus lex scripta non data est, ergo nullus. Et hoc est: § Ergo *inexcusabilis es, o homo, omnis qui iudicas.* „Omnis“, inquam, „qui iudicas“, id est qui iudicium rationis et discretionem boni habes et mali. Ab hoc quippe contemptu parvuli, qui nondum discretionem habent, liberi sunt. In quo enim vere „inexcusabilis“? Quia etiam proprio iudicio tuo condemnandus, cum in aliis reprehendas eadem quae facis aut similia. Hoc autem maxime spectat ad superbam Romanorum contentionem, qua se alterutrum praeponere volebant et se ipsos singuli defendentes alios | criminosos iudicabant. *In quo enim,* id est de | 77 eodem peccato de quo *iudicas,* id est reprehendis alterum et censes damnandum, *te ipsum condemnas,* id est ea operando damnabilem facis; vel asseris et in te ipsum proprio iudicio sententiam profers. Et quare vel quomodo, subponit dicens: *Eadem enim agis quae iudicas,* hoc est: quae

10 Ergo ... § *vorangestellt bei O*

[83] So dort nicht ausgeführt; vgl. *Th. Sch.* 3,119 (CCM 13,549).

[84] *Damnare* und seine Derivata haben immer die Doppelbedeutung „strafen“ und „verdammen“.

mehren? Wenn es ja gerecht wäre, daß er weiter sündigte, wieso würde er dann beschuldigt oder würde auch behauptet, er sündige dadurch, daß er das tue, dessen Ausführung durch ihn auf jeden Fall gerecht wäre? — Doch die Lösungen dieser aufgestellten Fragen heben wir uns für die Untersuchung in unserer „Theologia“ auf.[83]

2,1. *Darum.* Von dem einzelnen Vorwurf, gegen die Heiden nämlich, geht er zum allgemeinen über, wie wenn er etwa folgendermaßen sagen wollte: Da diese, denen das geschriebene Gesetz nicht gegeben worden ist, sich ja nicht mit ihrer Unkenntnis Gottes für die Sünde entschuldigen können, das heißt für die Mißachtung des Schöpfers, kann es folglich überhaupt keiner. Und dies bedeutet: *Darum bist du unentschuldbar, o Mensch, ein jeder, der du richtest.* „Ein jeder“, sage ich, „der du richtest“, das heißt, der du die Urteilskraft des Verstandes und das Unterscheidungsvermögen zwischen Gutem und Bösem besitzt. Von dieser Mißachtung (*sc.* des Schöpfers) sind ja die Kinder frei, die noch kein Unterscheidungsvermögen besitzen. Denn worin wahrhaft unentschuldbar? Weil du sogar nach deinem eigenen Urteil verurteilt werden mußt, da du bei anderen dasselbe tadelst, was du tust, oder Ähnliches. Dies aber zielt besonders auf die überhebliche Streitsucht der Römer, mit der sie sich voreinander hervortun wollten und, indem sie sich jeweils selbst verteidigten, die anderen als schuldig beurteilten. *Denn worin,* das heißt: Wegen derselben Sünde, über die *du richtest,* das heißt einen anderen tadelst und als verdammenswert beurteilst, *verurteilst du dich selbst,* das heißt: Du machst dich dadurch, daß du dies tust, verdammenswert[84], oder du stellst eine Behauptung auf und trägst gegen dich selbst nach eigener Meinung einen Urteilsspruch[85] vor. Und wieso und auf welche Weise, fügt er an, indem er sagt: *Da du dasselbe tust, was du verurteilst,* das heißt: was du

[85] Zu *sententia* vgl. oben 96 Anm. 14.

in aliis reprehendis, scilicet mala opera, quae contra propriam conscientiam committis.

2. Dixi: „quae iudicas" reprehendendo, sed bene iudicas hoc arguendo, quia Deus ipsa iudicat puniendo; et hoc est: *Scimus enim,* etc. Vel ita: Dixi: „Te ipsum condemnas", hoc est: damnabilem facis ea operando, et verum est quidem: „Scimus enim", nos divina gratia illuminati, *quoniam iudicium Dei,* quod *est secundum* ipsam *veritatem* rei nec falli potest, „est" *in eos,* id est contra illos *qui talia agunt,* ad ipsos scilicet puniendos atque damnandos.

3. Et cum ita sit, quod videlicet Deus tales damnet, *existimas* tu *qui iudicas,* id est arguis vel accusas *eos qui talia agunt, et facis ea,* „existimas", inquam, *quia tu effugies iudicium Dei,* hoc est iustam eius de talibus vindictam?

4. Et numquid etiam ignoras, quia tanto damnabilior es quanto maiori patientia Deus te exspectat et exspectando diu ad poenitentiam invitat eius benignitas, et hanc eius benignitatem patientiae in contemptum eius convertis, et tanto minus eum vereris quanto amplius sustinet offensas tuas nec statim punit? Et hoc est quod ait: „An ignoras?" Numquid *contemnis divitias bonitatis eius,* id est Dei, hoc est: divitem et copiosam eius animi dulcedinem? „Bonitatis" dico, *patientiae et longanimitatis,* id est longae eius patientiae. Et „an" *ignoras quoniam benignitas Dei,* id est haec bonitatis eius exhibitio qua exspectat, *te adducit* quantum in ipsa est, hoc est: invitat, adhortatur *ad poenitentiam* peccatorum tuorum potius quam ad contemptum exspectantis?

5. Sed tu *secundum duritiam tuam et cor impoenitens thesaurizas tibi,* id est studiose tamquam pretiosas divitias accumulas „tibi" *iram,* id est vindictam exercendam in te *in die,*

bei anderen tadelst, nämlich schlechte Taten, die du gegen dein eigenes Gewissen begehst.

2. Ich sagte: „Was du verurteilst", dadurch daß du tadelst. Aber zu Recht verurteilst du dies, indem du es bezichtigst, weil Gott dies verurteilt, indem er straft; und dies bedeutet: *Denn wir wissen* ... Oder folgendermaßen: Ich sagte: „Du verurteilst dich selbst", das heißt: du machst dich strafwürdig dadurch, daß du das tust; und wahr ist es jedenfalls: „Wir wissen nämlich", wir – durch göttliche Gnade erleuchtet –, *daß das Gericht Gottes*, das *stattfindet nach der Wahrheit* der Sache selbst und das nicht getäuscht werden kann, *über die* „ergeht", das heißt gegen jene, *welche solches tun:* um sie nämlich zu bestrafen und zu verdammen.

3. Und da es so ist, daß nämlich Gott solche straft, *meinst du, der du richtest*, das heißt beschuldigst oder anklagst, *die, welche solches tun, und selbst das nämliche tust* –, „meinst du", sage ich, *daß du dem Gerichte Gottes entrinnen wirst*, das heißt seiner gerechten Vergeltung für solche Dinge?

4. Und weißt du etwa auch nicht, daß du um so verdammenswerter bist, je geduldiger Gott auf dich wartet und durch das Warten seine Güte dich lange zur Buße einlädt und du diese Gnade seiner Geduld in Mißachtung seiner verwandelst und ihn um so weniger fürchtest, je mehr er deine Beleidigungen weiter erträgt und nicht sogleich straft? Und dies bedeutet, daß er sagt: „Oder weißt du nicht?" *Verachtest du den Reichtum seiner* – das heißt Gottes – *Güte*, das heißt: seine reiche und zahlreiche Freundlichkeit des Herzens? Seiner „Güte", sage ich, nämlich *der Geduld und Langmut*, das heißt seiner langen Geduld. Und *weißt du* „etwa" *nicht, daß die Güte Gottes*, das heißt dieser Erweis seiner Güte, durch den er wartet, *dich leitet*, soweit es an ihr liegt, das heißt: einlädt, ermahnt, eher *zur Buße* für deine Sünden als zur Mißachtung dessen, der wartet?

5. *Aber du nach deiner Verstocktheit und deinem unbußfertigen Herzen sammelst dir*, das heißt, häufst „dir" eifrig wie kostbaren Reichtum auf, *Zorn*, das heißt die Strafe, die an dir

hoc est: in tempore *irae et revelationis,* id est vindictae Dei in te revelandae. Et ut ira illa potius iustitiae quam crudelitatis intelligatur et deliberationis magis quam praesumptionis, addit *iusti iudicii,* hoc est: „irae“, dico, id est | vin- 78
dictae provenientis ex iudicio iustae deliberationis *Dei,* qui iniuste agere non potest.

6. Quam vero iustum sit divinum iudicium, subponit dicens: *Qui reddet unicuique,* quod videlicet meruerit *secundum opera,* id est qualitatem operum, quae magis in intentione quam in actione consistit. Secundum qualitatem operum est qualitas retributionis, quia qualia sunt opera, talis est retributio, pro bono scilicet bonum, pro malo malum, cum apud Deum voluntas ipsa pro opere facti reputetur. Unde et ipse probator cordis et renum in abscondito videre dicitur. Opus hoc loco pro affectu operis ponit, ab effectu scilicet ad causam vocabulo translato. Alioquin non ostenderetur aequum esse iudicium Dei, cum opera indifferentia sint in se, scilicet nec bona nec mala, sive remuneratione digna videantur, nisi secundum radicem intentionis, quae est arbor bonum vel malum proferens fructum. Tale est ergo quod ait „secundum opera“ *eius,* ac si diceret secundum voluntatem eorum, quae fieri vel non fieri appetunt. Alioquin superbia diaboli vel cupiditas Simonis, quae non obtinuerunt operis effectum, ad hoc iudicium pertinere non viderentur. Parvuli autem, qui intra annos discretionis morientes meritum habere non videntur,

zu vollziehen ist, *für den Tag,* das heißt die Zeit *des Zorns und der Offenbarung,* das heißt der Strafe Gottes, die an dir offenbart werden soll. Und damit unter jenem Zorn eher der der Gerechtigkeit als der der Grausamkeit verstanden wird und eher der der Überlegung als der der Willkür, fügt er hinzu: *des gerechten Gerichtes,* das heißt „des Zornes", sage ich, das heißt der Strafe, die aus dem Urteilsspruch der gerechten Überlegung *Gottes* hervorgeht, der nicht ungerecht handeln kann.

6. Wie gerecht aber das göttliche Urteil ist, fügt er an, indem er sagt: *Der einem jedem vergelten wird,* was er nämlich verdient hat, *nach seinen Werken,* das heißt der Art der Werke, die mehr in der Absicht als in der Handlung besteht. Nach der Art der Werke richtet sich die Art der Vergeltung, denn welcher Art die Werke sind, solcher Art ist auch die Vergeltung, für Gutes nämlich Gutes, für Schlechtes Schlechtes, wobei bei Gott der Wille selbst für das ausgeführte Werk angerechnet wird. Daher heißt es auch, er selbst, der Herz und Nieren prüft (vgl. Ps 7,10), sehe im Verborgenen (vgl. Mt 6,4.18). Werk setzt er an dieser Stelle für Verlangen nach dem Werk, wobei ja die Bezeichnung vom Ergebnis her auf die Ursache übertragen ist. Andernfalls würde nicht gezeigt, daß das Urteil Gottes gerecht ist, da die Werke an sich neutral sind, nämlich weder gut noch schlecht, oder scheinbar einer Belohnung wert, es sei denn nach ihrer innersten Absicht. Sie ist der Baum, der gute oder schlechte Frucht hervorbringt (Mt 7,17f; Lk 6,43f). So etwas bedeutet es also, daß er sagt: „nach" *seinen* „Werken", wie wenn er sagte: nach dem Willen derer, die begehren, daß sie geschehen oder nicht geschehen. Andernfalls schienen die Überheblichkeit des Teufels oder die Begierde des Simon (*sc.* Magus) (vgl. Apg 8,18–24), die die Ausführung des Werkes nicht erreichten, nichts mit diesem Urteil zu tun zu haben. Die kleinen Kinder aber, die kein Verdienst zu haben scheinen, wenn sie noch vor Ablauf der Jahre sterben, in denen sie das Unterscheidungsvermögen

ad huius iudicii revelationem non pertinent, qua videlicet dicitur: „Reddet unicuique secundum opera eius“, hoc est tribuet ei, quod meruerit.

Diligenter expressit Apostolus, quid sit accipiendum iudicium Dei, cum ait revelationem „iudicii“. Non enim verbis sed exhibitione operis quisque ibi iudicabitur, id est manifestabitur an praemio vel poena dignus fuerit, cuius quidem, dum viveret, occultus etiam sanctis exitus habebatur, utrum videlicet praedestinatus esset ad vitam an non.

Hoc autem iudicium, id est haec revelatio seu discussio divini examinis, et singulariter quotidie fit in exitu singulorum morientium et generaliter in fine saeculi facienda est, ubi quidem omnes omnibus revelabuntur, quales videlicet antea fuerint, an praemio scilicet an poena digni. In illa vero generali discussione bini in electis et reprobis ordines esse | dicuntur. Quidam enim electorum, id est praedestina- | 79
torum, ibi iudicabunt tantum et non iudicabuntur, quidam tantum iudicabuntur. Sic et reproborum duo erunt ordines, cum alii eorum sint iudicandi tantum, alii minime sint iudicandi. Quicumque enim electi purgati ante diem iudicii non invenientur, iudicandi, id est revelandi, ibi erunt. De qualibus alibi ait: „Ipse autem salvus erit, sic tamen quasi per ignem.“ Qui vero perfectae vitae inventi fuerint vel ante ipsum iudicium purgati, non erunt ibi iudicandi, id est revelandi, sed potius cum ipso Christo pariter iudicabunt.

(*sc.* von Gut und Böse) erwerben, haben nichts mit der Offenbarung dieses Gerichtes zu tun, wo ja gesagt wird: „Er wird einem jeden nach seinen Werken vergelten“ (Mt 16,27; Röm 2,6), das heißt, er wird ihm zuteilen, was er verdient hat.

Sorgfältig hat der Apostel ausgedrückt, was als das Urteil Gottes aufzufassen sei, wenn er von der Offenbarung „des Gerichts“ spricht (Röm 2,5). Denn nicht durch Worte, sondern durch Vorstellen des Werkes wird jeder dort gerichtet werden, das heißt, es wird deutlich werden, ob er einer Belohnung oder einer Strafe würdig gewesen ist. Sein Ende blieb ja zu seinen Lebzeiten selbst den Heiligen verborgen, ob er nämlich zum Leben vorherbestimmt war oder nicht.

Dies Gericht aber, das heißt diese Offenbarung oder Untersuchung durch die göttliche Prüfung, geschieht sowohl täglich einzeln beim Tode der einzelnen Sterbenden und muß allgemein am Ende der Zeit geschehen, wo ja alle allen offenbart werden, wie sie nämlich zuvor gewesen sind, ob nämlich einer Belohnung oder einer Strafe würdig. In jener allgemeinen Untersuchung aber soll es je zwei Klassen bei den Erwählten wie bei den Verworfenen geben: Gewisse von den Erwählten nämlich, das heißt den Vorherbestimmten, werden dort nur richten und nicht gerichtet werden, gewisse werden nur gerichtet werden. Ebenso wird es auch zwei Klassen der Verworfenen geben, da nur die einen von ihnen gerichtet werden müssen, die anderen keineswegs gerichtet zu werden brauchen. Denn alle Erwählten, bei denen man finden wird, daß sie vor dem Tage des Gerichts nicht gereinigt worden sind, werden dort gerichtet, das heißt offenbart werden müssen. Über solche sagt er anderswo: „Er selbst aber wird gerettet werden, doch so gewissermaßen durchs Feuer“ (1Kor 3,15). Die aber, bei denen man finden wird, daß sie ein vollkommenes Leben geführt haben oder schon vor dem Gericht selbst gereinigt worden sind, werden dort nicht gerichtet werden müssen, das heißt offenbart, sondern werden eher mit Christus selbst zugleich richten.

Cuius quidem maiestatis et gloriae participes ita fulgebunt, ut statim ex ipsis appareat sicut ex ipso Christo, quam bene egerint, qui eis adhaeserunt, quam male, qui eos contempserunt. Et ita ipsi quoque tamquam iudices cum Christo residebunt, securi penitus de se et alios iudicantes, hoc est, ut dictum est: revelantes an bene cum eis an in eos male egerint, ut vel praemio ex hoc vel poena digni sint. Reprobi vero, qui in infidelitate sua moriuntur, iam in ipso exitu suo iudicati sunt, id est revelati, nec ulterius <generaliter> revelandi, iuxta illud Veritatis: „Qui non credit, iam iudicatus est.“ Hi vero, qui fidem habentes dubiam in occulto gesserunt vitam, propter quod eorum incertus est exitus, ibi iudicandi sunt, id est revelandi.

7. *His quidem qui secundum.* Quomodo secundum qualitatem operis sit qualitas retributionis, ostendit, ut videlicet pro bono bonum reddatur et e contrario. Et hoc est: „His quidem qui secundum“ *patientiam boni operis* <subaudis: sunt>, ut videlicet ostendat bene agentibus tribulationes non deesse, per quas purgantur aut proficiunt, *gloriam et honorem,* id est gloriosum honorem, cum nostra videlicet humanitas ad celsitudinem angelorum pervenerit et nos pariter „haeredes Dei“ et „cohaeredes Christi“ cum ipso regnabimus. Et ne ista gloria ad animam tantum referatur, addit etiam de glorificandis corporibus, quae incorruptibilia erunt, dicens *et incorruptionem,* videlicet corporum; „his“, inquam, quae|rentibus *vitam,* non transitoriam sicut | 80 Iudaei, sed *aeternam* sicut Christiani, ut ostendat merito id

9 generaliter *nur bei mO* || 17–18 subaudis: sunt *nur bei mO*

[86] So der Text; gemeint wohl: und umgekehrt Böses mit Bösem.

[87] Abaelard bezieht „das Leben“ noch auf „suchen“ *(quaerentibus)* statt auf „er wird vergelten mit“ *(reddet).*

Teilhaftig an dessen Majestät und Ruhm, werden sie so leuchten, daß sogleich an ihnen deutlich wird so wie an Christus selbst, wie gut diejenigen gehandelt haben, die ihre Anhänger gewesen sind, wie schlecht die, die sie verachtet haben. Und so werden sie selbst auch als Richter zusammen mit Christus dasitzen, völlig ihrer selbst sicher und als Richter über andere, das heißt wie gesagt: indem sie offenbaren, ob diese mit ihnen zusammen gut oder gegen sie schlecht gehandelt haben, so daß sie hieraus entweder einer Belohnung oder einer Strafe würdig sind. Die Verworfenen aber, die in ihrem Unglauben sterben, sind schon unmittelbar bei ihrem Tode verurteilt, das heißt offenbart, und brauchen nicht darüber hinaus <allgemein> offenbart zu werden, gemäß jenem Ausspruch der Wahrheit: „Wer nicht glaubt, ist schon gerichtet" (Joh 3,18). Die aber, die zwar den Glauben hatten, aber im Verborgenen ein zweifelhaftes Leben geführt haben, weswegen ihr Ende ungewiß ist, müssen dort gerichtet, das heißt offenbart werden.

7. *Denen nämlich, die gemäß.* Auf welche Weise die Art der Vergeltung der Art des Werkes entspricht, zeigt er: so, daß nämlich Gutes mit Gutem vergolten wird und umgekehrt.[86] Und dies bedeutet: „Denen nämlich, die gemäß" *der standhaften Übung des guten Werkes* <ergänze: sind>. Damit will er nämlich zeigen, daß denen, die gut handeln, Anfechtungen nicht fehlen, durch die sie gereinigt werden oder Fortschritte machen. *Herrlichkeit und Ehre,* das heißt herrliche Ehre, wenn unsere Menschheit nämlich zur Erhabenheit der Engel gelangt ist und wir gleichermaßen als „Erben Gottes" und „Miterben Christi" (Röm 8,17) mit ihm regieren werden. Und damit nicht jene Herrlichkeit allein auf die Seele bezogen wird, fügt er auch noch etwas über die Verherrlichung der Körper hinzu, die unvergänglich sein werden, indem er sagt: *und Unvergänglichkeit,* nämlich der Körper; „diesen", sage ich, die *das Leben* suchen[87], nicht ein vergängliches wie die Juden, sondern *das ewige* wie die Christen: Damit will er zeigen, daß sie verdienter-

eos obtinere, ad quod toto desiderio anhelaverunt, nec sua spe esse fraudatos, sicut de quolibet scriptum est iusto: „Vitam petiit a te et tribuisti ei“, et item: „Desiderium animae eius tribuisti ei.“

8. *His autem qui ex contentione,* sunt subaudis, id est qui scienter divinae repugnant voluntati; quod statim exponit dicens *et qui non acquiescunt veritati* quam noverunt, ut videlicet operentur secundum quod operandum esse veraciter credunt, sed magis *credunt,* id est acquiescunt vel assentiunt, *iniquitati,* ut malum, quod animo concipiunt, opere compleant, id est adimplere studeant; reddetur subaudis, *ira et indignatio,* quam videlicet meruerunt, id est vindicta Dei sine eius patientia. Electi vero, si qua in ipsis quandoque puniuntur, ut videlicet purgentur, patienter sustinent nec inde irascuntur, sed potius gaudent atque grates referunt attendentes quod scriptum est: <„Castigans castigavit me Dominus et morti non tradidit me“, et rursum:> „Quos diligit Deus, corrigit; flagellat autem omnem filium quem recipit.“ Unde et Hieronymus, „Ad Castricianum“: „Magna ira est quando peccantibus non irascitur Deus.“

9. *Tribulatio et angustia.* Ostendit, ex quibus praedicta „ira et indignatio“ proveniant: „Tribulatio“ enim „angustia“ est, ubi is, qui torquetur, omni spe evadendi destitutus est, ut nec spes ei ad remedium aliquod sit relicta sed ipsa quoque desperatione torqueatur. Et quia dixerat „his“ indefinite, addit generaliter id fieri *in omnem animam hominis operan-*

16–17 Castigans … rursum *nur bei mO*

---

[88] HIERONYMUS, *epist.* 68,1 (CSEL 54,677).

maßen das bekommen, wonach sie mit ganzem Verlangen gelechzt haben, und daß sie in ihrer Hoffnung nicht getäuscht worden sind, so wie über jeden beliebigen Gerechten geschrieben steht: „Leben erbat er von dir, und du gabst es ihm.“ (Ps 21, 5: Vg. Ps 20,5), und ebenso: „Du hast das Verlangen seiner Seele erfüllt“ (Ps 21, 3: Vg. Ps 20,3).

8. *Denen dagegen, welche streitsüchtig,* ergänze: sind, das heißt, die sich wissentlich dem göttlichen Willen widersetzen. Dies erklärt er sogleich, indem er sagt: *und die sich der Wahrheit nicht unterwerfen,* die sie kennen — so daß sie nämlich demgemäß handeln, wie sie ihrem Glauben nach wahrhaft handeln müßten—, sondern mehr *der Ungerechtigkeit glauben,* das heißt sich zufriedengeben oder zustimmen, so daß sie das Böse, das sie im Geiste planen, in der Tat erfüllen, das heißt sich bemühen, es zu erfüllen: Ihnen — ergänze: wird zur Vergeltung gegeben werden — *Zorn und Grimm,* den sie ja verdient haben, das heißt die Strafe Gottes ohne seine Langmut. Wenn aber irgendwann etwas an den Erwählten bestraft wird, damit sie nämlich gereinigt werden, ertragen sie es geduldig und zürnen deshalb nicht, sondern freuen sich eher und sind dankbar, weil sie darauf achten, was geschrieben steht: <„Der Herr hat mich hart gezüchtigt, und er hat mich nicht dem Tod übergeben“ (Ps 118,18: Vg. Ps 117,18), und wiederum:> „Die Gott liebt, die züchtigt er; er schlägt aber mit der Rute jeden Sohn, den er annimmt“ (Hebr 12,6). Daher schreibt auch Hieronymus, „An Castricianus“: „Groß ist der Zorn, wenn Gott denen, die sündigen, nicht zürnt.“ [88]

9. *Trübsal und Angst:* Er zeigt, woraus der zuvor genannte „Zorn und Grimm“ hervorgeht: „Not“ nämlich ist eine „Bedrängnis“, wo der, der gequält wird, alle Hoffnung auf Entrinnen verloren hat, so daß ihm auch nicht einmal mehr die Hoffnung als ein Heilmittel verblieben ist, sondern er auch gerade durch die Verzweiflung gequält wird. Und weil er unbestimmt gesagt hatte „denen“ (Röm 2,8), fügt er hinzu, daß dies allgemein *der Seele eines jeden Menschen*

tis malum, tam *Iudaei* scilicet quam *gentilis,* id est tam scripta quam naturali lege instructi. „Operantis", inquit, non operati, id est perseverantis in malitia, non desistentis; qui etiam inter ipsa tormenta nec malam voluntatem deponent cum diabolo confirmati volentes adhuc, si liceret, eadem agere, | [81] atque ideo perpetua merito erit poena, quia perpetua in animo perseverabit culpa. Unde et beato attestante Hieronymo merito Dominus in die iudicii dicturus est: „Discedite a me qui operamini iniquitatem", id est qui non solum operati estis, sed adhuc in ipsis cordibus vestris „operamini"; ibi, ut supra diximus, apud Deum voluntas pro opere facti computatur.

Bene dicit „in animam", non in corpus „hominis" vindictam fieri, quia solius animae est, non corporis, dolere sive sentire et contristari vel delectari, irasci vel gaudere. Et si diligenter consideremus, sola ipsa quae velle potest, apud Deum voluntatis remuneratorem vel praemium vel poenam ex bona vel mala voluntate promeretur, et sola proprie dicenda est peccare sicut et virtutes habere et sola beata effici ex visione divinae maiestatis, quae oculis tantum mentis, non corporis conspicitur. Quod autem quinque animae sensus corporei dicuntur, cum sola tantum, ut dictum est, anima sentiat, vel quod quaedam peccata carnalia, quaedam spiritualia vocentur, cum sola tantum anima peccet, quae sola rationem habet et velle potest, non ita est accipiendum, ut corpus ipsum vel

---

[89] Hieronymus, *in Matth.* 1 (CCL 77,46).

geschehe, *der Böses tut,* ebenso der *des Juden* nämlich wie der *des Heiden,* das heißt ebenso der eines vom geschriebenen wie der eines vom natürlichen Gesetz Unterwiesenen. Der Böses „tut“, sagt er, nicht: getan hat, das heißt, der in seiner Schlechtigkeit verharrt, nicht aufhört. Sie werden auch selbst unter Foltern nicht einmal ihren schlechten Willen ablegen, indem sie – durch die Gemeinschaft mit dem Teufel gestärkt – immer noch dasselbe tun wollen, falls es erlaubt wäre. Und daher wird zu Recht die Strafe ewig sein, da ja die Schuld in ihrem Herzen ewig verharren wird. Daher wird auch – nach dem Zeugnis des seligen Hieronymus[89] – zu Recht der Herr am Tage des Gerichts sagen: „Weg von mir, die ihr Ungerechtigkeit ausübt!“ (Mt 7,23 Vg.), das heißt, die ihr sie nicht nur ausgeübt habt, sondern noch immer unmittelbar in euren Herzen „ausübt“. Dort wird, wie wir oben sagten[90], bei Gott der Wille an Stelle der ausgeführten Tat angerechnet.

Passend sagt er, daß die Strafe sich „gegen die Seele“, nicht den Körper „des Menschen“ richte, da es allein Sache der Seele ist, nicht des Körpers, Schmerz oder Gefühle zu empfinden und traurig zu sein oder sich zu freuen, zu zürnen oder froh zu sein. Und wenn wir es sorgfältig betrachten, so verdient allein die Seele, die wollen kann, bei Gott, dem Vergelter des Willens, Lohn oder Strafe aufgrund des guten oder schlechten Willens; und von ihr allein darf man sagen, sie sündige, ebenso wie auch, sie habe Tugenden, und sie allein werde glücklich aufgrund der Schau der göttlichen Majestät, die nur mit den Augen des Geistes, nicht mit denen des Körpers, geschaut wird. Daß aber die fünf Sinne der Seele körperlich genannt werden, wo doch, wie gezeigt wurde, die Seele allein empfindet, oder daß gewisse Sünden fleischlich, gewisse geistig genannt werden, wo doch nur die Seele allein sündigt, die allein Vernunft hat und wollen kann: Das darf nicht so aufgefaßt werden, daß der Körper selbst ent-

---

[90] Zu Röm 2,6, oben 174,7 – 176,3.

sentiat vel peccet, sed quia per ipsum vel sensus excercentur vel voluntates implentur ut ingluvies gula, libido genitalibus.

Sola itaque anima ex bona vel mala voluntate praemium vel poenam apud Deum meretur et obtinet, et sola beatitudinis vel miseriae particeps esse potest, licet ex corpore resumpto poena eius vel gloria augeatur. Unde duplicem contritionem impiorum et geminam stolam sanctorum, tam secundum animam scilicet quam secundum corpus, dicimus. Gaudebit amplius beata anima et creatorem magis glorificabit, cum corpus ipsum, quod hic tam infirmum et passibile gessit, viderit ibi ita aptatum, quod ulterius dissolvi non possit nec ipsa ex contactu eius aliquam contrahere laesionem. Et haec ipsa corporis humani reparatio corporis glorificatio vel beatitudo dicitur. Sic et poena corporis dici potest, quam anima ipsa per corporea sustinebit membra. Nec tamen, cum ex corporibus geminetur animarum gloria vel poena, ideo geminam istam | gloriam vel | 82 poenam simplici angelorum vel daemonum gloriae poenaeve praeferimus, qui corporeae non sunt naturae.

Quod vero, ut dictum est, sola anima doleat vel sentiat, ipsi quoque asserunt sancti. Unde Augustinus, „De civitate Dei“ libro XXII: „Si consideremus diligentius, dolor, qui dicitur corporis, magis ad animam pertinet. Animae est enim dolere, non corporis, etiam quando ei dolendi causa existit a corpore, cum in eo loco dolet, ubi laeditur corpus.“ Idem,

---

91 Nämlich bei der Auferstehung der Toten.

92 AUGUSTINUS, *civ.* 22,2 (CCL 48,760).

weder empfinde oder sündige, sondern daß durch ihn entweder die Sinne betätigt oder Willensregungen ausgeführt werden wie zum Beispiel Gefräßigkeit durch den Schlund, Lust durch die Geschlechtsorgane.

Allein die Seele verdient und erhält daher aufgrund ihres guten oder schlechten Willens Lohn oder Strafe bei Gott, und sie allein kann teilhaben an Glückseligkeit oder Elend, mag auch ihre Strafe oder ihre Herrlichkeit durch den wiedererlangten Körper[91] vergrößert werden. Daher sprechen wir von einem doppelten Elend der Gottlosen und einem doppelten Ehrenkleid der Heiligen, ebenso in bezug auf die Seele nämlich wie auf den Leib. Die selige Seele wird sich noch mehr freuen und den Schöpfer noch mehr preisen, wenn sie sieht, daß gerade der Leib, den sie hier so schwach und leidensfähig an sich getragen hat, dort so instand gesetzt ist, daß er weiterhin nicht mehr aufgelöst werden kann und daß sie selbst sich aus der Berührung mit ihm keine Verletzung mehr zuziehen kann. Und eben diese Wiederherstellung des menschlichen Körpers nennt man Verherrlichung oder Glückseligkeit des Körpers. So kann man auch von einer Strafe des Körpers sprechen, die die Seele selbst durch Glieder des Körpers erdulden wird. Trotzdem ziehen wir nicht, obwohl durch die Körper Herrlichkeit oder Strafe der Seelen verdoppelt wird, deshalb jene doppelte Herrlichkeit oder Strafe der einfachen Herrlichkeit und der einfachen Strafe der Engel oder Dämonen vor, die nicht von körperlicher Natur sind.

Daß aber, wie gesagt, allein die Seele Schmerz oder Gefühle empfinden kann, bestätigen auch gerade die Heiligen. Daher sagt Augustinus im 22. Buch „Über den Gottesstaat“: „Wenn wir es genauer betrachten, bezieht der sogenannte körperliche Schmerz sich eher auf die Seele. Sache der Seele ist es nämlich, Schmerz zu empfinden, nicht des Körpers, selbst dann, wenn für sie die Ursache, Schmerz zu empfinden, aus dem Körper stammt, wenn sie an der Stelle Schmerz empfindet, wo der Körper verletzt wird.“[92] Dersel-

„Super Genesim“: „Sentire non est corporis sed animae per corpus.“ Item: „Neque enim corpus sentit sed anima per corpus.“ Idem, „Ad Dioscorum“ in ea epistola „Tu me innumerabilium quaestionum“: „Non igitur accipit animus a corpore vel summum bonum vel partem aliquam summi boni. Hoc qui non vident, caecati sunt dulcedine carnalium voluptatum, quam ex indigentia sanitatis venire non intuentur. Sanitas autem perfecta corporis illa extrema totius hominis immortalitas erit. Tam potenti enim natura Deus fecit animam, ut ex eius plenissima beatitudine, quae in fine temporum sanctis promittitur, redundet etiam in inferiorem naturam quae est corpus, non beatitudo quae fruentis et intelligentis est propria sed plenitudo sanitatis, id est incorruptionis vigor.“

Iudaei primum et Graeci. Iudaeum vocat omnem scripta lege edoctum, Graecum omnem gentilium more philosophorum, qui Graeci fuerunt, ratione praeditum, id est naturali lege optime instructum. Quorum quo maior est discretio, maior est transgressio, et ideo ait: „Iudaei et Graeci primum“, id est maxime, „operantis malum“, id est delinquentis, <comparatione scilicet aliorum hominum quasi brutorum.>

10. *Gloria autem et honor.* Repetit iustorum remunerationem quam praemisit, ut ad eam saepius memoratam | amplius nos accendat. | 83 Pacem quidem dicit non solum quietem ab infestatione exteriorum inimicorum, verum etiam concordiam illam spiritus et carnis, ut in nullo ulterius caro

---

21–22 comparatione ... brutorum *nur bei mO*

---

[93] AUGUSTINUS, *gen. ad litt.* 3,5 (CSEL 28/1,67).
[94] AUGUSTINUS, *gen. ad litt.* 24 (CSEL 28/1,416).
[95] AUGUSTINUS, *epist.* 118,14 (CSEL 34/2,678 f).

be sagt in seiner „Auslegung zur Genesis“: „Zu empfinden ist nicht Sache des Körpers, sondern der Seele vermittels des Körpers.“[93] Ebenso: „Denn der Körper empfindet auch nicht, sondern die Seele vermittels des Körpers.“[94] Derselbe (*sc.* schreibt) in dem „Brief an Dioscurus“ (*sc.* mit den Anfangsworten): „Du (*sc.* hast) mich (*sc.* mit einer Menge) unzähliger Fragen“: „Nicht also empfängt der Geist vom Körper entweder das höchste Gut oder irgendeinen Teil des höchsten Gutes. Die dies nicht sehen, sind erblindet durch die Annehmlichkeit körperlicher Vergnügungen, bei der sie nicht wahrnehmen, daß sie aus Mangel an Gesundheit herrührt. Vollkommene Gesundheit des Körpers aber wird jene letzte Unsterblichkeit des ganzen Menschen sein. Von so kräftiger Natur nämlich hat Gott die Seele geschaffen, daß aus ihrer vollkommensten Glückseligkeit, die für das Ende der Zeiten den Heiligen verheißen wird, auch auf die niedrigere Natur, die der Körper ist, zwar nicht Glückseligkeit überströmen wird – diese ist der schauend genießenden und erkennenden (*sc.* Natur) eigentümlich –, doch die Fülle der Gesundheit, das heißt die Kraft der Unvergänglichkeit.“[95]

Des Juden zuerst und auch des Griechen: Als Juden bezeichnet er jeden, der durch das geschriebene Gesetz gelehrt ist, als Griechen jeden Heiden, der – nach Weise der Philosophen, die Griechen gewesen sind – mit Vernunft begabt ist, das heißt durch das natürliche Gesetz aufs beste unterrichtet. Je größer deren Unterscheidungsvermögen ist, desto größer ist ihre Übertretung, und daher sagt er: „Des Juden und Griechen zunächst“, das heißt besonders, „der Böses tut“, das heißt sündigt <im Vergleich zu den anderen Menschen nämlich, die gewissermaßen ohne Vernunft sind>.

10. *Herrlichkeit aber und Ehre.* Er wiederholt die Belohnung der Gerechten, die er vorausgeschickt hat, um uns für sie durch mehrfache Erwähnung noch mehr zu entflammen. Frieden nennt er ja nicht nur Ruhe vor dem Angriff äußerer Feinde, sondern auch jene Eintracht zwischen Geist und Fleisch, so daß das Fleisch in nichts mehr weiter

spiritui reluctetur omnibus prorsus finitis carnalium suggestionum molestiis. *Iudaeo primum et Graeco, bonum* scilicet *operanti.* Quo enim isti amplius summum bonum, Deum, vel scripto vel ratione cognoverant, amplius eius voluntati sobrie vivendo inhaerebant. „Primum“ itaque et hoc loco pro maxime, ut supra, ponit.

11. *Non est enim.* Dixi generaliter „omni“, atque indifferenter nullam faciens differentiam retributionis ex dignitate personarum, et merito, quia „non est“ *personarum acceptio apud Deum,* hoc est: Numquam divinum iudicium minus aliquem ibi punit vel magis glorificat pro aliqua dignitate vel excellentia quam hic habere videbatur, sed aeque omnibus secundum merita reddit tam habentibus legem quam non habentibus, tam his, qui se esse de genere Israel gloriantur quam ceteris. Et quod secundum merita tantum reddat, ostendit, cum secundum quantitatem transgressionum sit quantitas poenarum. Unde similiter de praemiis subintelligendum constat.

12. Sicut itaque maior est transgressio eius, qui legem quoque scriptam accepit, quam illius, qui sola naturali est instructus, ita maiorem eius poenam esse ostendit et alterius minorem dicens: *Quicumque peccaverunt sine lege,* scilicet scripta sicuti gentiles, id est eam non habentes, qua instruerentur, peribunt quidem, id est damnabuntur, sed *sine lege peribunt,* id est nullam ex transgressione legis scriptae poenam incurrent sed ex transgressione naturalis legis tantum.

dem Geist widerstreitet (vgl. Gal. 5,17), nachdem alle Beschwerden fleischlicher Einflüsterungen völlig beendet sind. *Dem Juden zuerst und auch dem Griechen, der* nämlich *Gutes tut:* Je umfassender jene nämlich das höchste Gut, Gott, entweder durch die Schrift oder durch die Vernunft erkannt hatten, desto mehr waren sie seinem Willen dadurch verbunden, daß sie besonnen lebten. „Zuerst" setzt er deshalb auch an dieser Stelle, wie oben (Röm 2,9), für am meisten.

11. *Denn es gilt nicht.* Ich habe allgemein gesagt: „Jedem", und zwar unterschiedslos, ohne eine Unterscheidung der Belohnung nach der Würde der Personen vorzunehmen, und zu Recht: Denn „es gilt" *kein Ansehen der Personen bei Gott,* das heißt: Niemals straft das göttliche Gericht jemand dort weniger oder verherrlicht ihn mehr nach irgendeiner Würde oder herausragenden Stellung, die er hier zu haben schien; sondern es vergilt gleichermaßen allen nach ihren Verdiensten, ebenso denen, die das Gesetz haben, wie denen, die es nicht haben, ebenso denen, die sich rühmen, vom Geschlechte Israels zu sein, wie den übrigen. Und daß es nur nach den Verdiensten vergilt, zeigt es, da die Größe der Strafen der Größe der Übertretungen entspricht. Daher muß man es sicherlich ähnlich von den Belohnungen mitverstehen.

12. Ebenso wie also die Übertretung dessen größer ist, der auch das geschriebene Gesetz empfangen hat, als die jenes, der allein durch das natürliche Gesetz unterwiesen ist, so ist die Strafe dieses größer und die des anderen kleiner, wie er zeigt, indem er sagt: *Alle, welche ohne das Gesetz gesündigt haben,* das geschriebene nämlich, so wie die Heiden, das heißt, die es nicht hatten, um sich dadurch unterweisen zu lassen, werden zwar zugrunde gehen, das heißt verurteilt werden, doch *sie werden ohne das Gesetz verlorengehen,* das heißt, sie werden sich keine Strafe aus der Übertretung des geschriebenen Gesetzes zuziehen, sondern nur aus der Übertretung des natürlichen Gesetzes.

Et quicumque in lege peccaverunt, id est per transgressionem quoque scriptae legis sicut Iudaei, *per legem iudicabuntur*, hoc est: convinci aperte rei poterunt per professionem legis susceptae quam non servaverunt.

<*Quaestio*>

§ Sed cum maior sit istorum transgressio, qui legis quoque scriptae | transgressores sunt, quam legis naturalis: Quare | 84
ibi dixit „peribunt", hic dixit „iudicabuntur", cum videlicet ea, quae iudicio reservantur peccata, non tanta videantur quanta illa, quae iudicium non exspectant, sed statim damnant et perire reum cogunt, absque ullo scilicet iudicii examine? Sed profecto, ut diximus, iudicari dixit pro aperte convinci, ut tanto maius peccatum appareat quanto apertius convinci potest, ex transgressione scilicet scriptae legis, quae aperte a Deo coram omnibus est tradita et miraculis confirmata. Quae enim publico iudicio damnantur, aperte arguuntur nec post sententiam iudicii approbatam defensorem inveniunt.

13. *Non enim auditores.*

<§ *Tertia invectio in Iudaeos*>

§ Incipit invectio in Iudaeos. Continuatio: Dixi: „per legem iudicabuntur", tamquam rei scilicet, quia, licet legem audiant, non ideo iusti sunt, nisi opera faciant, quae lex

---

5 Quaestio $R^{mg}O^{mg}$ || 6 Sed ... § *vorangestellt bei O* || 8 cum *hier fälschlich bei m die Randnotiz* Quaestio || 20 Tertia ... Iudaeos § *vorangestellt bei* O^{mg} | Tertia ... Iudaeos $R^{mg}O^{mg}$ || 21 Incipit ... § *vor-*

Und alle, welche unter dem Gesetze gesündigt haben, das heißt auch durch die Übertretung des geschriebenen Gesetzes, wie die Juden, *werden durch das Gesetz gerichtet werden,* das heißt, sie werden offenkundig als schuldig überführt werden können durch das Bekenntnis, das Gesetz angenommen zu haben, das sie nicht eingehalten haben.

<Frage>

Aber da die Übertretung derer größer ist, die auch Übertreter des geschriebenen Gesetzes sind, als (*sc.* die der Übertreter) des natürlichen: Weshalb hat er dort gesagt: „... werden verlorengehen“, hier: „... werden gerichtet werden“, wo doch offenbar die Sünden, die dem Gericht vorbehalten sind, nicht so groß scheinen wie jene, die nicht auf das Gericht warten, sondern sofort verdammen und den Schuldigen zwingen, zugrunde zu gehen, ohne irgendeine Prüfung durch das Gericht nämlich? Aber in der Tat hat er, wie wir gesagt haben, gerichtet werden an Stelle von offenkundig überführt werden gesagt, damit die Sünde um so größer erscheine, je offensichtlicher sie bewiesen werden kann, nämlich aus der Übertretung des geschriebenen Gesetzes, welches offenkundig von Gott vor aller Augen übergeben worden und durch Wunder bekräftigt worden ist. Was nämlich durch öffentlichen Urteilsspruch verurteilt wird, wird offenkundig bewiesen und findet nach der Billigung des Urteilsspruches keinen Verteidiger mehr.

13. *Denn nicht die Hörer.*

<Dritter Angriff: auf die Juden>

Es beginnt ein Angriff auf die Juden. Fortsetzung: Ich habe gesagt: „Sie werden durch das Gesetz gerichtet werden“ (Röm 2,12), als Angeklagte nämlich, weil sie – mögen sie auch auf das Gesetz hören – nicht deshalb gerecht sind, wenn sie nicht Werke tun, die das Gesetz nämlich vor-

---

angestellt bei OR

videlicet praecipit. Et hoc est: „Non enim auditores", hoc est: non quia sunt „auditores legis", *iusti sunt apud Deum,* id est divino iudicio quamvis humano, *sed factores,* id est quia faciunt quae lex praecipit.

At vero cum alibi dicat neminem iustificari ex operibus legis, quomodo nunc dicit „factores legis" iustificari, nisi hoc loco „factores" dicat, qui amore Dei ad faciendum spontanei sunt, secundum quod bona voluntas pro opere facti reputatur, ut diximus? Non enim exteriori opere Deo placemus, sed potius ex voluntate. Hic igitur de voluntate, ibi de exteriori opere loquitur. Possumus etiam hic naturalem legem accipere, qua sola utuntur gentiles — de quibus vero ait et in sequentibus, illud de lege scripta operum intelligere —, ut videlicet ita intelligatur, quod non illi tantum, qui audiunt verba legis naturalis, iusti sunt, sed qui opere complent. Verba autem legis naturalis illa sunt, quae Dei et proximi caritatem commendant, sicuti ista: „Quod tibi non vis, alteri ne feceris" et: „Quod vultis ut faciant vobis homines, et vos facite illis."

14. *Cum enim gentes.* Et vere non in auditu scriptae legis sed in opere eius, ut dictum est, vis iustificationis consistit. Quod apparet ex gentilibus, qui, quamvis legem scriptam non habeant quam audire possint, cum tamen faciunt ea | opera quae lex praecipit, aeque ut Iudaei salvantur. Et | 85
hoc est: „Cum enim gentes", id est gentiles, qui *legem* scilicet scriptam *non habent, naturaliter faciunt,* id est naturali lege instructi, hoc est cognitione Dei ac discretione rati-

[96] Zu Röm 2,6, oben 174,7 – 176,3.

schreibt. Und dies bedeutet: „Denn nicht die Hörer", das heißt, nicht weil sie „Hörer des Gesetzes" sind, sind sie *gerecht vor Gott,* das heißt nach göttlichem Urteil, wenn auch nach menschlichem, *sondern die Vollbringer,* das heißt, weil sie tun, was das Gesetz vorschreibt.

Aber wo er doch an anderer Stelle sagt, niemand werde aus Werken des Gesetzes gerechtfertigt (Röm 3,20), wieso sagt er nun, „die Vollbringer des Gesetzes" würden gerechtfertigt, wenn er nicht an dieser Stelle „Vollbringer" die nennt, die aus Liebe zu Gott zum Tun bereit sind, dem gemäß, daß der gute Wille als ausgeführtes Werk angerechnet wird, wie wir gesagt haben?[96] Denn nicht durch das äußerliche Werk gefallen wir Gott, sondern eher aufgrund des Willens. Hier also spricht er vom Willen, dort vom äußerlichen Werk. Wir können auch hier das Gesetz als natürliches Gesetz auffassen, das die Heiden allein anwenden – worüber er aber auch im folgenden spricht, das können wir vom geschriebenen Gesetz der Werke verstehen –, so daß es nämlich so verstanden wird, daß nicht jene, die die Worte des natürlichen Gesetzes nur hören, gerecht sind, sondern die, die sie durch die Tat erfüllen. Die Worte des natürlichen Gesetzes aber sind jene, die die Gottes- und Nächstenliebe empfehlen, zum Beispiel folgende: „Was du für dich nicht willst, tu keinem anderen!" (Tob 4,15), und: „Was ihr wollt, das euch die Menschen tun, das tut auch ihr ihnen!" (Mt 7,12).

14. *Denn wenn Völker.* Und wahrhaftig besteht nicht im Hören des geschriebenen Gesetzes, sondern in seiner Ausführung, wie gesagt ist, die Kraft der Rechtfertigung. Dies wird deutlich an den Heiden: Obwohl sie das geschriebene Gesetz nicht haben, so daß sie darauf hören könnten, werden sie, wenn sie dennoch die Werke tun, die das Gesetz vorschreibt, in gleicher Weise wie die Juden gerettet. Und dies bedeutet: „Denn wenn Völker", das heißt Heiden, welche *das Gesetz,* nämlich das geschriebene, *nicht haben, von Natur aus tun,* das heißt durch das natürliche Gesetz unterwiesen, das heißt durch Erkenntnis Gottes und Unterscheidungs-

onis quam „naturaliter", hoc est ex sua creatione, „habent", non ex scripta alicuius doctrina; ipsi, dico, *non habentes huiusmodi legem,* id est scriptam exterius sicut habent Iudaei, *ipsi sibi sunt lex,* hoc est: Eamdem remunerationem assequuntur per se ipsos sine lege scripta quam illi per oboedientiam scriptae legis.

15. Quippe qui exhibent exterius in opere voluntatem bonam, quam habent in mente, *ostendunt opus legis scriptum in cordibus.* Cum dicit „scriptum", perseverantiam bonae voluntatis innuit. Ut enim beatus ait Gregorius, „quod loquimur transit, quod scribimus permanet." Qui itaque legis auditores sunt, quasi legem loquuntur, quam in membranis scriptam, non in cordibus tenent affixam; sicut e contrario isti faciunt, bonum *eis testimonium reddente conscientia ipsorum,* hoc est: securos eos faciente de iustitia operum suorum bona ipsorum conscientia atque recta intentione quae illis, non aliis, cognita est. Secundum quam quidem intentionem Deus opera pensat.

Et inter se invicem. Diversa littera hic legi solet. Modo enim genetivi plurales ponuntur hoc modo: *Cogitationum accusantium aut etiam defendentium,* modo ablativi sic: *Cogitationibus accusantibus,* etc. Unde Augustinus, „De civitate Dei" libro XX: „‚In cogitationibus enim', sicut scriptum est, ‚impii interrogatio erit', et Apostolus: ‚Cogitationibus', inquit, ‚accusantibus vel etiam excusantibus, in die qua iudicabit Deus occulta hominum'", etc. Idem, in psalmo CXVIII: „Omnia opera vel bona vel mala a cogitatione procedunt. In cogitatione quisque innocens, in cogitatione reus est. Propter quod scriptum est: ‚Cogitatio sancta serva-

[97] Wörtlich: ein äußerlich (= außerhalb ihres Herzens) aufgeschriebenes.

[98] GREGOR DER GROSSE, *moral.* 33,7 (CCL 143B, 1675).

[99] AUGUSTINUS, *civ.* 20,26 (CCL 48,750f).

[100] Bei AUGUSTINUS werden die Psalmen natürlich nach der auf die Septuaginta zurückgehenden Vulgatafassung gezählt; also Ps 119 = Vg. Ps 118.

kraft der Vernunft, die sie „von Natur aus“, das heißt seit ihrer Erschaffung, „haben“, nicht aus der schriftlichen Lehre von jemand: Dann sind diese, sage ich, *die ein derartiges Gesetz nicht haben,* das heißt ein schriftlich vorliegendes[97], wie es die Juden haben, *sich selbst Gesetz,* das heißt: Sie erlangen dieselbe Belohnung durch sich selbst ohne geschriebenes Gesetz wie jene durch Gehorsam gegenüber dem geschriebenen Gesetz.

15. Da sie ja äußerlich durch das Werk ihren guten Willen zeigen, den sie im Geiste haben, *zeigen sie, daß das Werk des Gesetzes in ihre Herzen geschrieben ist.* Dadurch daß er sagt: „geschrieben“, deutet er die Beständigkeit des guten Willens an. Wie nämlich der selige Gregorius sagt, „geht vorüber, was wir sprechen; was wir schreiben, bleibt“[98]. Die daher nur Hörer des Gesetzes sind, sprechen gewissermaßen vom Gesetz, das sie auf Blättern aufgeschrieben, nicht in ihren Herzen verankert haben. Umgekehrt machen es so jene, *indem ihnen ihr Gewissen* ein gutes *Zeugnis* ablegt, das heißt, wenn ihr gutes Gewissen und ihre richtige Absicht, die ihnen, nicht anderen bekannt ist, sie sicher machen hinsichtlich der Gerechtigkeit ihrer Werke. Nach dieser Absicht wägt Gott ja die Werke ab.

Und sich untereinander. Verschieden wird der Text hier gewöhnlich gelesen. Denn bald werden auf folgende Weise Genetive des Plurals gesetzt: *der Gedanken, die anklagen oder auch verteidigen,* bald Ablative folgendermaßen: *indem die Gedanken anklagen* ... Daher sagt Augustinus, „Über den Gottesstaat“ im 20. Buch: „‚In Gedanken nämlich‘, wie geschrieben steht, ‚wird die Befragung des Gottlosen sein‘ (Weish 1,9), und der Apostel sagt: ‚Indem ihre Gedanken anklagen oder auch entschuldigen am Tage, an dem Gott das Verborgene der Menschen richten wird‘ ...“ (Röm 2,15).[99] Derselbe zu Psalm 118[100]: „Alle Werke, gute wie schlechte, gehen aus dem Gedanken hervor. Im Gedanken ist jeder unschuldig, im Gedanken schuldig. Deshalb steht geschrieben: ‚Der heilige Gedanke wird dich

bit te‘, et alibi: ‚In cogitationibus impii interrogatio erit‘, et Apostolus: ‚Cogitationibus‘, ait, ‚accusantibus | aut etiam | 86
defendentibus‘“, etc. Idem, in psalmo V: „‚Decidant a cogitationibus suis.‘ Dictum est: ‚decidant‘ accusantibus se cogitationibus suis, conscientia sua, sicut Apostolus dicit, et ‚cogitationum accusantium seu defendentium‘“, etc.

Puto autem hanc litterae variationem maxime ex consuetudine Graecae linguae contigisse, cum videlicet Graeci ablativo carentes genetivo etiam pro ablativo utantur. Unde factum est ut, secundum diversas translationes ex Graeco in Latinum, modo genetivus retentus sit in Latino sicut erat in Graeco, modo prout sententia requirebat in ablativum apud nos sit commutatus. Quamvis enim haec epistola quae ad Romanos dirigitur, primo Latine scripta intelligatur, etsi in Graecia apud Corinthum scripta fuerit, credimus tamen diversos postea eius translatores vel expositores exstitisse, qui Graecos, ut dictum est, imitarentur, cum illam fortassis scripturam Latinam ad manum non haberent et ideo ad exemplaria Graeca recurrerent. Nunc igitur utramque litteram exponamus.

Cum itaque praemissum sit: „testimonium reddente illis conscientia ipsorum“, addit: „inter se invicem cogitationum“, etc.; ac si diceret: et tali conscientia, quae non errat in discretione operum, ea scilicet discutiens secundum ipsas animi cogitationes, hoc est: intentiones; quae quidem cogitationes habent accusare vel defendere apud Deum potius quam exteriora opera. Et hoc est conscientia, dico „cogitationum“, id est quae ipsas cogitationes magis attendit quam opera. Et quare eas maxime penset, adnectit: quia accusant

---

101 Augustinus, *in psalm.* 118,6 (CCL 40,1746).

102 Augustinus, *in psalm.* 5,11 (CCL 38,25).

103 Dem griechischen *Genetivus absolutus* entspricht der lateinische *Ablativus absolutus.*

104 Vgl. den Prolog oben 72,22 – 74,2 und 76,11 f.

retten' (Spr 2,11), und anderswo: ‚In den Gedanken des Gottlosen wird die Befragung sein' (Weish 1,9 Vg.), und der Apostel sagt: ‚Indem die Gedanken anklagen oder auch verteidigen' ..."[101] Derselbe zu Psalm 5: „‚Sie mögen herabstürzen durch ihre Gedanken' (Ps 5,11): Es heißt: ‚Sie mögen herabstürzen', weil ihre Gedanken sie anklagen — ihr Gewissen, wie der Apostel sagt —: und zwar das ‚der Gedanken, die anklagen oder verteidigen'..."[102]

Ich glaube aber, daß diese Verschiedenheit des Textes vor allem aus der Gewohnheit der griechischen Sprache herrührt, da ja die Griechen, die keinen Ablativ haben, den Genetiv auch an Stelle des Ablativs gebrauchen.[103] Daher kommt es, daß nach verschiedenen Übersetzungen aus dem Griechischen ins Lateinische bald im Lateinischen der Genetiv beibehalten ist, wie er im Griechischen stand, bald — je nachdem wie es der Sinn erforderte — bei uns zu einem Ablativ verändert worden ist. Denn wenn auch dieser Brief, der an die Römer gerichtet ist, bekanntlich zuerst auf Lateinisch verfaßt ist, auch wenn er in Griechenland in der Gegend von Korinth geschrieben worden ist[104], so glauben wir dennoch, daß es später verschiedene Übersetzer oder auch Ausleger von ihm gegeben hat, die die Griechen, wie gesagt, nachahmten, da sie vielleicht jene lateinische Schrift nicht zur Hand hatten und deshalb auf griechische Exemplare zurückgriffen. Jetzt wollen wir also beide Texte auslegen.

Nachdem also vorausgeschickt ist: „Indem ihnen ihr Gewissen Zeugnis gibt", setzt er hinzu: „der Gedanken, die sich untereinander ...", wie wenn er sagen wollte: Und ein solches Gewissen, das nicht irrt bei der Unterscheidung der Werke, indem es sie nämlich gerade im Hinblick auf die innerlichen Überlegungen untersucht, das heißt die Absichten. Diese Gedanken können ja bei Gott eher anklagen oder verteidigen als äußerliche Werke. Und dies ist das Gewissen, das „der Gedanken", meine ich, das heißt, das die Gedanken selbst mehr beachtet als die Werke. Und weshalb es sie besonders abwägt, fügt er an: weil sie bei Gott anklagen

vel excusant apud Deum. „Cogitationum“, dico, „inter se invicem“, scilicet habitarum, ut de ipsis videlicet existiment agendum sicut de aliis, iuxta illam videlicet suprapositam naturalis legis regulam: „Quod tibi non vis, alteri ne feceris“ et: „Quae vultis ut faciant vobis homines, et vos facite illis.“

16. *In die,* hoc est, in tempore, *quo iudicabit Deus* per Filium suum, id est Iesum Christum – secundum quod scri|ptum est: „Pater omne iudicium dedit Filio.“ – *occulta* | 87 *hominum,* id est intentiones potius quam exteriora opera. *Secundum Evangelium meum,* id est sicut ego praedico, asserens scilicet Deum potius intentionum quam operum remuneratorem.

Si vero sit ablativus absolutus hoc modo: „Et inter se invicem cogitationibus accusantibus“, etc., continuabitur ad praemissum alium ablativum sic: Dixi: „conscientia ipsorum reddente illis testimonium“ et „cogitationibus“ suis, quas habent „inter se invicem“, id est per quas sese ita ut alios pensant, ut dictum est: ipsis, inquam, suis „cogitationibus“, id est propriis intentionibus, subaudis reddentibus „illis testimonium“. Et est quasi expositio eius quod praemissum est: „conscientia ipsorum“; ac si diceret: id est „cogitationibus eorum“, etc. Et quare „testimonium“ reddant eis, id est securos eos faciant cogitationes suae apud Deum, subdit: quia videlicet solae, ut dictum est, cogitationes apud Deum habent accusare vel defendere. Et hoc est quod subponit: „accusantibus aut etiam defendentibus“, etc.

Quaeritur autem quomodo post datum circumcisionis mandatum: „Omnis anima cuius caro praeputii circumcisa

---

[105] Subjekt: die Gedanken oder auch: die betreffenden Menschen.

oder entschuldigen. „Der Gedanken“, sage ich, die „untereinander gegenseitig“ nämlich angestellt wurden, so daß man[105] nämlich glaubt, man müsse mit sich selbst ebenso verfahren wie mit den anderen, nach jener oben angeführten Regel des natürlichen Gesetzes nämlich: „Was du für dich nicht willst, tu keinem anderen!“ (Tob 4,15), und: „Was ihr wollt, das euch die Menschen tun, tut auch ihr ihnen!“ (Mt 7,12).

16. *An dem Tag,* das heißt zu der Zeit, *an dem Gott richten wird* durch seinen Sohn, das heißt Jesus Christus — gemäß dem, was geschrieben steht: „Der Vater hat das ganze Gericht dem Sohne übertragen“ (Joh 5,22) —, *das Verborgene der Menschen,* das heißt eher die Absichten als die äußerlichen Werke. *Nach meinem Evangelium:* das heißt so, wie ich verkündige, indem ich nämlich behaupte, Gott vergelte eher die Absichten als die Werke.

Wenn aber der Ablativ ein *Ablativus absolutus* ist — auf folgende Weise: „Und indem die Gedanken sich untereinander anklagen …“ —, wird er sich folgendermaßen unmittelbar an den vorausgeschickten anderen Ablativ anschließen: Ich habe gesagt: „Indem ihnen ihr Gewissen Zeugnis gibt“ und ihre „Gedanken“, die sie „untereinander“ anstellen, das heißt, durch die sie sich ebenso wie andere beurteilen, wie gesagt wurde: indem ihnen gerade ihre „Gedanken“, sage ich, das heißt die eigenen Absichten — ergänze: „Zeugnis geben“. Und es ist gewissermaßen eine Auslegung dessen, was vorausgeschickt ist: Indem „ihr Gewissen“; wie wenn er sagen wollte: das heißt, indem „ihre Gedanken …“ Und weshalb ihre Gedanken ihnen „Zeugnis“ geben, das heißt sie sicher machen vor Gott, fügt er an: weil ja allein die Gedanken, wie gesagt, bei Gott anklagen oder verteidigen können. Und dies bedeutet, was er anfügt: „indem sie anklagen oder auch verteidigen …“

Es stellt sich aber die Frage, auf welche Weise — nach dem Erlaß des Beschneidungsgebotes: „Jeder Mensch, dessen Vorhaut nicht beschnitten sein wird …“ (Gen 17,14

non fuerit", etc., gentiles incircumcisi salvabantur sicut Iob et fortasse plerique alii, de qualibus dictum est: „Cum enim gentes", etc. Sed si diligenter attendamus verba ipsa Scripturae atque ipsum circumcisionis exordium, quae primo Abrahae est iniuncta, videbimus praeceptum circumcisionis non fuisse generale, sed ad Abraham tantum et semen illius pertinere, id est Isaac, dicente Domino ad Abraham: „Quia in Isaac vocabitur tibi semen", non in Ismael videlicet. Unde et cum circumcisionem Dominus Abrahae praeciperet, ait: „Hoc erit pactum inter me et te et semen tuum post te."

Origenes quoque super hanc epistolam in sequentibus aperte convincit ex ipsis aliis Scripturae verbis soli populo Israeli et vernaculis eorum vel emptis pecunia circumcisionis signum fuisse praeceptum. Exposito namque illo versiculo: „Si igitur praeputium iustitias legis custodiat", etc. diligenter cir|cumcisionis mandatum atque rationem discutiens | 88 ait: „Non importunum videtur circumcisionis generalem discutere rationem. Dixit Dominus ad Abraham: ‚Tu autem testamentum meum servabis et omne semen tuum post te in generationes suas. Et hoc est testamentum inter me et vos et inter medium seminis tui post te: Circumcidetur omne masculinum vestrum et puer octava die. Circumcidetur in vobis omnis masculus in generationibus vestris, vernaculus et pecunia emptus.' Discutiamus utrum mandatum et eos, qui ex gentibus crediderant, constringat. Numquam fecit

---

106 Wörtlich: Wenn also die Unbeschnittenheit die Gerechtigkeit des Gesetzes beachtet.

107 Abaelard zitiert Exzerpte aus dem großen Exkurs (2,9 [13]) von ORIGENES, *comm. in Rom.* 2,26 (150–176 HAMMOND BAMMEL; FC 2/1, 263–297). Übersetzung – hier wie auch im folgenden – nach HEITHER, *Römerbriefkommentar* (FC 2/1–5).

108 ORIGENES, *comm. in Rom.* 2,13 (154 HAMMOND BAMMEL; FC 2/1, 262f).

109 ORIGENES, *comm. in Rom.* 2,13 (156 HAMMOND BAMMEL; FC 2/1, 264f).

Vg.) — unbeschnittene Heiden gerettet wurden, wie zum Beispiel Ijob und vielleicht sehr viele andere, von denen es heißt: „Denn wenn Heiden ..." (Röm 2,14). Doch wenn wir den Wortlaut der Schrift sorgsam betrachten und gerade den Beginn der Beschneidung, die zuerst Abraham auferlegt worden ist, werden wir sehen, daß das Gebot der Beschneidung nicht allgemein verbindlich gewesen ist, sondern sich nur auf Abraham und seine Nachkommenschaft erstreckt, das heißt auf Isaak, nach den Worten des Herrn zu Abraham: „Denn in Isaak wird dir eine Nachkommenschaft berufen werden" (Gen 21,12 Vg.), nicht in Ismael nämlich. Daher sagte der Herr auch, als er Abraham die Beschneidung vorschrieb: „Dies wird ein Bund sein zwischen mir und dir und deiner Nachkommenschaft nach dir" (Gen 17,10).

Auch Origenes beweist in seiner Auslegung dieses Briefes im folgenden deutlich direkt aus anderen Schriftworten, daß allein dem Volke Israel und ihren im Hause geborenen oder käuflich erworbenen Sklaven das Zeichen der Beschneidung vorgeschrieben war. Denn nach der Auslegung jenes Verses: „Wenn also der Unbeschnittene die Forderungen des Gesetzes erfüllt ..."[106] (Röm 2,26 Vg.), sagt er, indem er sorgfältig das Gebot der Beschneidung und ihre Art und Weise erörtert[107]: „Aber es ist wohl nicht unpassend, über das Verständnis der Beschneidung im allgemeinen zu sprechen. Der Herr sprach zu Abraham: ‚Du aber halte meinen Bund, du und deine ganze Nachkommenschaft, Generation um Generation; und das ist mein Bund zwischen mir und euch samt deinen Nachkommen: Alles, was männlich ist unter euch, muß beschnitten werden, und zwar ein Knabe am achten Tage. Jedes männliche Kind bei euch muß beschnitten werden in jeder eurer Generationen, sei es im Haus geboren oder um Geld erworben' (Gen 17,9–12).[108] Wir wollen ganz genau erörtern, ob das Gebot auch die Glaubenden aus den Heiden verpflichtet.[109] Niemals hat er den Proselyten — das heißt

proselyti, id est advenae, mentionem, sed vernaculum servum vel pretio mercatum circumcidi iubet, non liberum.

Perscrutemur ergo Levitici legem: ‚Loquere', inquit, ‚filiis Israel et dices ad eos: Mulier si peperit masculum, octava die circumcidet', etc. Intuere et hic quemadmodum de lege circumcisionis tantum ad filios Israel Moyses loqui iubetur, et alienigenarum nulla fit mentio. Cum in quibusdam mandatis non solum filiis Israel sed et proselytis, id est advenis, loquatur, necessario utique observanda distinctio est, quia sicut ibi dicitur: ‚Loquere ad Aaron', et alibi ‚ad filios Aaron' et alibi ‚ad Levitas', certum est non subiacere reliquos his legibus; <ita> etiam quae filiis iubentur nec alienigenae memoria ulla fit, non est putandum commune esse mandatum, ubi appellationis habetur exceptio. Sic ergo non alius quisquam circumcisionis lege constringitur, nisi ex Abraham originem trahens vel vernaculus eorum vel pretio emptus.

Vis autem videre quia, sicubi vult etiam alienigenas lege connecti, significanter ostendat? Audi quid scriptum sit: | ‚Homo ex filiis Israel et advenis, quicumque manducaverit omnem sanguinem, animam illam disperdam, quia anima omnis carnis sanguis illius est, et ego dedi vobis, ut ex ipso super altare propitiaretur pro animabus vestris, quia sanguis pro anima expiabit.'

Vides ergo hanc legem, quae et advenis data est, observari a nobis, qui ex gentibus credimus. Ergo legem de

---

12 ita *fehlt bei Abaelard*

---

[110] Advenae: Wörtliche Übersetzung von „Proselyten": (von außen) zum Glauben Hinzukommende.

[111] ORIGENES, *comm. in Rom.* 2,13 (156f HAMMOND BAMMEL; FC 2/1,266–269).

[112] *Advenis.*

[113] *Advenis.*

den Beisassen[110] — erwähnt, aber der hausgeborene Sklave oder der um Geld erworbene soll beschnitten werden, nicht der Freie.

Durchforschen wir also das Gesetz im Buch Levitikus: ‚Sag‘, spricht er, ‚zu den Israeliten: Wenn eine Frau einen Knaben gebiert, soll man ihn am achten Tage beschneiden ...‘ (Lev 12,2f). Sieh auch hier, wie Mose geboten wird, vom Gesetz der Beschneidung nur zu den Israeliten zu sprechen, und die Fremdstämmigen nicht erwähnt werden. Da er bei manchen Geboten nicht nur zu den Israeliten, sondern auch zu den Proselyten, das heißt Beisassen, redet, muß man diesem Unterschied auf jeden Fall Beachtung schenken. Denn es heißt zum Beispiel dort: ‚Sprich zu Aaron‘ (Ex 8,12), und an anderer Stelle: ‚zu den Söhnen Aarons‘ (Lev 6,17; 21,1; Num 6,23), und an anderer Stelle: ‚zu den Leviten‘ (Num 18,26). Ganz sicher ist, daß die übrigen diesen Gesetzen nicht unterliegen. <So> darf man auch bei den Geboten für die Kinder ohne Erwähnung des Fremden nicht meinen, es handle sich um ein allgemeines Gebot, wenn doch die Anrede nur einige herausgreift.“[111] So also ist nur einer aus der Nachkommenschaft Abrahams beziehungsweise ein hausgeborener oder für Geld erworbener Sklave zum Gesetz der Beschneidung verpflichtet.

„Willst du jedoch sehen, daß an manchen Stellen deutlich zum Ausdruck kommen kann, daß auch die Fremden in das Gesetz mit eingeschlossen sind? Höre, was geschrieben steht: ‚Jeder Mann aus den Kindern Israel und aus den Fremden[112], der irgendwie Blut genossen hat, dessen Leben werde ich ausmerzen. Die Lebenskraft allen Fleisches sitzt nämlich im Blut, und ich habe euch dieses Blut gegeben, damit ihr dadurch auf dem Altar für euer Leben die Sühne vollzieht; denn das Blut ist es, das für ein Leben sühnt‘ (Lev 17,10f Vg.).

Du siehst also, wie dieses Gesetz, das auch Beisassen[113] gegeben ist, von uns beobachtet wird, die wir aus den Heiden zum Glauben an Gott kommen. Also übernimmt

observatione sanguinis communem cum filiis Israel et gentium suscipit ecclesia. Haec namque ita intelligens in lege scripta tunc beatum illud apostolorum concilium decernebat decreta gentibus scribens, ut abstinerent se a sanguine et suffocato. Verum requires fortasse, si etiam de suffocato communis filiis Israel cum advenis data sit lex. Audi: ‚Homo', inquit, ‚ex filiis Israel et ex advenis qui sunt in vobis, quicumque venatus fuerit feram aut avem quae manducatur, effundat sanguinem eius et cooperiat terra, quia anima omnis carnis sanguis ipsius est.'

Verum quia inter illa, quae de Levitico superius protulimus, etiam hoc refertur: ‚Homo ex filiis Israel vel ex advenis qui sunt in eis, quicumque fecerit holocaustum aut sacrificium et ad ostium tabernaculi non adduxerit facere illud Domino, exterminabitur de populo suo', et per hoc videtur etiam ecclesia ex gentibus holocaustis obnoxia fieri. <Lex> non ut faciat iubet, sed si forte fecerit, quomodo facere debeat, docet. Certum est enim quod, dum Ierosolymis templum constaret et religio tradita patribus vigeret, plurimi etiam gentium veniebant ad templum adorare et offerre sacrificia. Sed hoc, quoniam in loco uno tantummodo fieri praeceptum est, de quo etiam hic mandat, ut ad ostium tabernaculi iugulanda victima deducatur, tamdiu potuit legitime fieri quamdiu status loci permansit incolumis. Denique et Salvator ad decem leprosos, quos mundaverat inquit: ‚Ite, ostendite vos sacerdotibus et offerte pro vobis hostias sicut praecepit Moyses.' Nunc vero quid exposcitur

---

16 Lex *fehlt bei Abaelard*

---

114 *Advenis.*

115 ORIGENES, *comm. in Rom.* 2,13 (158–160 HAMMOND BAMMEL; FC 2/1, 270–273).

116 *Ex advenis.*

auch die Kirche der Heiden dieses Gesetz über die Blutenthaltung gemeinsam mit den Israeliten. Denn weil damals das heilige Apostelkonzil erkannt hat, daß dies so im Gesetz geschrieben steht, entschied es in einem Brief an die Heiden, der Beschlüsse enthielt, sie sollten sich von Blut sowie von Ersticktem enthalten (vgl. Apg 15,20.29). Du wirst jedoch vielleicht fragen, ob auch über Ersticktes für die Israeliten und die Fremden[114] zusammen ein Gesetz gegeben worden ist. Höre, es sagt: ‚Jeder unter den Israeliten oder den Fremden in eurer Mitte, der Wild oder einen eßbaren Vogel erlegt, muß das Blut ausfließen lassen und es mit Erde bedecken. Denn das Leben jedes Wesens aus Fleisch ist sein Blut' (Lev 17,13 f Vg.).[115]

Aber bei dem, was wir oben aus dem Buch Levitikus vorgetragen haben, steht in der Schrift auch das folgende: ‚Jeder Mann aus den Kindern Israels oder jeder Fremde[116] in ihrer Mitte, der ein Brand- oder Schlachtopfer darbringt, ohne es zum Eingang des Offenbarungszeltes zu bringen, um es für den Herrn zu vollziehen, soll aus seinem Volk ausgemerzt werden' (Lev 17,8 f Vg.). Dadurch entsteht der Eindruck, auch die Kirche aus den Heiden habe die Pflicht, (Brand-)Opfer darzubringen. <Das Gesetz> befiehlt nicht, das zu tun, sondern lehrt, wie es zu tun ist, wenn man es tut. Es ist nämlich sicher, daß auch sehr viele Heiden zum Tempel kamen, um anzubeten und Opfer darzubringen, solange in Jerusalem der Tempel bestand und die den Vätern anvertraute Gottesverehrung ausgeübt wurde. Das Gebot lautete jedoch, dies solle nur an einem einzigen Ort geschehen, wie auch hier das Gesetz befiehlt, das Opfertier zum Schlachten an den Eingang des Offenbarungszeltes zu führen. Das konnte nur so lange nach dem Gesetz geschehen, als der Zustand des Ortes unangetastet erhalten blieb. Schließlich sprach auch der Erlöser zu den zehn Aussätzigen, die er gereinigt hatte: ‚Geht, zeigt euch den Priestern und bringt für euch Opfer dar, wie Mose angeordnet hat' (vgl. Lk 17,14; Mt 8,4). Jetzt aber kann man von den Frem-

ab advenis, quod exhibere nec propriis quidem cultoribus licet?

Haec dicta sunt a nobis, ut ostenderemus praecipue de cir|cumcisionis praecepto, quod non aliis quam his, qui ex | 90
Abraham genus ducunt vernaculisque eorum vel pretio emptis esset iniunctum, liberos <vero> esse ab huiuscemodi legibus eos, qui per Christum Deo de gentibus credunt." Item: „Recuperent ergo prius statum templi", etc.

17. *Si autem tu.* Gentiles qui a genere sanctorum patrum et haereditate remoti, o Iudaee, tibi videntur, cum dicat Dominus Abrahae: „Quia in Isaac vocabitur tibi semen", et insuper lege scripta non sunt instructi, et ita bene operantur: sed in te contra est. Quod cum in compositione quadam et improperii indignatione proferens, exaggerat dicens: „Si tu" *cognominaris Iudaeus,* hoc est: non ille Iudaeus existens, imitatione scilicet fidelium patrum, sed solo nomine „cognominaris", a Iuda scilicet patriarcha seu a Iuda Machabaeo sic vocaris, etc.

Origenes: „Non dicit ‚es', sed ‚cognominaris'. Docet in sequentibus quia vere Iudaeus ille sit, qui ‚in occulto' circumcisus est. Qui autem ‚in manifesto', ut videatur ab hominibus, non est vere sed cognominatur Iudaeus. Et in Apocalypsi: ‚Qui dicunt se Iudaeos esse et non sunt.' Qui vere Iudaeus est, ab illo Iuda vocabulum trahit, de quo scriptum est: ‚Iuda, te laudabunt fratres tui', et cetera quae in Salvatore prophetata sunt."

---

6 vero *fehlt bei Abaelard*

---

117 ORIGENES, *comm. in Rom.* 2,13 (160f HAMMOND BAMMEL; FC 2/1, 272–275).

118 ORIGENES, *comm. in Rom.* 2,13 (161 HAMMOND BAMMEL; FC 2/1, 274f).

119 ORIGENES, *comm. in Rom.* 2,13 (162 HAMMOND BAMMEL; FC 2/1, 276f).

120 Die Konstruktion des *cum*-Satzes ist bei Abaelard nicht zu Ende geführt.

121 ORIGENES, *comm. in Rom.* 2,8 [11] (141 HAMMOND BAMMEL; FC 2/1, 238f).

den unmöglich etwas verlangen, was nicht einmal die können, denen der Kult zu eigen ist.[117]

Das haben wir gesagt, um zu zeigen, vor allem für das Gebot der Beschneidung: Es ist nur denen auferlegt, die zum Geschlecht Abrahams gehören, deren Haussklaven und den um Geld dazu erworbenen Sklaven. Frei von solchen Gesetzen sind <jedoch> Heiden, die durch Christus zum Glauben an Gott kommen."[118] Ebenso: „Sie sollen also zuerst den früheren Zustand des Tempels wiederherstellen ..."[119]

17. *Wenn du aber.* Die Heiden, die dir, o Jude, vom Geschlecht der heiligen Väter und der Erbschaft fern zu sein scheinen, da der Herr zu Abraham sagt: „Denn in Isaak wird dir eine Nachkommenschaft berufen werden" (Gen 21,12), und die darüber hinaus nicht durch das geschriebene Gesetz unterrichtet sind und so gut handeln; aber bei dir ist das Gegenteil der Fall. Da er dies in einer gewissen Zusammenstellung der Worte und zornigen Entrüstung vorträgt[120], hebt er es hervor, indem er sagt: „Wenn du" *ein Jude heißt,* das heißt, nicht jener Jude bist, nämlich durch Nachahmen der gläubigen Väter, sondern nur dem Namen nach dich so „nennst" – nach dem Patriarchen Juda nämlich oder nach Judas Makkabäus dich so bezeichnest ...

Origenes: „Er sagt nicht: ‚Du bist', sondern ‚Du heißt'. Im folgenden lehrt er, daß der wahrhaftig ein Jude sei, der ‚im Verborgenen' beschnitten ist. Wer es aber ‚sichtbar' ist, (Röm 2,28 Vg.), um von den Menschen gesehen zu werden (vgl. Mt 23,5), der ist nicht in Wahrheit Jude, sondern heißt nur so.[121] Und in der Offenbarung: ‚Sie behaupten, sie seien Juden, und sind es nicht' (Offb 2,9; 3,9). Wer wahrhaftig ein Jude ist, leitet seinen Namen von jenem Juda her, von dem geschrieben steht: ‚Juda, dich werden deine Brüder loben!' (Gen 49,8 Vg.), und was sonst noch vom Erlöser prophetisch gesagt wurde."[122]

---

122 ORIGENES, *comm. in Rom.* 2,8 [11] (142 HAMMOND BAMMEL; FC 2/1, 240f).

Augustinus, in psalmo LXXI: „Iudaei maxime appellati sunt, quia primo de alia tribu datus est Saul et reprobatus tamquam malus rex; post de tribu Iuda David, et ex illo de tribu Iuda semper reges habuerunt. Unde Iudaei dicti sunt. Et ceperunt reges alienigenae ab Herode. Itaque veniente Domino eversum est regnum Iudaeorum et sublatum est ex Iudaeis, quia noluerunt cognoscere verum regem. Iam videte, si Iudaei sint appellandi. Ipsi voce sua abdicaverunt se ab isto nomine, ut Iudaei non sint digni appellari nisi tantum carne. Saeviebant in Christum, id est genus Iuda, semen David. Dicebant: ‚Non habemus regem nisi Caesarem.' O Iudaei, | si ‚non' habetis ‚regem nisi Caesarem', | 91 defecit iam princeps ex Iuda, venit ‚cui repromissum est'. Illi ergo verius Iudaei, qui Christiani facti sunt ex Iudaeis. Iudaea vera Christi ecclesia est credens in illum qui venit ex tribu Iuda per Mariam."

Haymo: „Si autem tu Iudaeus cognominaris, subaudis a Iuda patriarcha", etc. Ambrosius: „Iudaeo primum et Graeco. Iudaei ex tempore Iudae Machabaei dici ceperunt, qui in causa cladis restitit sacrilegiis, et fiducia Dei collegit populum et defendit genus suum." — Notandum vero, quia hoc loco Ambrosius non dicit Iudaeos dici a Iuda Machabaeo, sed a tempore eius dici, praesertim cum in ceteris libris Veteris Testamenti non inveniantur sic appellati sicut in libris Machabaeorum. Qui, etiam si a Iuda Machabaeo

[123] Vg. = Vg. H Ps 72.
[124] Exzerpte aus AUGUSTINUS, *in psalm.* 71 (CCL 39, 1036f).
[125] Ps.-HAYMO VON HALBERSTADT, *Expositio* 2 (PL 117, 381D).

Augustinus zu Psalm 71[123]: „Die Juden sind vor allem so genannt worden, weil ihnen zunächst aus einem anderen Stamm Saul gegeben worden und als schlechter König verworfen worden ist, danach aus dem Stamme Juda David; und seitdem haben sie aus dem Stamm Juda immer Könige gehabt. Daher sind sie Juden genannt worden. Und es begannen fremde Könige mit Herodes. Daher ist bei der Ankunft des Herrn das Reich der Juden zerstört und den Juden genommen worden, da sie den wahren König nicht erkennen wollten. Seht nun, ob sie Juden genannt werden dürfen: Sie selbst haben sich mit eigenen Worten von jenem Namen losgesagt, so daß sie nicht verdient haben, Juden genannt zu werden außer lediglich dem Fleische nach. Sie wüteten gegen Christus, das heißt das Geschlecht Juda, die Nachkommenschaft Davids. Sie sagten: ‚Wir haben keinen König außer dem Kaiser‘ (Joh 19,15). O Juden, wenn ihr ‚keinen König außer dem Kaiser‘ habt, ist schon der Fürst aus Juda ausgeblieben, ist gekommen, ‚dem es an seiner Stelle verheißen worden ist‘. Jene also sind eher in Wahrheit Juden, die aus den Juden Christen geworden sind. Das wahre Judäa ist die Kirche Christi, die an jenen glaubt, der durch Maria aus dem Stamme Juda gekommen ist.“[124]

Haymo: „Wenn du aber Jude heißt, ergänze: nach dem Patriarchen Juda ...“[125] Ambrosius: „Dem Juden zunächst und dem Griechen: Juden begannen sie sich seit der Zeit des Judas Makkabäus zu nennen, der anläßlich der Niederlage sich den Schändungen des Tempels widersetzte und im Vertrauen auf Gott das Volk sammelte und sein Geschlecht verteidigte.“[126] — Anzumerken ist aber, daß an dieser Stelle Ambrosius nicht behauptet, die Juden hießen so nach Judas Makkabäus, sondern sie hießen seit seiner Zeit so, zumal da man in den übrigen Büchern des Alten Testaments nicht findet, daß sie so genannt worden sind wie in den Büchern der Makkabäer. Doch auch wenn sie nach Judas Makkabäus

---

126 AMROSIASTER, *in Rom.* 1,16 (CSEL 81/1,36f).

sic essent appellati, viderentur et a Iuda patriarcha sic nominari, cum ipse quoque Iudas Machabaeus ab illo Iuda sic esset appellatus.

17–21. *Et requiesces in lege,* ut non fatigeris erroribus inquirendo, quae facienda sint tibi, et totum in ea studium habes occupatum, ut non ipsum alio applices, ad scripta scilicet poetarum philosophorum. *Et gloriaris in Deo,* iactando scilicet te gloriosum de cognitione Dei et lege tibi ab ipso data, ex qua videlicet lege *nosti voluntatem eius,* quod videlicet ei fieri placeat, *et probas,* hoc est discernis non solum utilia ab inutilibus, verum etiam *utiliora* ab utilibus. *Confidis,* ut videlicet possis ostendere aliis viam iustitiae in mandatis Dei. Caecos sive in tenebris existentes seu insipientes et infantes idem intelligit, et similiter *ducem* et *lumen* et *eruditorem* et *magistrum* pro eodem accipit, ut sit quaedam verborum inculcatio ad confusionem eorum, non diversa significatio. Unde autem se „ducem“ *caecorum* esse confidat, hoc est sufficientem ad alios docendos, subponit: Te, dico, *habentem ex lege formam scientiae et veritatis,* hoc est: veram scientiam, quae instruere alios et informare potest ad bene agendum. Tu ergo | talis ac tantus secundum | 92
iudicium tuum *qui alium doces,* id est corrigis, etc.

22 s. In quo autem se debeat corrigere, subponit dicens: *Qui praedicas,* ex verbis scilicet legis, etc.; *qui abominaris idola,* id est simulacrorum formas propter significatum: Cur non evitas *sacrilegium* propter ipsum, quia in se ipsum malum est? Sacrilegium dicitur violatio rei sacrae sicut eorum maxime, quae ad cultum Dei pertinent, veluti

[127] Gemeint: der Juden.
[128] Gemeint: der Jude.

so benannt worden wären, schienen sie auch nach dem Patriarchen Juda so zu heißen, da auch Judas Makkabäus selbst nach jenem Juda so genannt worden war.

17–21. *Und im Gesetz ruhst,* um nicht durch Irrtümer zu ermüden, wenn du danach suchst, was du tun mußt; und du verwendest deinen ganzen Eifer darauf, so daß du ihn nicht etwas anderem zuwenden kannst, nämlich den Schriften von Dichtern und Philosophen. *Und dich Gottes rühmst,* indem du dich nämlich aufspielst wegen der Kenntnis Gottes und wegen des Gesetzes, das dir von ihm gegeben ist. Aus diesem Gesetz ja *kennst du seinen Willen,* was ihm nämlich gefällt, wenn es geschieht, *und prüfst,* das heißt unterscheidest nicht nur das Nützliche vom Unnützen, sondern sogar *das Nützlichere* vom Nützlichen. *Du hast die Zuversicht,* daß du nämlich anderen den Weg der Gerechtigkeit in Gottes Geboten zeigen könnest. Unter Blinden oder im Finstern Lebenden oder Toren und Kindern versteht er dasselbe, und ähnlich faßt er *Führer* und *Licht* und *Erzieher* und *Lehrer* als dasselbe auf, so daß eine gewisse Einprägung der Wörter zu ihrer[127] Verunsicherung besteht, nicht eine unterschiedliche Bedeutung. Woher er[128] aber darauf vertraut, „Führer" *der Blinden* zu sein, das heißt fähig, andere zu lehren, fügt er an: Dich meine ich, der du *im Gesetz den Inbegriff der Erkenntnis und der Wahrheit besitzt,* das heißt: wahres Wissen, welches andere unterrichten und zum guten Handeln formen kann. Du also, derart und so groß nach deinem Urteil, *der du einen anderen lehrst,* das heißt zurechtweist …

22f. Worin er sich aber bessern muß, fügt er an, indem er sagt: *Der du sagst,* aus den Worten des Gesetzes nämlich … *der du die Götzenbilder verabscheust,* das heißt die Formen der Bilder wegen des Dargestellten: Warum meidest du nicht den *Tempelraub* seiner selbst willen, da er von sich selbst aus schlecht ist? Tempelraub heißt die Beschädigung eines heiligen Gegenstandes, zum Beispiel insbesondere der Dinge, die sich auf den Gottesdienst beziehen,

templum et quae ad ipsum spectant. Templum vero Dei sive materiale et figurativum sive spirituale et verum Iudaei violaverunt in ipso manufacto templo negotiationem exercendo — propter quam a Domino sunt inde expulsi — vel ipsum Dominum crucifigendo, qui de templo corporis sui loquens ait: „Solvite templum hoc", etc. *Deum inhonoras,* id est facis despicabilem aliis, quantum in te est. Colorem in hoc loco rhetoricum facit, qui repetitio dicitur, habens in diversis clausulis orationis idem principium, sicut est „qui", quod quater est repetitum.

24. *Nomen enim.* Cum superius singulariter dixerit: „Si autem tu", nunc vero pluraliter dicat *per vos,* plane insinuat generalem Iudaei personam se introduxisse quasi generaliter rebellem redarguens populum, de quo se esse gloriabantur isti conversi Iudaei qui Romae erant. In quo quidem populo alios dicit reos furti exstitisse vel adhuc esse, alios adulterii, etc.

Continuatio: Bene dico: „inhonoras", tu videlicet, popule Iudaeorum, quia „per vos" *blasphematur inter gentes,* id est infideles, „nomen" *Dei,* id est notitia eius, quam vos habere gloriamini. Ut enim Tullius meminit, saepe ex vitio hominis culpari scientia solet, quasi scientia illa male operari doceat. *Sicut scriptum est,* in propheta Ezechiele his verbis: „Nomen sanctum meum quod polluistis in gentibus", id est contemptui vel irrisioni haberi fecistis et, cum in se pretiosissimum esset, vilificastis.

---

[129] Die Begriffspaare *materiale — spirituale* und *figurativum — verum* verweisen auf die allegorische (typologische) Auslegung.

[130] *Qui.*

[131] Vgl. Auctor ad Herennium 2,44 (63 Marx/Trillitzsch).

wie zum Beispiel der Tempel und was zu ihm gehört. Den Tempel Gottes aber, sei es den materiellen und vorbildhaften, sei es den geistlichen und wahren[129], haben die Juden dadurch verletzt, daß sie direkt im erbauten Tempel ihr Geschäft ausübten — deswegen sind sie vom Herrn von dort vertrieben worden (vgl. Joh 2,13–16) —, oder dadurch, daß sie den Herrn selbst kreuzigten, der vom Tempel seines Leibes mit folgenden Worten spricht: „Zerstört diesen Tempel ..." (Joh 2,19). *Du entehrst Gott,* das heißt, machst ihn für andere verächtlich, soweit es an dir liegt. An dieser Stelle verwendet er einen rhetorischen Schmuck, der Wiederholung heißt, sie hat in den verschiedenen Abschnitten der Rede den gleichen Beginn, so wie es das „der du"[130] ist, das viermal wiederholt ist.

24. *Denn der Name.* Da er weiter oben (Röm 2,17) im Singular gesagt hat: „Wenn du aber", jetzt aber im Plural sagt: *Durch euch,* macht er ganz klar, daß er allgemein die Person des Juden eingeführt hat, indem er gewissermaßen allgemein das aufsässige Volk beschuldigt, von dem abzustammen jene bekehrten Juden sich rühmten, die in Rom waren. Er sagt, in diesem Volke jedenfalls seien die einen des Diebstahls angeklagt gewesen oder seien es noch, andere des Ehebruchs ...

Fortsetzung: Passend sage ich: „Du entehrst" (Röm 2,23), du nämlich, Volk der Juden, da ja „durch euch" *gelästert wird unter den Heiden,* das heißt den Ungläubigen, der „Name" *Gottes,* das heißt die Kenntnis von ihm, die zu besitzen ihr euch rühmt. Wie nämlich Tullius (*sc.* Cicero) erwähnt, wird häufig aufgrund des Fehlers eines Menschen sein Wissen beschuldigt, als ob jenes Wissen ihn lehre, schlecht zu handeln.[131] *Wie geschrieben steht* beim Propheten Ezechiel mit folgenden Worten: „Mein heiliger Name, den ihr beschmutzt habt bei den Völkern" (Ez 20,39), das heißt gemacht, daß er verachtet oder verlacht wurde, und ihn gering gemacht habt, obwohl er von sich aus äußerst kostbar war.

25. *Circumcisio quidem.* Superius abstulit gloriationem 93 legis datae per hoc, quod non faciunt quae lex praecipit et ideo magis a lege arguuntur quam iustificentur. Nunc vero per hoc ipsum, quod legi non obtemperant, aufert gloriam circumcisionis, quia sicut legislatio nihil prodest suscipientibus nisi eam servent, ita circumcisio nisi legi obtemperent, ut videlicet cetera quoque praecepta impleant sicut praeceptum circumcisionis. Quippe qui „in uno offenderit", ut alius dicit apostolus, „reus est omnium", id est transgressor est seu contemptor totius legis, universa scilicet Dei praecepta continentis. Cum enim lex omnia simul, non unum tantum, praecipiat, quisquis unum transgreditur, legem non servat, ac sic per uniuscuiusque praecepti transgressionem legis violatae reus efficitur. Nihil igitur circumcisio carnalis ad salutem prodest, si lex in ceteris violetur, sicut et baptismus cuius locum, beato attestante Gregorio, circumcisio tenebat, si in ceteris transgressores permaneamus, non salvat.

Cum autem circumcisio in hoc tempore iam nullius sit momenti iuxta illud ipsius Apostoli ad Galatas scribentis: „Si autem circumcidamini, Christus vobis nihil proderit", hoc est: nihil iam utilitatis vobis ex illo signo conferet, apparet hoc loco Apostolum ad statum priorem legis spectare, in quo utilis erat circumcisio. De quo quidem statu legis, quamvis iam praeterito et quantum ad carnales observantias defuncto, isti nunc etiam Iudaei conversi gloriabantur. Si vero Apostolus ad suum nunc tempus respiciens dicat: „Circumcisio quidem" *prodest, si legem observes,* tale est

[132] Gregor der Grosse, *moral.* 4,3 (CCL 143,160).

25. *Die Beschneidung allerdings.* Weiter oben (vgl. Röm 2,21–24) hat er ihnen das Sich-Rühmen wegen des ihnen gegebenen Gesetzes dadurch genommen, daß sie nicht tun, was das Gesetz vorschreibt, und deshalb mehr vom Gesetz beschuldigt als gerechtfertigt werden. Jetzt aber nimmt er ihnen gerade dadurch, daß sie dem Gesetz nicht gehorchen, das Sich-Rühmen wegen der Beschneidung; denn ebenso wie die Gesetzgebung den Empfängern nur nützt, wenn sie sie beachten, so auch die Beschneidung nur, wenn sie dem Gesetz gehorchen, so daß sie nämlich auch die übrigen Gebote ebenso erfüllen wie das Gebot der Beschneidung. Wer ja „gegen ein einziges verstößt", wie ein anderer Apostel sagt, „hat sich gegen alle verfehlt" (Jak 2,10), das heißt ist Übertreter oder Verächter des ganzen Gesetzes, das ja die gesamten Gebote Gottes enthält. Da nämlich das Gesetz alles zugleich, nicht nur eines, vorschreibt, hält jeder das Gesetz nicht ein, der eines übertritt; und so wird er durch die Übertretung eines jeden Gebotes schuldig, das Gesetz verletzt zu haben. Nichts also nützt die Beschneidung des Fleisches zum Heil, wenn das Gesetz im übrigen verletzt wird, so wie auch die Taufe, deren Stelle nach dem Zeugnis des seligen Gregorius die Beschneidung einnahm[132], nicht rettet, wenn wir im übrigen Übertreter bleiben.

Da aber die Beschneidung zu dieser Zeit keine Bedeutung mehr hat — nach jenem Wort des Apostels selbst, der an die Galater schreibt: „Wenn ihr euch aber beschneiden laßt, wird Christus euch nichts nützen" (Gal 5,2), das heißt, keinen Nutzen mehr aufgrund jenes Zeichens bringen —, wird deutlich, daß der Apostel an dieser Stelle auf den früheren Zustand des Gesetzes blickt, in dem die Beschneidung nützlich war. Wegen dieses Zustandes des Gesetzes ja, obwohl er schon vergangen und hinsichtlich der äußerlichen Riten außer Kraft war, rühmten sich diese bekehrten Juden auch jetzt noch. Wenn aber der Apostel im Hinblick auf seine Zeit nun sagt: „Die Beschneidung allerdings" *nützt, wenn du das Gesetz beobachtest,* ist das so, wie wenn er

ac si dicat: Circumcisio nunc prodest, si sit spiritualis potius quam carnalis, quae gentili aeque sicut et Iudaeo communis est. Custodia itaque legis spiritualem circumcisionem facit, id est separationem a vitiis, quae per carnalem circumcisionem figuratur. Tale est ergo „si legem“ custodias; ac si diceret: si sit spiritualis circumcisio, cordis potius quam corporis, quia superfluum est signum, ubi deest per negligentiam signatum.

Si autem praevaricator, id est transgressor, etc. *Praeputium* vocatur illa particula genitalis membri, quam de summitate illius praecidebant circumcidentes. Et dicitur „praeputium“ | quasi a prae putando, id est praecidendo, quam- | 94
vis putare modo pro incidere non sit in usu sicut amputare. Dicitur tamen in Canticis: „Tempus putationis advenit“, id est amputationis. Quemadmodum autem circumcisio carnis circumcisionem cordis, id est separationem a carnalibus vitiis, significat, ita „praeputium“ retentum immunditiam carnalium desideriorum demonstrat. Unde et Iudaei gentiles, qui praeputium habebant, non praeputiatos, id est immundos, verum ipsum „praeputium“, id est ipsam immunditiam, vocabant. *Circumcisio tua* — in sola videlicet carne tua, inquam, quam approbas, quam facis, non Deus — „praeputium“ *facta est* tibi, id est quodammodo immunditia, quoniam magis reus convinceris post susceptum circumcisionis sacramentum et professionem observandae legis, si eam non observes, quam si hoc non fecisses.

133 Lateinisches Wortspiel: *praeputium* (Vorhaut) — *prae-putare* (vorn abschneiden).

134 *Putare.*

135 *Incidere.*

etwa sagte: Die Beschneidung nützt jetzt, wenn sie eher die geistliche als die fleischliche ist; sie ist dem Heiden gleichermaßen wie auch dem Juden gemeinsam. Die Befolgung des Gesetzes bewirkt daher die geistliche Beschneidung, das heißt die Trennung von den Lastern; sie wird durch die fleischliche Beschneidung zeichenhaft vorgebildet. Derart ist es also, „wenn“ du „das Gesetz“ befolgst; wie wenn er sagen wollte: Falls die Beschneidung geistlich ist, die des Herzens eher als die des Körpers; denn das Zeichen ist überflüssig, wo aus Nachlässigkeit das, was vorherbezeichnet wurde, fehlt.

Wenn aber Pflichtverletzer, das heißt Übertreter ... *Vorhaut* wird jener kleine Teil des Geschlechtsorgans genannt, den die, die beschnitten, von seinem äußersten Ende abtrennten. Und er heißt „Vorhaut“ sozusagen nach dem Vorn-Schneiden, das heißt dem Vorn-Abschneiden[133], obwohl schneiden[134] jetzt für einschneiden[135] nicht so gebräuchlich ist wie wegschneiden[136]. Es heißt dennoch im Hohenlied: „Die Zeit des Schneidens ist gekommen“ (Hld 2,12 Vg.), das heißt des Abschneidens. Im selben Maße, wie aber die Beschneidung des Fleisches die Beschneidung des Herzens bezeichnet, das heißt die Trennung von körperlichen Lastern, weist die nicht abgeschnittene „Vorhaut“ auf die Unreinheit fleischlicher Begierden hin. Daher nannten auch die Juden die Heiden, die die Vorhaut besaßen, nicht mit Vorhaut Versehene, das heißt Unreine, sondern direkt „Vorhaut“, das heißt direkt Unreinheit. *Deine Beschneidung* – die in deinem Fleisch allein nämlich, sage ich, die du billigst, die du machst, nicht Gott – *ist dir zur* „Unbeschnittenheit“ *geworden,* das heißt auf gewisse Weise zur Unreinheit. Denn nachdem du das Sakrament der Beschneidung empfangen und das Versprechen abgelegt hast, das Gesetz zu befolgen, wirst du ja noch mehr als schuldig überführt, wenn du es nicht befolgst, als wenn du dies nicht getan hättest.

---

136 *Amputare.*

26. *Si igitur.* Quasi a contrariis infert: Quandoquidem tua circumcisio, id est carnalis, praeputium fit tibi, id est magis te inquinat et damnat si legem non observes, igitur *praeputium illius* gentilis, si ipse lege naturali quod scriptum est impleat, *reputabitur* ei a Domino *in circumcisionem,* hoc est: Ipsi corporale praeputium habentes aestimabuntur divino iudicio eiusdem esse meriti, cuius sunt et spiritualiter circumcisi. Non enim hic repetit circumcisionem tuam, ut carnalem intelligat sicut superius posuit, sed simpliciter dicit „circumcisionem", ut spiritualem insinuet a Deo factam. Qui etiam, cum dicit „praeputium illius" sicut superius „circumcisionem tuam", carnale intelligit praeputium, corporis scilicet particulam, non cordis immunditiam. Alioquin non diceret reputari „praeputium in circumcisionem".

Sic lege: „Si praeputium", id est ipsa praeputiata gentilitas, quam vos, scilicet Iudaei, quasi ad ignominiam praeputium vocatis, *custodiat iustitias legis* potius quam figuras, hoc est: impleat moralia caritatis praecepta, quae unumquemque | iustificant, *nonne praeputium illius,* hoc est: ipsa | 95
gentilitas proprium habens praeputium, carnale videlicet cum quo ipsa nascitur, *reputabitur* a Deo digna praemio?

27. Vere et spiritualiter, ut dictum est, circumcisorum et ipsum *praeputium legem consummans,* id est adimplens: „Plenitudo" enim „legis", ut postea dicitur, „est dilectio": quod videlicet consummare legem est ei ex natura, hoc est:

---

137 Nämlich des Heiden.

138 Vgl. oben 200 Anm. 106.

139 *Figurae* sind alttestamentliche Vorbilder der Sache selbst.

140 Gemeint wohl: die Unbeschnittenheit.

26. *Wenn also.* Gewissermaßen als Schluß vom Gegenteil her wirft er ein: Da ja deine Beschneidung, das heißt die fleischliche, dir zur Unbeschnittenheit wird, das heißt dich noch mehr befleckt und verdammt, wenn du das Gesetz nicht befolgst, wird folglich die *Unbeschnittenheit jenes* Heiden, wenn er selbst aufgrund des natürlichen Gesetzes das, was geschrieben ist, erfüllt, ihm vom Herrn *als Beschneidung angerechnet werden,* das heißt: Denen, die die körperliche Beschneidung haben, wird vom göttlichen Urteil dasselbe Verdienst zugeschrieben wie auch den geistlich Beschnittenen. Denn er wiederholt hier nicht: deine Beschneidung (Röm 2,25), um darunter die fleischliche zu verstehen, wie er es weiter oben hingestellt hat, sondern er sagt ohne weitere Bestimmung: „Beschneidung", um auf die geistliche, von Gott gemachte, hinzuweisen. Er versteht auch, wenn er sagt „Unbeschnittenheit jenes[137]" — so wie weiter oben „deine Beschneidung" —, darunter die körperliche Vorhaut, das Teilchen des Körpers nämlich, nicht die Unreinheit des Herzens. Andernfalls würde er nicht sagen, die „Unbeschnittenheit" werde „als Beschneidung" angerechnet.

Lies folgendermaßen: „Wenn die Unbeschnittenheit", das heißt das unbeschnittene Heidentum selbst, das ihr, die Juden nämlich, gewissermaßen zur Schande Unbeschnittenheit nennt, *die (sc. wahre) Gerechtigkeit des Gesetzes* mehr *beachtet*[138] als ihre Vorbilder[139], das heißt, die moralischen Gebote der Liebe erfüllt, die einen jeden rechtfertigen: *Wird* dann *nicht seine Unbeschnittenheit,* das heißt das Heidentum selbst, das als Besonderheit die Unbeschnittenheit hat — die körperliche nämlich mit der es geboren wird —, von Gott als der Belohnung würdig *angerechnet werden?*

27. Bei den wahrhaft und geistlich Beschnittenen, wie gesagt, *vollendet* auch gerade *die Unbeschnittenheit das Gesetz,* das heißt erfüllt es: Denn „die Erfüllung des Gesetzes", wie später gesagt wird, „ist die Liebe" (Röm 13,10). Dieses Erfüllen des Gesetzes besitzt sie[140] ja von Natur aus, das heißt

ex instructione legis naturalis, illa quae duo dicimus continentis praecepta caritatis: „Quod tibi non vis", etc. *Iudicabit te,* id est reum manifeste convincet, qui lege etiam scripta instructus, de qua gloriaris, bene agere negligis; „te", dico, Iudaee, *qui praevaricator es legis,* hoc est: transgressor, *per litteram* occidentem, id est litteralem sensum et carnale signum in quibus confidis, significantibus maxime, non significatis adhaerens, id est figuris potius quam rebus ipsis et similitudini potius quam veritati.

28 s. *Non enim qui.* Bene dico „praeputium" per bonorum operum exhibitionem reputari „in circumcisionem", et bene dico circumcisionem per mala opera transire in praeputium: Nam illi carnaliter circumcisi, etsi „in manifesto" dicantur Iudaei, non tamen vere, id est corde, sunt Iudaei; sed potius illi supradicti gentiles, quamquam nullo modo reputantur Iudaei vel circumcisi. Manifesti Iudaei dicuntur, qui solo nomine et natione Iudae Iudaei nuncupantur, foris Deum voce confitentes et mente ab eo recedentes. De quibus dicitur: „Populus hic labiis me honorat, cor autem eorum longe est a me." *Sed qui in abscondito, Iudaeus est:* confitentes Deum in corde, ubi Deus videt, et qui Deo servire satagant, non ad hominum aspectum. *Neque quae in manifesto est circumcisio,* id est: Quae manufacta est *in carne,* id est in carnis ablatione, non „est circumcisio", id est non vera vitiorum amputatio et concupiscentiae destructio,

aus der Unterrichtung durch das natürliche Gesetz, das jenes sogenannte Doppelgebot der Liebe enthält: „Was du für dich nicht willst …“ (Tob 4,15; vgl. Mt 7,12). *Sie wird dich richten,* das heißt offenkundig als schuldig überführen, der du es versäumst, gut zu handeln, obwohl du sogar durch das geschriebene Gesetz unterwiesen bist, dessen du dich rühmst. „Dich“, sage ich, Jude, *der du ein Übertreter des Gesetzes bist,* das heißt ein Übertreter *durch den Buchstaben,* der tötet, das heißt den buchstäblichen Sinn und das körperliche Zeichen, auf die du vertraust, wobei du besonders an dem hängst, was als Vorbild etwas bezeichnet, nicht an dem Bezeichneten, das heißt an den Vorbildern eher als an den Sachen selbst und am Gleichnis eher als an der Wahrheit.

28f. *Denn nicht, wer.* Zu Recht sage ich, die „Unbeschnittenheit“ werde durch das Vorweisen guter Werke „als Beschneidung“ angerechnet (Röm 2,26), und zu Recht sage ich, die Beschneidung gehe durch schlechte Werke in die Unbeschnittenheit über: Denn auch wenn jene fleischlich Beschnittenen „nach außen hin“ Juden genannt werden, so sind sie dennoch in Wahrheit, das heißt dem Herzen nach, keine Juden, sondern eher sind es jene weiter oben genannten Heiden, obwohl sie keineswegs als Juden oder Beschnittene angesehen werden. Juden nach außen hin werden die genannt, die nur dem Namen nach und der jüdischen Herkunft nach Juden genannt werden, die äußerlich Gott mit Worten bekennen und innerlich sich von ihm abwenden. Von ihnen heißt es: „Dieses Volk ehrt mich mit den Lippen, ihr Herz aber ist weit von mir entfernt“ (Jes 29,13 Vg.; Mt 15,8). *Sondern wer es im Verborgenen ist, ist ein Jude:* die Gott im Herzen bekennen, wo Gott es sieht, und die sich bemühen, Gott zu dienen, nicht im Hinblick auf das Ansehen bei Menschen. *Und auch nicht die äußere Beschneidung,* das heißt die, die ausgeführt ist am Leibe, das heißt in der Entfernung von Fleisch, ist keine „Beschneidung“, das heißt nicht die wahre Entfernung der Laster und Zerstörung der Begier-

sed vera *circumcisio* est illa, quae est *cordis,* id est per quam ab animo vitia et concupiscentiae | amputantur. „Circumcisio“, dico, *in spiritu, non littera,* id est iuxta spiritualem et mysticum, non litteralem sensum facta. *Cuius,* scilicet Iudaei vel circumcisionis spiritualis, *laus est ex Deo,* quia Deus eam approbat, non homines, id est carnales, qui videlicet legem carnaliter tantum, non spiritualiter intelligunt et opera magis quam animum pensant videntes in facie, non in corde. | 96

3,1. *Quid ergo amplius?* Oppositionem, quam possent Iudaei facere contra praedictam rationem, obiicit sibi Apostolus, ut eam solvat. Dicerent enim Iudaei: Tu dixisti circumcisionem transire in praeputium et praeputium transire in circumcisionem: „ergo quid amplius“ *Iudaeo* quam gentili, id est quae maiora beneficia contulit Iudaeis quam gentilibus qui dicebantur „canes“ et immundi? *Aut quae utilitas circumcisionis,* hoc est circumcisorum? Hoc quidem quasi expositio praecedentis subditur. Poterant quippe, cum ait „Iudaeo“, soli illi intelligi, qui ad tribum Iudae pertinent, a quo dicti sunt Iudaei. Et quod dicitur „quid amplius“?, poterat tam ad bonum quam ad malum se habere et fortasse magis ad malum, cum Iudaeos in proximo maxime vituperasset. Est autem consuetudo Apostoli sicut per praeputium gentes ita per circumcisionem Iudaeos accipere.

2. *Multum,* videlicet amplius, utilitatis Iudaeo quam gentili olim a Domino collatum est *per omnem modum,* id

---

[141] *Cuius* kann sich auf beides beziehen; Abaelard geht auf beide Möglichkeiten ein.

de; sondern die wahre *Beschneidung* ist jene, die die *des Herzens* ist, das heißt durch die Laster und Begierden aus dem Sinn entfernt werden. „Beschneidung", sage ich, die *im Geiste, nicht dem Buchstaben nach,* das heißt nach dem geistlichen und mystischen, nicht dem buchstäblichen Sinn, geschehen ist. *Dessen/deren*[141], nämlich des (*sc.* geistlichen) Juden oder der geistlichen Beschneidung, *Lob kommt von Gott:* weil Gott sie billigt, nicht Menschen, das heißt fleischlich Gesinnte, die nämlich das Gesetz nur fleischlich, nicht geistlich verstehen und die Werke mehr als die Gesinnung beurteilen, da sie auf das Angesicht, nicht auf das Herz schauen.

3,1. *Was hat also voraus?* Einen Einwand, den die Juden gegen die vorher ausgesprochene Argumentation erheben könnten, stellt sich der Apostel, um ihn zu lösen. Es könnten nämlich die Juden sagen: Du hast gesagt, die Beschneidung gehe über in die Unbeschnittenheit und die Unbeschnittenheit gehe über in die Beschneidung (Röm 2,25f): „Was hat also" *der Jude* dem Heiden „voraus", das heißt, welche größeren Wohltaten brachte (*sc.* die Beschneidung) für die Juden gegenüber den Heiden, die „Hunde" und unrein genannt wurden (Phil 3,2)? *Oder welches ist der Nutzen der Beschneidung,* das heißt für die Beschnittenen? Dies wird ja gewissermaßen als Auslegung des Vorhergehenden nachgetragen. Es konnten ja, wenn er sagt „dem Juden", allein jene darunter verstanden werden, die zum Stamm Judas gehören, nach dem sie Juden genannt worden sind. Und daß gesagt wird: „Was voraus?", konnte sich ebenso auf das Gute wie auf das Übel beziehen und vielleicht mehr auf das Übel, da er die Juden im unmittelbar Vorhergehenden besonders getadelt hatte. Es ist aber die Gewohnheit des Apostels, ebenso wie unter Unbeschnittenheit die Heiden so unter Beschneidung die Juden zu verstehen.

2. *Viel,* nämlich mehr, an Nutzen ist dem Juden einst vom Herrn zugewandt worden als dem Heiden *in jeder Hinsicht,*

est omnibus modis, lege scilicet eos instruendo et miraculis innumeris et beneficiis confirmando et ad amorem suum provocando. Sed hoc *primum,* id est maximum, fuit inter dona Dei, quod legem eis dedit, ut non solum naturali sicut gentiles, verum insuper scripta lege instruerentur; et hoc est quod ait „primum“, id est: maximum illud fuit beneficium, quod *sunt illis credita,* id est commissa, *eloquia Dei* in lege vel prophetis. Quod quidem donum et eos erudire et in perpetuum retinere potest.

Nota tamen quod non ait commissa sed „credita“, quasi 97 ad tempus eis sit haec doctrina accommodata; quae quidem ad nos per spiritualem et rectam eius intelligentiam transitura erat et in carnalibus eius observantiis, in quibus maxime confidebant Iudaei, cessatura. Quasi etiam creditor eloquiorum suorum Deus dicitur, pro quibus ab his, quibus ea credit, quasi pretium oboedientiam requirat. Verba „Dei eloquia“ dicit quasi extra alia locutionum genera per excellentiam propter eorum, id est oboedientiae, fructum et salutiferam doctrinam.

3. *Quid enim?* Quae cura, diceret aliquis, de eloquiis divinis datis illi populo, cum propter incredulitatem eius bona ipsi promissa Deus non compleverit, sive de reparatione humani generis per Filium suum, sive de quibuscumque promissionibus? Quod quidem duobus modis refellit Apostolus ostendendo non omnes in populo fuisse incredulos, ut penitus illi populo promissa negarentur, nec Deum, quia verax est, promissiones suas posse quassare. Sic lege: Bene dixi maximum illud esse de eloquiis divinis,

---

[142] Akrostichische Etymologie: *eloquia = extra locutionum genera.*

das heißt auf alle Weisen: indem er sie nämlich durch das Gesetz unterwies und durch unzählige Wunder und Wohltaten stärkte und zur Liebe zu sich aufforderte. Aber dies ist *die erste,* das heißt die größte unter den Gaben Gottes gewesen, daß er ihnen das Gesetz gegeben hat, damit sie nicht allein durch das natürliche wie die Heiden, sondern darüber hinaus durch das geschriebene Gesetz unterrichtet würden. Und dies bedeutet, daß er sagt: „Die erste", das heißt die größte ist jene Wohltat gewesen, daß *ihnen anvertraut wurden,* das heißt übertragen, *die Aussprüche Gottes* im Gesetz oder auch den Propheten. Diese Gabe jedenfalls kann sie sowohl unterrichten als auch für immer halten.

Merke aber an, daß er nicht sagt übertragen, sondern „anvertraut", als ob ihnen diese Lehre auf Zeit zugewandt worden sei: Sie sollte ja auf uns durch ihr geistliches und richtiges Verständnis übergehen und in ihren äußerlichen Riten, auf die die Juden besonders vertrauten, zu Ende gehen. Gewissermaßen wird Gott auch Gläubiger seiner Aussprüche genannt, für die er von denen, denen er sie anvertraut hat, gleichsam als Preis Gehorsam verlangt. Die Worte „Gottes" nennt er „Aussprüche" — sozusagen durch ihre herausragende Bedeutung außerhalb der anderen Redeweisen[142] — wegen ihrer Frucht, das heißt des Gehorsams und der heilsamen Lehre.

3. *Was nämlich?* Was gehen uns, könnte jemand sagen, die göttlichen Aussprüche an, die jenem Volke gegeben sind, wo doch wegen seines Unglaubens Gott die ihm versprochenen Güter nicht erteilt hat, sei es die Heilung des menschlichen Geschlechtes durch seinen Sohn, sei es welche Verheißungen auch immer betreffend? Dies allerdings widerlegt der Apostel auf zwei Weisen: dadurch, daß er zeigt, daß nicht alle in dem Volk ungläubig gewesen sind, so daß jenem Volk die Verheißungen völlig verweigert würden, und daß Gott, weil er wahrhaftig ist, seine Versprechen nicht brechen kann. Lies folgendermaßen: Passend habe ich gesagt, jener sei der größte von den göttlichen Aussprüchen

per quae sibi alliceret populum suum. Nam quid impedit propositum divinum, *si quidam illorum non crediderunt* illis eloquiis, hoc est: his quae ibi promittebantur vel praedicabantur? *Numquid incredulitas illorum,* qui videlicet non crediderunt, *fidem Dei,* id est per quam Deo crediderunt, *evacuavit,* ut videlicet non evenerit, quod ipse Moyses, Iosue et ceteri fideles crediderunt? *Absit,* ut scilicet eorum fides sit evacuata, scilicet frustrata in his promissis ibi illis praedictis, quae credidit.

4. *Est autem Deus verax.* Dixi: „Absit", nec inconsiderate sed provide, cum sit „Deus verax", id est stabilis sive immobilis in his, quae promittit aut praedicit. „Omnis autem homo mendax", id est mutabilis in suo proposito, ut videlicet facile eius consilium aut voluntas mutari queat.

Forte quaeritur, si homo in Christo unitus divinitati 98
mentiri aut peccare potuerit, quamvis — in eo quod praemissum est: „Est autem Deus verax" et statim subiunctum est: „Omnis autem homo mendax" — Deus-homo exclusus videatur, ut de puro homine tantum accipi debeat quod dictum est „Omnis homo mendax", non de homine qui Deus est. Nemo autem ambigere debet hominem illum Deo unitum, postquam ei unitus est aut dum ei unitus est, nullatenus peccare posse sicut eum qui praedestinatus est, postquam praedestinatus vel cum praedestinatus sit, damnari non posse.

At vero si simpliciter dicitur hominem illum, qui unitus est, nullo modo peccare posse, potest quilibet ambigere.

---

15 Forte *bei R Randnotiz N(ota)*

---

[143] Bei Abaelard Perfekt (Vg.: Futur).

[144] Von Abaelard wird hier *fides Dei* als Genetivus obiectivus aufgefaßt.

[145] *Simpliciter,* Gegensatz: *cum determinatione.*

(Röm 3,2), durch die er sich sein Volk gewinnen wollte. Denn was hindert den göttlichen Vorsatz, *wenn einige von ihnen nicht* jenen Aussprüchen *geglaubt haben,* das heißt dem, was dort versprochen oder verkündigt wurde? *Hat*[143] *etwa der Unglaube jener,* die nämlich nicht geglaubt haben, *den Glauben an Gott*[144], das heißt, durch den sie Gott geglaubt haben, *entkräftet,* so daß nämlich nicht eingetreten ist, was gerade Mose, Josua und die übrigen Gläubigen geglaubt haben? *Das sei ferne,* daß nämlich ihr Glaube entkräftet worden sei (vgl. Röm 3,3), nämlich enttäuscht von den ihnen dort vorhergesagten Verheißungen, an die er geglaubt hat.

4. *Vielmehr ist Gott wahrhaftig.* Ich habe gesagt: „Das sei ferne", und nicht unüberlegt, sondern mit Bedacht, da Gott wahrhaftig ist, das heißt beständig oder unveränderlich in dem, was er verheißt oder voraussagt. „Jeder Mensch dagegen ist ein Lügner", das heißt schwankend in seinem Vorsatz, so daß sich nämlich leicht sein Plan oder Wille ändern kann.

Vielleicht fragt man, ob der in Christus mit der Gottheit vereinte Mensch lügen oder sündigen konnte, obwohl — darin, daß vorausgeschickt ist: „Vielmehr ist Gott wahrhaftig" und sogleich angefügt ist: „Jeder Mensch dagegen ist ein Lügner" — der Gott-Mensch ausgeschlossen zu sein scheint, so daß man nur vom reinen Menschen, nicht von dem Menschen, der Gott ist, verstehen darf, daß gesagt ist: „Jeder Mensch ist ein Lügner." Niemand aber darf daran zweifeln, daß jener mit Gott vereinte Mensch, nachdem er mit ihm vereint worden ist oder solange er mit ihm vereint ist, keineswegs sündigen kann, ebenso wie der, der zum Heil vorherbestimmt ist, nicht mehr verdammt werden kann, nachdem er vorherbestimmt ist oder weil er vorherbestimmt ist.

Doch in der Tat: Wenn ohne nähere Bestimmung[145] gesagt wird, jener Mensch, der vereint ist, könne auf keinen Fall sündigen, dann kann das doch ein jeder bezweifeln.

Si enim penitus peccare non potest aut male facere, quod meritum habet cavendo peccatum, quod nullo modo potest committere? Aut quomodo etiam cavere id dicitur, quod nullatenus incurrere potest? Unde Boethius, „Contra Eutychen et Nestorium“, de homine quem Deus assumpsit: „Quomodo“, inquit, „fieri potest, ut talem assumpserit hominem qualis Adam fuit ante peccatum, cum in Adam potuerit esse peccandi voluntas atque affectio?“ Scriptum praeterea est in laude iusti: „Qui potuit transgredi et non est transgressus, facere mala et non fecit. Iste in excelsis habitabit“, etc. Et hoc quidem ad liberum hominis arbitrium pertinet, ut in eius sit potestate et bene agere et male. Quod si Christus non habuit, libero videtur privatus arbitrio et necessitate potius quam voluntate peccatum cavere et ex natura potius quam ex gratia id habere. Quippe quod per gratiam cuivis collatum est, ex dono ei potius quam ex naturae suae proprietate venit; nec tam naturale quam gratuitum est dicendum, quod ex dono alterius potius quam ex nobis habemus. Quis etiam neget hominem illum ex anima et carne consistentem, qui Deo unitus est, in unam videlicet personam, etiam sine illa unione sicut ceteros homines in sua natura consistere posse? Alioquin minoris valetudinis esse videretur, si per se ipse subsistere non posset sicut ceteri homines, et magis accidentis quam substantiae naturam | habere. Quod si per se etiam existere posset, cur non et peccare sic posset ut ceteri?

Videtur itaque nobis, ut in hac quoque sicut in ceteris rebus vires propositionum diligenter attendamus, quan-

[146] Boethius, *c. Eut.* 8 (108 Elsässer).
[147] *Propositio:* Vordersatz eines Syllogismus.

Wenn er nämlich überhaupt nicht sündigen oder schlecht handeln kann, welches Verdienst hat er dann dadurch, daß er sich vor der Sünde hütet, die er auf keinen Fall begehen kann? Oder wieso heißt es auch, er hüte sich vor dem, in das er keineswegs hineingeraten kann? Daher sagte Boethius, „Gegen Eutyches und Nestorius", über den Menschen, den Gott angenommen hat: „Auf welche Weise kann es geschehen, daß er einen solchen Menschen angenommen hat, wie Adam vor der Sünde gewesen ist, wo doch in Adam der Wille und die Neigung zum Sündigen sein konnte?"[146] Außerdem steht zum Lob des Gerechten geschrieben: „Wer sündigen konnte und nicht gesündigt hat, Böses tun und es nicht getan hat (Sir 31,10): Der wird in der Höhe wohnen ..." (Jes 33,16 Vg.). Und dies bezieht sich jedenfalls auf den freien Willen des Menschen, so daß in seiner Macht steht, sowohl gut als auch schlecht zu handeln. Wenn Christus dies nicht gehabt hat, scheint er des freien Willens beraubt zu sein und sich eher notwendigerweise als willentlich vor der Sünde gehütet zu haben und dies eher von Natur aus als aus Gnade zu haben. Was ja jedem aus Gnade gegeben worden ist, kommt ihm eher aus einer Gabe als aus der Eigenheit seiner Natur her zu. Auch darf man das nicht ebenso natürlich als vielmehr gnadenhaft nennen, was wir eher durch die Gabe eines anderen als aus uns selbst heraus haben. Wer möchte auch wohl leugnen, daß jener aus Seele und Fleisch bestehende Mensch, der mit Gott vereint ist – zu einer Person nämlich –, auch ohne jene Vereinigung ebenso wie die übrigen Menschen in seiner Natur bestehen könnte? Andernfalls würde es scheinen, er sei von geringerer Kraft, wenn er nicht von sich aus existieren könnte wie die übrigen Menschen, und er habe seine Natur eher als äußere Eigenschaft denn als Substanz. Wenn er aber von sich aus auch existieren könnte, warum sollte er dann nicht auch so sündigen können wie die übrigen?

Uns scheint daher, daß wir auch bei dieser ebenso wie bei den übrigen Sachen genau die Bedeutungen der Sätze[147] be-

do videlicet cum determinatione possibile aut necesse ponitur et quando simpliciter praedicatur, id est sine apposita determinatione. Verum quippe est, si simpliciter dicatur, quod eum, qui praedestinatus est et qui salvandus est, possibile est damnari, cum omnino possibile sit eum fuisse non praedestinatum nec salvandum. Non tamen cum determinatione verum est dicere quod eum possibile est damnari, cum sit praedestinatus vel cum sit salvandus. Sic et eum qui curtatus est possibile est habere duos pedes, cum sit omnis homo bipes, et eum qui caecus est possibile est videre; non tamen possibile est postquam curtatus est vel postquam caecus est. Alioquin possibile esset regressionem de privatione ad habitum fieri, quod penitus falsum est. Sic et fortasse non est absurdum nos concedere simpliciter, quod eum hominem, qui Deo unitus est, possibile sit peccare, non tamen postquam unitus est vel dum unitus est. Christum vero, id est Deum simul et hominem, modis omnibus impossibile est peccare, cum videlicet ipsum Christi nomen Dei et hominis exprimat unionem. Ac sic quod dictum est: „Omnis homo mendax“, modis omnibus vera videtur esse enuntiatio.

Sicut scriptum est: Ut iustificeris. Probat per auctoritatem psalmi, quam verax sit Deus in promissis suis complendis et stabilis in suo proposito. Promiserat quippe Dominus ad David, quod de semine eius Christus nasceretur. Quae quidem promissio post adulterium David cassanda omnino videbatur, et omnino incongruum iudicabatur, ut ulterius de semine tam peccatoris hominis Filius Dei carnem sus-

[148] Vgl. Aristoteles Latinus, *Categoriae vel praedicamenta* 13a30 (35 Minio-Paluello).

achten müssen, wann nämlich möglich oder notwendig mit näherer Bestimmung gesetzt wird und wann es einfach ausgesagt wird, das heißt ohne Zusatz einer näheren Bestimmung. Wahr ist es ja, wenn es einfach ausgesagt wird, daß es möglich ist, daß der verdammt wird, der zum Leben vorherbestimmt ist und der gerettet werden soll: Denn es ist grundsätzlich möglich, daß er nicht vorherbestimmt gewesen wäre und nicht hätte gerettet werden sollen. Trotzdem ist es mit näherer Bestimmung nicht wahr, zu sagen, es sei möglich, daß er verdammt werde, da er vorherbestimmt ist oder da er gerettet werden soll. So ist es auch möglich, daß der, der verstümmelt ist, zwei Füße hat, da jeder Mensch zweifüßig ist; und es ist möglich, daß der, der blind ist, sehen kann. Dennoch ist es nicht möglich, nachdem er verstümmelt worden ist oder nachdem er erblindet ist. Andernfalls wäre es möglich, daß ein Zurückschreiten vom Verlust zum Besitz stattfände, was ganz und gar falsch ist.[148] So ist es vielleicht nicht abwegig, wenn wir „einfach" zugestehen, es sei möglich, daß derjenige Mensch, der mit Gott vereint ist, sündige, dennoch aber nicht, nachdem er oder solange er vereint ist. Daß Christus aber, das heißt Gott und Mensch zugleich, sündigen könnte, ist auf gar keine Weise möglich, da ja gerade der Name Christus die Vereinigung von Gott und Mensch ausdrückt. Und so scheint, daß gesagt ist: „Jeder Mensch ist ein Lügner", in jeder Weise eine wahre Aussage zu sein.

Wie geschrieben steht: Auf daß du gerecht befunden werdest. Er beweist durch die Autorität des Psalmes (Ps 51,6: Vg. Ps 50,6), wie wahrhaftig Gott beim Erfüllen seiner Verheißungen und wie fest er bei seinem Vorsatz ist. Der Herr hatte ja David versprochen, daß aus seiner Nachkommenschaft Christus geboren würde (2 Sam 7,8–16; 11,1–27). Diese Verheißung schien ja nach dem Ehebruch Davids gänzlich widerrufen werden zu müssen, und es wurde als gänzlich unpassend angesehen, daß Gottes Sohn ferner noch Fleisch von der Nachkommenschaft eines solchen Sünders

ciperet; et ita Deum, qui hoc ei promiserat, mendacem fieri oporteret. Quod nequa|quam posse contingere idem, qui | 100 tam graviter deliquerat, attendens aiebat: „Tibi soli peccavi", id est ad honorem tui tantum, qui etiam iniquitatem bene ordinas et ad gloriam tuam omnia convertis, „et malum coram te feci", id est te sciente quem nihil latet, ut per hoc appareat quam iustus sis, qui videlicet, cum scias me promeruisse, ut non mihi promissa custodias, tamen quia iustus es et verax, non potes promissionem tuam frustrare. Si enim peccatum hoc Deum lateret, non videretur causa, quare promissionem non impleret. Nunc autem, cum sciat peccatum committi et peccantem meruisse contrarium, servat tamen immobilem suae veritatis constantiam, adimplendo scilicet promissa.

„Ut iustificeris" *in sermonibus tuis,* hoc est: ut exsequendo sermones tuos de promissionibus, quas mihi fecisti, „iustificeris", id est iustus et verax appareas, *et vincas,* scilicet humanum iudicium, *cum iudicaris* ab hominibus, id est argueris mendacii tamquam qui non possis ulterius propter delicta mea tuam promissionem adimplere.

5. *Si autem.* Oppositionem ad praemissa ipse inducit Apostolus, quasi diceret: Dictum est Deum iustificari, id est iustum et veracem maxime apparere ex peccatis, cum illam scilicet promissionem illius impedire nequeant, immo etiam ipsa ad gloriam suam convertat. Sed si peccata nostra, ita ut dictum est in praemisso exemplo de David, *iustitiam Dei* commendant, id est ad laudem et gloriam

annehmen sollte; und so hätte Gott, der ihm dies verheißen hatte, zum Lügner werden müssen. Daß dies keineswegs geschehen kann, erkannte derselbe, der so schwer gesündigt hatte, und sagte: „Dir allein habe ich gesündigt" (Ps 51,6: Vg. Ps 50,6), das heißt zum Ruhm für dich nur, der du auch die Ungerechtigkeit gut einplanst und alles zu deinem Ruhm wendest, „und ich habe Übles vor dir getan" (Ps 51,6: Vg. Ps 50,6), das heißt mit deinem Wissen, vor dem nichts verborgen bleibt, damit hierdurch offenkundig werde, wie gerecht du bist: Obwohl du nämlich weißt, daß ich verdient habe, daß du mir die Verheißungen nicht einhältst, kannst du trotzdem, weil du gerecht und wahrhaftig bist, deine Verheißung nicht zunichte machen. Wenn nämlich diese Sünde vor Gott verborgen wäre, schiene es keinen Grund zu geben, weshalb er seine Verheißung nicht erfüllen sollte. Nun aber, wo er weiß, daß die Sünde begangen wird und der Sünder das Gegenteil verdient hat, bewahrt er trotzdem unveränderlich die Beständigkeit seiner Wahrheit, indem er nämlich das Verheißene erfüllt.

„Auf daß du gerecht befunden werdest" *in deinen Worten*, das heißt, damit du dadurch „gerechtfertigt wirst", das heißt gerecht und wahrhaftig erscheinst, daß du deine Reden von den Verheißungen ausführst, die du mir gemacht hast, *und obsiegst,* nämlich über das menschliche Urteil, *wenn mit dir gerechtet wird* von den Menschen, das heißt, wenn du der Lüge beschuldigt wirst, als ob du wegen meiner Vergehen nicht fernerhin deine Verheißung erfüllen könntest.

5. *Wenn aber.* Den Widerspruch gegen das Vorausgeschickte legt der Apostel selbst ein, wie wenn er sagen wollte: Es ist gesagt worden, Gott werde gerecht befunden, das heißt, er erscheine besonders aufgrund der Sünden als gerecht und wahrhaftig (vgl. Röm 3,4), da sie ja jene Verheißung von ihm nicht behindern können, ja er sie sogar zu seinem Ruhm wende. Aber wenn unsere Sünden, so wie beim vorausgeschickten Beispiel von David gesagt worden ist, *Gottes Gerechtigkeit* empfehlen, das heißt zu Ruhm und

veritatis eius proficiunt, *quid dicemus,* id est quid poterimus respondere obiectioni sequenti quae ait: *Numquid iniquus est Deus, qui infert iram,* id est vindictam, propter peccata, quae eius, ut dictum est, „iustitiam" commendant, id est eum maxime laudabilem ostendunt de incommutabili suae veritatis proposito? Et quoniam non hoc ex persona sua Apostolus obiicit, quasi non ei videretur, ut in hoc ageret inique, addit: *Secundum hominem dico,* id est secundum carnem animalem, qui „non" sapit „ea quae Dei sunt", non secundum spiritualem qui „iudicat omnia", id est tam in divinis quam in humanis aequum rationis iudicium tenet.

6. Et ideo *absit,* ut hoc scilicet recipiamus Deum inique | agere puniendo peccata, quae etiam ad eius proficiunt | 101 gloriam, ut quamvis peccata non sint bona, bonum tamen sit esse peccata. Unde est illud Augustini in „Enchiridion": „Non fit aliquid nisi omnipotens fieri velit vel sinendo ut fiat vel ipse faciendo. Nec dubitandum est Deum facere bene etiam sinendo fieri quaecumque fiunt male. Non enim hoc nisi iusto iudicio sinit, et profecto bonum est omne quod iustum est." Item: „Nam nisi esset hoc bonum ut essent mala, nullo modo esse sinerentur ab omnipotente bono." *Alioquin,* id est si aliter esset quam dicimus, hoc est: si inique faceret Deus inferendo vindictam pro peccatis, *quo modo mundum,* id est universos, tam bonos sci-

---

[149] AUGUSTINUS, *enchir.* 95 f (CCL 46, 99 f).

[150] AUGUSTINUS, *enchir.* 96 (CCL 46, 100).

Herrlichkeit seiner Wahrheit beitragen, *was werden wir sagen,* das heißt, was werden wir antworten können auf den folgenden Einwand, der besagt: *Ist etwa Gott ungerecht, der seinen Zorn verhängt,* das heißt Strafe, wegen der Sünden, die, wie gesagt, seine „Gerechtigkeit" empfehlen, das heißt ihn als besonders rühmenswert zeigen wegen des unveränderlichen Vorsatzes seiner Wahrheit? Und weil der Apostel dies nicht in seinem eigenen Namen einwendet, fügt er hinzu, als ob es ihm nicht schiene, daß Gott hierin ungerecht handle: *Ich rede nach Menschenweise* — das heißt nach Art des weltlich gesinnten Fleisches —, das „nicht das" empfindet, „was Gottes ist" (1 Kor 2,14 f Vg.), nicht nach der des geistlich gesinnten, der „über alles urteilt" (1 Kor 2,15 Vg.), das heißt ebenso bei göttlichen wie bei menschlichen Angelegenheiten das gerechte Urteil des Verstandes behält.

6. Und daher *sei ferne,* daß wir dies nämlich annehmen, Gott handele darin ungerecht, daß er die Sünden straft, die auch zu seiner Herrlichkeit beitragen, so daß es, auch wenn die Sünden nicht gut sind, dennoch gut ist, daß es Sünden gibt. Hierher stammt jener Ausspruch des Augustinus im „Handbuch": „Es geschieht nichts, ohne daß der Allmächtige will, daß es geschieht, entweder indem er zuläßt, daß es geschieht, oder indem er es selbst ausführt. Auch darf man nicht daran zweifeln, daß Gott gut handelt, selbst wenn er zuläßt, daß all das geschieht, was in schlechter Weise geschieht. Denn dies läßt er nur aufgrund eines gerechten Urteils zu, und in der Tat ist alles gut, was gerecht ist."[149] Ebenso: „Denn wenn dies nicht etwas Gutes wäre, daß es Übel gibt, würde keineswegs von dem allmächtigen Guten zugelassen, daß sie existierten."[150] *Andernfalls,* das heißt, wenn es anders wäre, als wir sagen, das heißt, wenn Gott darin ungerecht handelte, daß er für die Sünden Strafe auferlegt, *wie sonst* sollte[151] er *die Welt,* das heißt alle zu-

[151] Vg.: wird.

licet quam malos, iudicaret, eis videlicet pro meritis vel gloriam vel poenam retribuendo?

7. *Si enim veritas.* Ad suprapositam obiectionem iterum redit quasi eam commendans, quod scilicet bene iniquus videtur Deus puniendo peccata, si ipsam iustitiam eius commendant, quia nec iam pro peccatis reputari debent sed pro bonis, quae eius veritatem commendant. Et hoc est: „Si enim veritas“ *Dei abundavit in gloriam ipsius ex meo mendacio,* hoc est: immobilitas suae veritatis laudabilior efficitur ex mutabilitate et inconstantia meae professionis, qui licet ei mentiar, ipse tamen mihi mentiri non potest: *Quid iudicor adhuc,* dum videlicet id quod facio ad eius gloriam proficit, *tamquam peccator,* id est: Qua ratione ea, quae facio, pro peccatis reputanda sunt?

8. Et cur non potius *faciamus mala, ut veniant bona,* hoc est: peccemus, ut ex nostris peccatis glorificetur Deus? *Sicut blasphemamur* a quibusdam *et sicut aiunt nos dicere,* me scilicet et ceteros spirituales, qui dicimus etiam mala tam bene ordinari, ut ad gloriam Dei proficiant. Unde et praedictus doctor in XI „De civitate Dei“, cum de bonitate Dei et malitia diaboli loqueretur, ait: „Deus sicut | naturarum | 102
bonarum optimus creator est, ita malarum voluntatum iustissimus ordinator.“ Item ibidem de diabolo: „Deus cum eum conderet, futurae malignitatis eius non erat ignarus et praevidebat quae bona de malis eius esset ipse facturus.“ Item post aliqua: „Neque enim Deus ullum, non dico an-

[152] AUGUSTINUS, *civ.* 11 (CCL 48,336f).
[153] AUGUSTINUS, *civ.* 11 (CCL 48,337).

sammen, ebenso die Guten nämlich wie die Schlechten, richten, indem er ihnen nämlich ihre Verdienste entweder mit Herrlichkeit oder mit Strafe vergilt?

7. *Denn wenn die Wahrheit.* Zu dem oben gemachten Einwand (Röm 3,5) kehrt er noch einmal zurück, wie wenn er ihn gewissermaßen empfehlen wollte: daß nämlich zu Recht Gott durch das Bestrafen der Sünden ungerecht erscheint, wenn sie gerade seine Gerechtigkeit empfehlen; denn sie dürfen nicht mehr als Sünden angerechnet werden, sondern als gute Werke, die seine Wahrheit empfehlen. Und dies bedeutet: „Denn wenn die Wahrheit" *Gottes durch meine Lüge größer erscheint zu seiner Verherrlichung,* das heißt die Unveränderlichkeit seiner Wahrheit lobenswerter wird durch die Veränderlichkeit und Unbeständigkeit meines Bekenntnisses – mag ich ihm gegenüber auch die Unwahrheit sagen, so kann er mir dennoch nicht die Unwahrheit sagen –: *Was werde ich noch gerichtet,* solange nämlich das, was ich tue, zu seiner Herrlichkeit beiträgt, *als Sünder,* das heißt, auf welche Weise soll das, was ich tue, als Sünden angerechnet werden?

8. Und warum *sollten wir* nicht lieber *das Böse tun, damit das Gute eintrete,* das heißt sündigen, damit durch unsere Sünden Gott verherrlicht wird? *Wie wir verleumdet werden* von gewissen Leuten *und wie einige behaupten, daß wir sagen,* ich nämlich und die übrigen geistlich Gesinnten, die wir behaupten, auch das Böse werde so gut eingeplant, daß es zur Herrlichkeit Gottes beitrage. Daher sagte auch der vorgenannte Lehrer im 11. Buch „Über den Gottesstaat", als er über die Güte Gottes und die Schlechtigkeit des Teufels redete: „Ebenso wie Gott der allerbeste Schöpfer der guten Naturen ist, so ist er der allergerechteste Ordner der schlechten Willen."[152] Ebenso an derselben Stelle über den Teufel: „Als Gott ihn schuf, war er sich seiner künftigen Schlechtigkeit wohl bewußt und sah voraus, welche guten Werke er selbst aus seinen schlechten Taten machen würde."[153] Ebenso etwas später: „Denn Gott hätte doch auch

gelorum, <sed> vel hominum creasset quem malum futurum esse praescisset, nisi pariter nosset quibus eos bonorum usibus commodaret.“ Idem, in „Enchiridion“: „Neque enim Deus omnipotens, cum summe bonus sit, ullo modo sineret mali aliquid esse in operibus suis, nisi usque adeo esset omnipotens et bonus, ut bene faceret et de malo.“

Quorum, scilicet nos blasphemantium, id est non tam pro existimatione sua quam propter nos blasphemandos id dicentium. Adeo namque mala quoque a Deo bene ordinari clarum est, ut hoc etiam gentilis ille philosophus Plato manifeste professus sit dicens: „Nihil enim fit cuius ortum non legitima causa et ratio praecedat.“

9. *Quid igitur?* Dixi talium nos blasphemantium iustam esse damnationem; ex quo nos maxime commendasse videmur, quasi tales simus ex meritis nostris, in quibus nihil sit blasphemandum. „Quid igitur?“ Numquid potest dici quia *praecellimus* tales iuste damnandos, id est ex propriis meritis et nostra virtute digniores sumus illis? *Nequaquam,* sed potius ex Deo quam ex nobis est, si quid boni habemus, sicut et in sequentibus ait, quia „non est volentis neque currentis, sed miserentis Dei“, quia eius misericordia sufficiens est ad salutem potius quam nostra valitudo, quoniam ex nobis omnes simul culpabiles sumus, sicut superius ostendimus tam de Iudaeis quam de gentibus omnes inexcusabiles esse. Et hoc est: *Causati enim sumus,* id est quasi causam accu-

---

1 sed *fehlt bei Abaelard*

---

154 Augustinus, *civ.* 11 (CCL 48,337).
155 Augustinus, *enchir.* 3,11 (CCL 46,53).
156 Calcidius, *transl.* 28a (20 Waszink).

niemand – um nicht von den Engeln zu sprechen – von den Menschen geschaffen, von dem er vorausgesehen hätte, daß er schlecht sein werde, wenn er nicht gleicherweise gewußt hätte, für welchen Nutzen für die Guten er sie bereitstellte."[154] Derselbe im „Handbuch": „Denn auch würde der allmächtige Gott, da er in höchstem Maße gut ist, auf keine Weise zulassen, daß irgend etwas Schlechtes unter seinen Werken wäre, wenn er nicht bis zu einem solchen Grade allmächtig und gut wäre, daß er auch mit dem Schlechten gut verfahren könnte."[155]

Solcher, nämlich die uns verleumden, das heißt, die dies nicht so sehr nach ihrer Überzeugung sagen, als vielmehr um uns zu verleumden. So sehr ist nämlich klar, daß auch die schlechten Dinge von Gott gut eingeplant werden, daß dies sogar jener heidnische Philosoph Plato offen mit folgenden Worten bekannt hat: „Denn nichts geschieht, dessen Entstehung nicht eine rechtmäßige, vernünftige Ursache vorausginge."[156]

9. *Was also?* Ich sagte, daß die Verdammung solcher, die uns verleumden, gerecht sei; dadurch scheinen wir uns besonders empfohlen zu haben, als ob wir aufgrund unserer Verdienste so seien, daß es an uns nichts zu verleumden gebe. „Was also?" Kann man etwa sagen, daß *wir einen Vorzug haben* gegenüber solchen, die zu Recht verdammt werden müssen, das heißt, daß wir aufgrund eigener Verdienste und unserer Tugend würdiger als jene sind? *Keineswegs,* sondern es rührt eher von Gott als von uns her, wenn wir etwas Gutes haben, so wie er auch im folgenden sagt, daß es „weder Sache des Wollenden noch des Laufenden ist, sondern Gottes, der sich erbarmt" (Röm 9,16). Denn sein Erbarmen genügt eher zur Rettung als unsere Kraft, weil wir ja von uns aus alle schuldig sind, wie wir weiter oben sowohl von den Juden als auch von den Heiden gezeigt haben, daß alle unentschuldbar sind (vgl. Röm 2,1). Und dies bedeutet: *Denn wir haben erwiesen,* das heißt, wir haben gewissermaßen einen Grund durch das Anklagen

sando traximus tam *Iudaeos* quam *Graecos,* quos sapientiores esse convenit, *omnes sub peccato esse,* hoc est: reos esse et poenae | debitos tamquam transgressores. Et hic quidem | 103 ad generalem revertitur invectionem, colligens ex scripturis testimonia, quibus omnes pariter reos inexcusabiles convincat.

10. *Sicut scriptum est,* in psalmo videlicet XIII, *quia non est iustus quisquam,* etc. Psalmus hic, ubi haec testimonia apud nos continentur, quasi generalem invectionem facit in omnes, qui tempus visitationis suae non cognoscentes quasi pro abominatione habuerunt Deum pro humana redemptione incarnari et pati. Unde et alibi idem apostolus: „Nos autem praedicamus Christum crucifixum, Iudaeis quidem scandalum, gentibus autem stultitiam.“ Ait itaque psalmus: „Dixit insipiens“, id est „animalis homo qui non percipit ea quae spiritus Dei sunt“, de arcano videlicet illo nostrae reparationis mysterio, cum infirmitatem assumpti hominis inspiceret: „Non est“ hic „Deus.“ Dixit quidem non verbis tantummodo sicut Petrus eum negando, sed etiam corde, quia sic credidit.

<„Non est iustus quisquam“>, hoc est: Paucissimi et quasi nulli sunt, qui iusti sunt, id est unicuique reddentes quae sua sunt. Absit enim, ut credamus ecclesiam a primo electo usque ad novissimum in aliquibus saltem fidelibus non perseveraturam, quae et ante legem multos et post legem plures, sicut et ipsum qui hunc psalmum composuit, et sub gratia collegit innumeros. Unde et in ipso adventu Domini

21 Non ... quisquam *fehlt bei Abaelard*

[157] Zur Definition von *iustitia* vgl. unten 292 Anm. 12 zu Röm 3,27.

angeführt, daß ebenso *Juden* wie *Griechen,* die, wie man einig ist, weiser sind, *alle unter der Sünde sind,* das heißt, Beschuldigte sind und als Übertreter eine Strafe verdient haben. Und hier jedenfalls kehrt er zurück zu dem allgemeinen Angriff, indem er aus den Schriften Zeugnisse sammelt, durch die er nachweist, daß alle gleichermaßen als Angeklagte unentschuldbar sind.

10. *Wie geschrieben steht,* im Psalm 13 nämlich: *Keiner ist gerecht* ... (vgl. Ps 14,1–3: Vg. Ps 13,1–3). Der Psalm macht hier, wo diese Zeugnisse bei uns enthalten sind, gewissermaßen einen allgemeinen Angriff auf alle, die — weil sie die Zeit ihrer Heimsuchung nicht erkannten — gewissermaßen als Greuel ansahen, daß Gott für die Erlösung der Menschen Fleisch annahm und litt. Daher sagt derselbe Apostel auch anderswo: „Wir aber verkündigen Christus als den Gekreuzigten: für Juden ja ein Ärgernis, für Heiden aber eine Torheit“ (1 Kor 1,23). Es sagt deshalb der Psalm: „Der Tor“ — das heißt „der irdisch gesinnte Mensch, der das nicht wahrnimmt, was zum Geist Gottes gehört“ (1 Kor 2,14), bezüglich jenes geheimen Wunders unserer Wiederherstellung nämlich — „hat gesagt“, als er die Schwachheit des angenommenen Menschen betrachtete: „Nicht ist“ dieser „Gott“ (Ps 14, 1: Vg. Ps 13,1). Er hat es allerdings nicht nur mit Worten gesagt, indem er ihn so wie Petrus verleugnete (vgl. Mt 26,34–75 par), sondern auch im Herzen, da er es so geglaubt hat.

<„Keiner ist gerecht“>, das heißt: Es gibt nur sehr wenige und sozusagen keine, die gerecht sind, das heißt einem jeden geben, was sein ist.[157] Denn es sei fern, daß wir glauben, die Kirche werde nicht vom ersten Erwählten an bis zum letzten wenigstens in Gestalt von irgendwelchen Gläubigen bestehenbleiben; sie hat auch vor der Zeit des Gesetzes viele und nach der Einführung des Gesetzes noch mehr — so wie auch gerade den, der diesen Psalm verfaßt hat — und zur Zeit der Gnade unzählige versammelt. Daher lesen wir, daß auch gerade bei der Ankunft des Herrn,

iam ex maxima parte in Israel facta caecitate nonnullos legimus superesse velut Simeonem, Annam atque ipsam Domini matrem cum sponso suo Ioseph et patrem et matrem Iohannis Baptistae cum ipso. Saepe autem, cum dicitur omnis vel nullus, non generaliter sed ad maximam partem dicitur, veluti si dicatur de civitate, in qua pauci sunt boni: Omnes mali sunt qui in ea habitant, vel: „Nulli boni sunt in ea."

Hinc est illud Hieronymi, Ad Damasum papam de filio prodigo: „‚Fili, tu semper mecum es et omnia mea tua sunt': Num|quid angeli, throni? ‚Omnia' ergo intellige prophetas, | 104 eloquia divina, secundum illud, quod saepe exposuimus, non ‚omnia' ad totum esse referendum sed ad maximam partem, ut: ‚Omnes declinaverunt', et: ‚Omnes qui ante me venerunt fuerunt fures et latrones', et: ‚Omnibus omnia factus sum, ut omnes lucrifacerem', et: ‚Omnes quae sua sunt quaerunt, non quae Iesu Christi'."

11. Quare autem „non" sit „iustus" quisquam, subponit: quia *non est intelligens Deum* aut *requirens* ipsum. „Non est intelligens Deum", id est: non curat eius promissis vel minis attendere, quia „animalis homo non percipit ea quae sunt spiritus Dei", sed est „sicut equus et mulus quibus non est intellectus." Et quia „non est intelligens Deum", nescit requirere eum per poenitentiam quem amisit per negligentiam.

12. Quam quidem negligentiam adnectit dicens: *Omnes declinaverunt,* hoc est: Studium suum relicto Deo converterunt ad saeculum, ut pro temporalibus contemnerent ae-

---

11 prophetas legem, prophetas *Hieronymus*

---

[158] Hieronymus versteht unter „Sohn" das jüdische Volk.
[159] Hieronymus, *epist.* 21,37 (CSEL 54,136f).
[160] So Abaelard.

als schon zum größten Teil in Israel Blindheit ausgebrochen war, einige übrig waren, wie zum Beispiel Simeon, Hanna (vgl. Lk 2,25–38) und gerade die Mutter des Herrn mit ihrem Verlobten Josef und Vater und Mutter Johannes' des Täufers mit ihm selbst. Oft aber, wenn es heißt jeder oder keiner, wird dies nicht allgemein, sondern in bezug auf den größten Teil gesagt, zum Beispiel wenn es von dem Staat, in dem es nur wenige Gute gibt, heißt: Alle sind schlecht, die in ihm wohnen oder: „Keine Guten gibt es in ihm".

Hierher rührt jene Äußerung des Hieronymus an den Papst Damasus über den verschwenderischen Sohn: „,Mein Sohn[158], du bist immer bei mir, und alles, was mein ist, ist dein' (Lk 15,31): Etwa Engel, himmlische Mächte? Unter ‚alles' verstehe also die Propheten, göttliche Aussprüche, gemäß dem, was wir häufig dargelegt haben, daß ‚alles' nicht auf das ganze bezogen werden darf, sondern auf den größten Teil, wie z. B.: ‚Alle sind abtrünnig geworden' (Ps 14,3: Vg. Ps 13,3), und: ‚Alle, die vor mir kamen, sind Diebe und Räuber gewesen' (Joh 10,8), und: ‚Allen bin ich alles geworden, um alle zu gewinnen' (1 Kor 9,22), und: ‚Alle suchen ihren Vorteil, nicht die Sache Jesu Christi' (Phil 2,21)."[159]

11. Warum es aber „keinen Gerechten" gibt, fügt er an: weil *keiner ist, der Gott erkennt* oder *der ihn sucht.*[160] „Es gibt keinen, der Gott erkennt", das heißt: Er kümmert sich nicht darum, seine Verheißungen oder Drohungen zu beachten, da „der irdisch gesinnte Mensch das nicht vernimmt, was zum Geiste Gottes gehört" (1 Kor 2,14 Vg.), sondern „wie Roß und Maultier ist, die ohne Verstand sind" (Ps 32, 9: Vg. Ps 31,9). Und da er Gott nicht erkennt, versteht er nicht, ihn durch Buße wiederzusuchen, den er aus Nachlässigkeit verloren hat.

12. Diese Nachlässigkeit jedenfalls schließt er an, indem er sagt: *Alle sind abgewichen,* das heißt: Sie haben ihren Eifer unter Zurückstellung Gottes auf die Welt gerichtet, so daß sie für weltliche Güter die ewigen verach-

terna, atque ita „omnes“ pariter, tam Iudaei scilicet quam gentes, *inutiles* sibi *facti sunt.* Nemo quippe tam iniquus est, ut omnino inutilis fiat, cum ipsis etiam malis Deus, ut dictum est, optime utatur, sicut nequitia Iudae sive diaboli. In uno quippe et eodem facto et Deus Pater et Filius et Iudas cooperati sunt, quia Pater Filium et Filius se ipsum et Iudas tradidit Dominum. Traditio illa, quam et Iudas operatus est, communem omnium redemptionem est operata. Per praedicationem quidem Petri apostoli aliqui conversi sunt et salvati, Iudae vero nequitiam in salutem omnium Dominus convertit. Ad maiorem utilitatem nobis malo istius quam illius bono divina usa est gratia. Diaboli quoque nequitiam quis dubitet a Deo semper bene ordinari, cum et ipse nihil nisi Deo permittente faciat, vel puniendo reos vel probando iustos vel quidlibet agendo? Unde et potestas illius nonnisi iusta esse potest sicut voluntas illius nonnisi iniusta, qui a Deo potestatem, a se vero habet voluntatem. „Non est enim potestas“, ipso attestante postea Apostolo, „nisi a Deo“. Unde et Veritas iniquo praesidi | [105] ait: „Non haberes in me potestatem, nisi datum esset tibi desuper.“ Qui itaque male agunt, sibi potius inutiles quam omnino inutiles intelligendi sunt, cum in ordine rerum nihil inutiliter aut superflue agi divina, ut ostensum est, dispositio permittat.

Quomodo autem declinaverunt omnes aut a quo „declinaverunt“, a bono videlicet opere, subponit dicens: *Non est qui faciat bonum,* hoc est: qui bene operetur et quod debet impleat. Quamvis enim bona videatur traditio Domini, quae a Iuda facta est, et simul, ut dictum est, a Patre sive

---

161 Zu Röm 3,8, oben 236,15 – 238,6.

162 Zu Röm 3,8, oben 238,7–12.

teten; und so sind „alle" gleichermaßen, ebenso Juden nämlich wie Heiden, sich selbst *unnütz geworden.* Niemand ist ja so ungerecht, daß er völlig unnütz wird, da ja Gott, wie gesagt[161], gerade auch das Böse aufs beste gebraucht, wie zum Beispiel die Schlechtigkeit des Judas oder des Teufels. In ein und derselben Handlung haben ja Gott Vater und Gott Sohn und Judas zusammengewirkt: Denn der Vater hat den Sohn und der Sohn sich selbst und Judas den Herrn ausgeliefert. Jene Auslieferung, die auch Judas bewirkt hat, hat die allgemeine Erlösung aller bewirkt. Durch die Verkündigung des Apostels Petrus sind zwar irgendwelche Menschen bekehrt und gerettet worden, die Schlechtigkeit des Judas aber hat der Herr zum Heil aller gewendet. Zu größerem Nutzen für uns hat die göttliche Gnade die böse Tat dieses gebraucht als die gute Tat jenes. Wer zweifelte wohl daran, daß auch die Schlechtigkeit des Teufels von Gott immer gut eingeplant wird, da auch er nichts ohne Gottes Erlaubnis treibt, wenn er entweder Schuldige straft oder Gerechte prüft oder was auch immer tut? Daher kann auch seine Macht nur gerecht sein ebenso wie sein Wille nur ungerecht: Von Gott hat er die Macht, von sich aber den Willen. „Denn es gibt keine Gewalt", wie der Apostel selbst später bezeugt, „außer von Gott" (Röm 13,1). Daher sagt auch die Wahrheit dem ungerechten Statthalter: „Du hättest keine Macht über mich, wenn es dir nicht von oben gegeben wäre" (Joh 19,11). Von denen also, die schlecht handeln, muß man annehmen, daß sie eher für sich selbst als überhaupt unnütz sind, da bei der Ordnung der Dinge die göttliche Planung, wie gezeigt wurde[162], nicht zuläßt, daß etwas unnütz oder überflüssigerweise getan wird.

Auf welche Weise aber alle abgewichen sind oder wovon sie „abgewichen sind", vom guten Werk nämlich, fügt er an, indem er sagt: *Keiner ist da, der Gutes tue,* das heißt: der gut handelt und das erfüllt, was er muß. Denn wenn auch die Auslieferung des Herrn gut erscheint, die von Judas bewirkt worden ist und zugleich, wie gesagt, vom Vater oder

a Filio, non tamen id Iudas bene fecit, quod perversa intentione, id est ex cupiditate pecuniae, commisit. Omnia quippe opera ea intentione pensanda esse Dominus dicit: „Si oculus tuus fuerit simplex“, etc. Alioquin Iudae quoque opus, in quo tam Pater quam Filius misericorditer sunt operati, bonum dicendum esset.

Non est usque ad unum: Repetitio est praemissi, illius videlicet quod dictum est: „Non est qui faciat bonum“, ut determinatio subderetur, ne generaliter dictum putaretur. Tale est itaque ac si diceret: „Non est“, inquam, „qui faciat bonum“ usquequo veniat credendo et per amorem se copulando ei, qui vere unus est et immutabilis per naturam et singularis per eminentiam, id est Deo sive Christo, qui est „unus Dei et hominum mediator“; per cuius fidem in sequentibus salvari nos adstruet sine operibus legis.

Potest etiam ita intelligi: „Non est qui faciat bonum usque ad unum“, ac si diceretur: Vix est qui faciat bonum, id est fere nullus est qui faciat. Fere enim nullus est, ubi unus tantum superest.

13s. *Sepulchrum patens est.* Tres isti sequentes versiculi, qui in nostro psalterio habentur, in Hebraico teste Origene sive Hieronymo minime ita continue leguntur. Unde Origenes super hanc epistolam: „In nonnullis“, inquit, „exemplaribus Latinorum ea quae subsequuntur in decimo tertio psalmo consequenter inveniuntur, in Graecis autem pene omnibus <non amplius> in decimo tertio psalmo | quam | 106
usque ‚Non est qui faciat bonum, non est usque ad unum‘.

---

26 non amplius *fehlt bei Abaelard*

---

[163] So Abaelards Auslegung. PAULUS meint: Es gibt überhaupt keinen.

[164] Kein korrekt konstruierter lateinischer Satz, vgl. aber den COMMENTARIUS CANTABRIGIENSIS (1,41 LANDGRAF): ... *donec Christo uniatur et commembrum eius fiat* (bis er sich mit Christus vereinigt und sein Glied wird).

[165] Wörtlich: im Zusammenhang.

auch vom Sohne, so hat Judas dies trotzdem nicht auf gute Weise getan, weil er es mit schändlicher Absicht, das heißt aus Geldgier, begangen hat (vgl. Joh 12,6). Der Herr sagt ja, daß alle diese Werke nach der Absicht zu beurteilen sind: „Wenn dein Auge lauter ist …“ (Mt 6,22). Andernfalls müßte man auch das Werk des Judas, bei dem ebenso der Vater wie der Sohn barmherzig gehandelt haben, als gut bezeichnen.

Es gibt keinen bis auf einen[163]: Es handelt sich um eine Wiederholung des Vorausgeschickten, jenes nämlich, daß gesagt worden ist: „Keiner ist da, der Gutes tue“ (Röm 3,12), um eine genaue Bestimmung nachzuliefern, damit man nicht annehmen sollte, es sei allgemein gesagt. Es ist daher so, wie wenn er sagte: „Keiner ist da“, sage ich, „der Gutes tue“, bis daß er dahin gelangt, zu glauben und in Liebe sich mit dem zu verbinden[164], der wahrhaft einer ist und unveränderlich von Natur aus und einzigartig durch seine hervorragende Stellung, das heißt mit Gott oder Christus, der der „alleinige Mittler zwischen Gott und den Menschen ist“ (1Tim 2,5). Durch den Glauben an ihn werden wir, wie er im folgenden versichern wird, ohne Gesetzeswerke gerettet.

Man kann es auch folgendermaßen verstehen: „Keiner ist da, der Gutes tue, bis auf einen“, wie wenn gesagt würde: Es gibt kaum einen, der Gutes tut, das heißt, es gibt fast niemanden, der es tut. Fast niemanden gibt es nämlich, wo nur ein einziger übrig ist.

13f. *Ein offenes Grab ist.* Diese drei folgenden Verse, die sich in unserem Psalter finden, liest man im Hebräischen nach dem Zeugnis des Origenes oder Hieronymus nicht so fortlaufend. Daher sagt Origenes in der Auslegung dieses Briefes: „In einigen lateinischen Exemplaren finden sich die folgenden Zitate im 13. Psalm in der richtigen Reihenfolge[165]; in fast allen griechischen Handschriften jedoch geht der Text des 13. Psalms nur bis zu dem Vers: ‚Keiner ist da, der Gutes tut, auch nicht ein einziger‘ (Ps 14,1.3: Vg.

Sed et quod dixit Apostolus: ‚Sicut scriptum est, quia non est iustus quisquam, non est intelligens, non est requirens Deum', non eisdem sermonibus invenitur in psalmo, sed ita scriptum est: ‚Dominus de caelo respexit super filios hominum, ut videat, si est intelligens aut requirens Deum'. Et quod dixit: ‚Non est iustus quisquam', puto ex eo sumpserit: ‚Non est qui faciat bonitatem, non est usque ad unum.' Quod vero dicitur: ‚Sepulchrum patens est guttur eorum, linguis suis dolose agebant', in quinto psalmo reperies. ‚Venenum aspidum sub labiis eorum' ex quodam psalmo assumptum puto, immutatis sermonibus. ‚Quorum os maledictione et amaritudine plenum est', ex nono psalmo videtur acceptum. ‚Veloces pedes eorum ad effundendum sanguinem', vel in Isaia invenies vel in Proverbiis. Sed ‚Contritio et infelicitas in viis eorum, et viam pacis non cognoverunt', non quidem ad integrum recordor ubi scriptum sit; suspicor tamen in uno prophetarum inveniri posse. In psalmis autem scriptum est: ‚Non est timor Dei ante oculos eorum.' Haec autem testimonia videtur congregasse, ut ostenderet quia, quod causatur ‚Iudaeos et Graecos omnes sub peccato esse', non tam sua quam Scripturae sententia pronuntiat. ‚Omnes sub peccato esse' <intelligatur de illis dictum> quos vel naturali vel scripta lege ne peccent constat edoceri."

Hieronymus, in praefatione libri XVI „In Isaiam", ad Eustochium: „Quaestiunculam detulisti, quod octo versus, qui leguntur in ecclesiis et in Hebraico non habentur, tertii

22–23 intelligatur ... dictum *fehlt bei Abaelard*

166 Origenes, *comm. in Rom.* 3,2 (205–207 Hammond Bammel; FC 2/2, 54–57).

167 Origenes, *comm. in Rom.* 3,2 (208 Hammond Bammel; FC 2/2, 60f).

Ps 13,1.3). Doch auch das Zitat des Apostels: ‚Wie es in der Schrift heißt: Es gibt keinen, der gerecht ist, es gibt keinen Verständigen, keinen, der Gott sucht', findet sich ebenfalls nicht wortwörtlich im Psalm, sondern es steht also geschrieben: ‚Der Herr blickt vom Himmel herab auf die Menschenkinder, um zu sehen, ob ein Verständiger da ist, der Gott sucht' (Ps 14,2: Vg. Ps 13,2). Auch die Aussage: ‚Es gibt keinen, der gerecht ist' (Röm 3,10), hat er vermutlich abgeleitet aus dem Wort: ‚Keiner tut Gutes, auch nicht ein einziger' (Ps 14,1.3: Vg. Ps 13,1.3). Das Zitat aber: ‚Ihre Kehle ist ein offenes Grab, mit ihrer Zunge betrogen sie' (Ps 5,11: Vg. Ps 5,10) findet man im 5. Psalm. ‚Schlangengift ist auf ihren Lippen' (Ps 140,4: Vg. Ps 139,4): Ich denke, daß auch dies einem Psalm entnommen ist, wobei die Wörter verändert wurden. ‚Ihr Mund ist voll Fluch und Gehässigkeit' (Ps 10,7: Vg. Ps 9,28), stammt offenbar aus dem 9. Psalm. ‚Schnell sind ihre Füße, um Blut zu vergießen', findet man sowohl bei Jesaja als auch in den Sprichwörtern (Jes 59,7; Spr 1,16). Doch bei dem Wort: ‚Elend und Unglück sind auf ihren Wegen, und den Weg des Friedens kennen sie nicht' kann ich mich nicht genau an die Schriftstelle erinnern, ich vermute jedoch, daß es sich bei einem der Propheten entdecken läßt (vgl. Jes 59,7f; Lk 1,79). Aus den Psalmen stammt jedoch: ‚Die Gottesfurcht steht ihnen nicht vor Augen' (Ps 36, 2: Vg. Ps 35,2). Alle diese Schriftbelege wollte Paulus offenbar zusammentragen, um zu zeigen, daß er mit der Anklage: ‚Juden wie Griechen stehen unter der Herrschaft der Sünde' (Röm 3,9) nicht so sehr seine eigene als vielmehr die Meinung der Heiligen Schrift zum Ausdruck bringt.[166] ‚Daß alle unter der Herrschaft der Sünde stehen' (Röm 3,9), sollte man auf die beziehen, die erwiesenermaßen vom natürlichen oder geschriebenen Gesetz ermahnt werden, nicht zu sündigen."[167]

Hieronymus im Vorwort des 16. Buches „Zu Jesaja" an Eustochium: „Du hast das kleine Problem aufgeworfen, daß der Apostel sich die acht Verse des 13. Psalmes ange-

decimi psalmi, Apostolus usurparit: ‚Sepulchrum patens', etc. Animadverti et hoc testimonium de psalmis et Isaia esse | contextum. Nam duo primi versus ‚Sepulchrum patens', etc. quinti psalmi sunt. Illud autem quod sequitur: ‚Venenum aspidum sub labiis eorum', centesimi tricesimi noni psalmi <est>. Rursum quod dicitur: ‚Quorum os maledictione et amaritudine plenum', de nono psalmo sumptum est. Tres autem versiculi qui sequuntur: ‚Veloces pedes eorum ad effundendum sanguinem', ‚Contritio et infelicitas in viis eorum, et viam pacis non cognoverunt', in Isaia repperi. Ultimus versus, id est octavus: ‚Non est timor Dei ante oculos eorum', in tricesimi quinti psalmi principio est." Item: „Denique omnes Graeciae tractatores, qui nobis eruditionis suae in psalmos commentarios reliquerunt, hos versiculos veru adnotant atque praetereunt liquido confitentes in Hebraico non haberi nec esse in Septuaginta interpretibus, sed in editione vulgata, quae Graece koine dicitur et in toto orbe diffusa est." — Nunc autem litteram prosequamur. | 107

12. Dictum est: *Omnes declinaverunt* et: *Non est qui faciat bonum,* et non solum „declinaverunt", verum etiam ut alios faciant declinare et plurimum noceant nituntur, quasi eis non sufficiat ut soli damnentur; sed quasi ad defensionem sui sociam quaerunt multitudinem.

13. *Guttur,* quoniam formandae vel proferendae vocis instrumentum est, sermonem significat, qui per guttur emittitur. Sermo itaque eorum ad malum persuadens quasi *sepulchrum patens est* ex concepta mente nequitia, quasi ex

---

6 est *fehlt bei Abaelard*

---

[168] HIERONYMUS, *in Is.*, praefatio (CCL 73A, 641 f).

[169] Der Spieß (Obeliskos) wies darauf hin, daß der Text nicht ursprünglich ist.

[170] Gemeint: in der Septuaginta.

[171] κοινή = „die allgemeine".

[172] HIERONYMUS, *in Is.*, praefatio (CCL 73A, 642 f).

eignet habe, die in den Kirchen gelesen werden und im hebräischen Text nicht enthalten sind: ‚Ein offenes Grab …' (Röm 3,13). Ich habe bemerkt, daß auch dieses Zeugnis aus den Psalmen und aus Jesaja zusammengesetzt ist. Denn die beiden ersten Verse ‚Ein offenes Grab …' gehören zum fünften Psalm (Ps 5,10). Jenes aber, was folgt: ‚Schlangengift unter ihren Lippen', gehört zum 139. Psalm (Ps 140,4: Vg. Ps 139,4). Ferner: Daß es heißt: ‚Ihr Mund ist voll Fluch und Bitterkeit', ist aus dem neunten Psalm genommen (Ps 10,7: Vg. Ps. 9,28). Die drei folgenden Verse aber: ‚Schnell sind ihre Füße zum Blutvergießen', ‚Verderben und Unheil auf ihren Wegen' und ‚den Weg des Friedens haben sie nicht erkannt' habe ich bei Jesaja gefunden (Jes 59,7f). Der letzte Vers, das heißt der achte: ‚Es gibt keine Gottesfurcht vor ihren Augen', steht am Anfang des 35. Psalmes (Ps 36,2: Vg. Ps 35,2)."[168] Ebenso: „Schließlich machen alle griechischen Autoren, die uns durch ihre Gelehrsamkeit Psalmenkommentare hinterlassen haben, diese Verse mit einem Spieß kenntlich[169] und übergehen sie, wobei sie fest versichern, daß sie sich nicht im Hebräischen finden und nicht bei den 70 Übersetzern[170], sondern (*sc.* nur) in der allgemeinen Ausgabe, die auf griechisch ‚Koine'[171] heißt und die in der ganzen Welt verbreitet ist."[172] — Nun aber wollen wir dem Text folgen.

12. Es ist gesagt worden: *Alle sind abgewichen* und *Keiner ist da, der Gutes tut.* Und nicht nur sind sie abgewichen, sondern sie bemühen sich auch noch darum, andere zum Abfallen zu bringen und ihnen besonders zu schaden, wie wenn es ihnen wohl nicht genügte, daß sie allein verdammt werden; sondern sie suchen gewissermaßen zu ihrer Verteidigung die große Menge als Unterstützung.

13. Da *die Kehle* ja das Mittel ist, die Stimme zu bilden oder hervorzubringen, bezeichnet sie die Rede, die durch die Kehle ausgesandt wird. Daher *ist* ihre Rede, die zum Bösen überredet, sozusagen *ein offenes Grab* — wegen ihrer im Geiste konzipierten Schlechtigkeit —, das gewis-

foetere inclusi cadaveris alios corrumpens atque adstantium nares offendens, id est naturalem eorum discretionem perturbans ac vitians. *Linguis suis.* Quasi expositio est praemissi parabolice dicti, cum dicit eos in dolo loqui, id est contra conscientiam suam ea commendare, ad quae persuadent vel vituperare, a quibus dehortantur. *Venenum aspidum,* quod et ipse Moyses „insanabile“ dicit ac per hoc ceteris peius esse testatur, mortifera, id est criminalia peccata significat, quae quasi | venenum suis persuasionibus infligunt | 108
aliis. Haec autem, videlicet peccata ad quae persuadent, *sub labiis eorum* esse dicuntur, id est callidis eorum sermonibus ita occultari, ut animadverti ab auditoribus non possint.

Possumus etiam per „venenum aspidum insanabile“ illud in Spiritum Sanctum irremissibile peccatum accipere, quando quis videlicet per invidiam vel cupiditatem aliqua opera illorum, quae a Deo fieri non dubitat, diabolo tribuit, sicut nonnulli Iudaeorum faciebant, qui, ut populum a Christo averterent, opera eius tamquam diabolica vituperabant; quae tamen Spiritu Dei, id est divina gratia, fieri non dubitabant; et ideo in Spiritum Dei, id est divinae gratiae donum, peccare dicebantur, cum scienter diabolo tribuerent unde glorificare Deum deberent, contra propriam mentientes conscientiam. Quod quidem peccatum, etsi per poenitentiam deleri posset, ita tamen divino sancitum est iudicio, ut nullus in hoc lapsus resipiscendo redeat, atque ideo irremisibile dicitur.

sermaßen wegen des Gestanks des darin eingeschlossenen Leichnams andere schädigt und die Nasen der Dabeistehenden belästigt, das heißt ihr natürliches Urteilssvermögen verwirrt und schädigt. *Mit ihren Zungen:* Es handelt sich sozusagen um die Auslegung des Vorausgeschickten, das gleichnishaft ausgedrückt war, wenn er sagt, sie redeten betrügerisch, das heißt, gegen ihr Gewissen empfählen sie das, wozu sie überredeten, oder tadelten das, wovon sie abrieten. *Schlangengift,* das auch Mose selbst „unheilbar" nennt (Dtn 32,33) und damit bezeugt, daß es schlimmer als die übrigen Gifte sei, bezeichnet todbringende, das heißt verbrecherische Sünden, die sie sozusagen als Gift durch ihre Überredungskünste anderen einflößen. Diese aber, nämlich die Sünden, zu denen sie überreden, sind, wie es heißt, *unter ihren Lippen,* das heißt, sie sind so in ihren verschlagenen Reden verborgen, daß sie von den Hörern nicht wahrgenommen werden können.

Wir können auch unter dem „unheilbaren Schlangengift" jene unvergebbare Sünde gegen den Heiligen Geist verstehen, wenn jemand nämlich aus Neid oder Habgier irgendwelche von den Werken, die – woran er nicht zweifelt – von Gott geschehen, dem Teufel zuschreibt, so wie es einige von den Juden taten, die seine Werke gleichsam als teuflisch tadelten (Mt 12,24.27; Mk 3,22; Lk 11,15.18f), um das Volk von Christus abzuwenden. Trotzdem zweifelten sie nicht daran, daß sie durch den Geist Gottes, das heißt die göttliche Gnade, geschahen; und daher sagte man, sie sündigten gegen den Geist Gottes, das heißt die Gabe der göttlichen Gnade, da sie wissentlich das dem Teufel zuschrieben, weswegen sie Gott hätten verherrlichen müssen; dabei sprachen sie die Unwahrheit gegen ihr eigenes Gewissen. Diese Sünde ist ja, auch wenn sie durch Buße getilgt werden könnte, doch so durch das göttliche Urteil unwiderruflich verboten worden, daß niemand, der in sie gefallen ist, dadurch zurückkehren kann, daß er wieder zur Vernunft kommt; und daher wird sie unvergebbar genannt.

Hoc autem peccatum sub labiis eorum latebat, non in labiis apparebat, quia, dum sic contra propriam conscientiam delinquerent, aliud in corde habebant quam ore proferebant.

14. *Quorum os,* id est: Tam sibi ipsi quam acquiescentibus maledictionem acquirit a Domino et amaritudinem, illam videlicet de qua per prophetam dicitur: „Vox diei illius amara, tribulabitur ibi fortis.“ Tale est: *Maledictione et amaritudine <plenum>*. Ac si diceretur: amara illa maledictione, qua dicetur reprobis in damnationem eorum: „Ite, maledicti, in ignem aeternum!“ Est quidem alia maledictio quasi dulcis et paterna, quando aliquem anathematis maledictione ferimus, ad correctionem potius quam ad damnationem.

15. *Veloces pedes eorum ad effundendum,* id est: Affectus habent pronos ad homicidia, etsi opere non permittantur implere. Pes enim quo incedimus, affectum, id est voluntatem, significat, quo ad operationem perducimur.

16. *Contritio et infelicitas,* hoc est infelix contritio, est *in* 109
viis eorum, id est in operibus, per quae ad mortem properatur aeternam, alios etiam secum conterentes ac per exempla etiam corrumpentes, ut sint quasi pulvis dissoluti quem proiicit ventus a facie terrae, id est diabolica tentatio huc et illuc impellit et deiicit a stabilitate terrae viventium.

17. *Et viam pacis,* id est: Omnino in viis suis damnatione conteruntur, quia viam Dei *non cognoverunt,* id est Christum, per quem tamquam mediatorem Dei et hominum Deo paci-

---

9 plenum *fehlt bei Abaelard*

---

[173] *Constructio ad sensum:* das *conterentes* bezieht sich auf „diejenigen, die eilen“.

Diese Sünde aber war unter ihren Lippen verborgen, erschien nicht auf den Lippen, da sie ja, während sie so gegen ihr eigenes Gewissen verstießen, etwas anderes im Herzen hatten, als sie mit der Stimme vorbrachten.

14. *Ihr Mund,* das heißt: Ebenso erwirbt er für sich selbst wie auch für diejenigen, die ihm beipflichten, *Fluch* vom Herrn und *Bitterkeit,* jene nämlich, von der durch den Propheten gesagt wird: „Die Stimme jenes Tages ist bitter; in Bedrängnis kommen wird dort der Starke“ (Zef 1,14 Vg.). So etwas bedeutet: *<Voll von> Fluch und Bitterkeit,* wie wenn gesagt würde: jenem bitteren Fluch, durch den den Verworfenen zu ihrer Verdammnis gesagt werden wird: „Geht, Verfluchte, in das ewige Feuer!“ (Mt 25,41). Es gibt ja noch einen anderen sozusagen milden und väterlichen Fluch: wenn wir jemand mit dem Fluch des Kirchenbannes treffen, eher zur Zurechtweisung als zur Verdammung.

15. *Schnell sind ihre Füße zum Blutvergießen,* das heißt: Sie haben innerliche Verfassungen, die zu Morden geneigt sind, auch wenn ihnen nicht erlaubt wird, daß sie sie durch die Tat ausführen. Der Fuß nämlich, mit dem wir einherschreiten, bezeichnet die innerliche Verfassung – das heißt den Willen –, durch die wir zum Handeln geführt werden.

16. *Verderben und Unglück,* das heißt unglückliches Verderben, ist *auf ihren Wegen,* das heißt in den Werken, durch die man zum ewigen Tod eilt. Dabei[173] verderben sie auch noch andere mit sich zusammen und verführen sie auch durch ihre Beispiele. So daß sie sozusagen wie Staub zerstreut sind, den der Wind von der Oberfläche der Erde fortweht (Ps 1,4 Vg.), das heißt, die teuflische Versuchung treibt sie hierhin und dorthin und wirft sie von der festen Erde der Lebendigen herab.

17. *Und den Weg des Friedens,* das heißt: Völlig werden sie auf ihren Wegen von der Verdammnis vernichtet, da sie den Weg Gottes *nicht kennen,* das heißt Christus, durch den als Mittler Gottes und der Menschen (vgl. 1 Tim 2,5) wir Frieden mit Gott gefunden haben und mit ihm ver-

ficati et reconciliati sumus, qui est „pax nostra", ut idem ait apostolus, „et fecit utraque unum." Qui etiam de semetipso ait: „Ego sum via, ego sum ostium, per me si quis introierit salvabitur." Hanc quidem „viam non cognoverunt", id est Christum, qui pro infirmitate carnis eum contempserunt aut purum hominem crediderunt ac per hoc tamquam Deum eum reveriti non sunt. Nec Iohanni crediderunt, de eo quidem comminanti et dicenti: „Iam enim securis ad radicem arboris posita est. Omnis enim arbor, quae non facit fructum", etc.

18. Et hoc est quod subponit: *Non est timor Dei <ante oculos eorum>*, hoc est: Oculis carnalibus suis, quibus infirmitatem eius percipiebant, actum est ut eum tamquam Deum non metuerent, cum sola eius infirmitas humanitatis, non maiestas appareret divinitatis.

<Explicit liber primus. Incipit secundus.>

11–12 ante … eorum *fehlt bei Abaelard* || 16 Explicit … secundus *AR*

söhnt worden sind (vgl. Kol 1,20; Röm 5,10; 2 Kor 5,18 f). Er ist „unser Friede“, wie derselbe Apostel sagt, „und hat die beiden Teile[174] vereint“ (Eph 2,14). Er sagt auch von sich selbst: „Ich bin der Weg; ich bin die Tür; wenn jemand durch mich eintritt, wird er gerettet werden“ (Joh 14,6; 10,9). Diesen „Weg“ ja, das heißt Christus, haben diejenigen „nicht erkannt“, die ihn angesichts der Schwäche seines Fleisches verachtet oder für einen bloßen Menschen gehalten haben und ihm dadurch nicht als Gott Achtung erwiesen haben. Auch Johannes haben sie nicht geglaubt, der ja deswegen drohte und sagte: „Denn schon ist die Axt an die Wurzel des Baumes gelegt. Jeder Baum nämlich, der keine Frucht bringt ...“ (Mt 3,10).

18. Und dies bedeutet, was er anschließt: *Die Furcht Gottes ist nicht <vor ihren Augen>*, das heißt: Durch ihre leiblichen Augen, mit denen sie seine Schwachheit wahrnahmen, ist es geschehen, daß sie ihn nicht als Gott fürchteten, da allein seine Schwachheit der Menschheit, nicht die Majestät der Gottheit sichtbar war.

<Das erste Buch endet; es beginnt das zweite.>

---

174 Gemeint: Juden und Heiden.